CYFRES Y CEWRI

1. DAFYDD IWAN
2. *AROGLAU GWAIR,* W. H. ROBERTS
3. ALUN WILLIAMS
4. *BYWYD CYMRO,* GWYNFOR EVANS
5. WIL SAM
6. *NEB,* R. S. THOMAS
7. *AR DRAWS AC AR HYD,* JOHN GWILYM JONES
8. *OS HOFFECH WYBOD,* DIC JONES
9. *CAE MARGED,* LYN EBENEZER
10. *O DDIFRI,* DAFYDD WIGLEY (Cyfrol 1)
    DAL ATI, DAFYDD WIGLEY (Cyfrol 2)
    Y MAEN I'R WAL, DAFYDD WIGLEY (Cyfrol 3)
11. *O GROTH Y DDAEAR,* GERAINT BOWEN
12. *ODDEUTU'R TÂN,* O. M. ROBERTS
13. *ANTURIAF YMLAEN,* R. GWYNN DAVIES
14. *GLAW AR ROSYN AWST,* ALAN LLWYD
15. *DIC TŶ CAPEL,* RICHARD JONES
16. *HOGYN O SLING,* JOHN OGWEN
17. *FI DAI SY' 'MA,* DAI JONES
18. *BAGLU 'MLAEN,* PAUL FLYNN
19. *JONSI,* EIFION JONES
20. *C'MON REFF,* GWYN PIERCE OWEN
21. *COFIO'N ÔL,* GRUFFUDD PARRY
22. *Y STORI TU ÔL I'R GÂN,* ARWEL JONES
23. *CNONYN AFLONYDD,* ANGHARAD TOMOS
24. *DWI'N DEUD DIM, DEUD YDW I…*
    STEWART WHYTE McEWAN JONES
25. *MEICAL DDRWG O DWLL Y MWG,* MICI PLWM
26. *THELERI THŴP,* DEWI PWS MORRIS
27. *CRYCH DROS DRO,* GWILYM OWEN
28. *Y DYN 'I HUN,* HYWEL GWYNFRYN
29. *AR LWYFAN AMSER,* J. O. ROBERTS

CYFRES Y CEWRI 29

Ar Lwyfan Amser

J.O. Roberts

Gwasg Gwynedd

Argraffiad Cyntaf – Tachwedd 2005

ISBN 0 86074 220 2

Cyhoeddwyd ac Argraffwyd
gan Wasg Gwynedd, Caernarfon

I Gareth a Nia (yr hogia!)
a'u plant,
Gruff, Ifan, Nel a Cesia

Cynnwys

John Lerpwl

Yn ôl Mam, am chwech o'r gloch ar fore oer yn Ionawr y gwelais i olau dydd am y tro cyntaf, yr un dyddiad â Lloyd George a Cassius Clay ond nid yr un flwyddyn, wrth reswm pawb! Babi digon diolwg hefyd yn ôl pob sôn, dan fargod o wallt du hir ac yn gweiddi fel mochyn dan giât, chwedl fy nhad.

Gadawodd fy rhieni Ynys Môn, eu sir enedigol, i weithio yn Lerpwl fel llawer iawn o bobl ifanc yr Ynys yn y cyfnod hwnnw – Mam yn nyrsio yn un o ysbytai'r ddinas a Nhad yn saer coed 'ar y bildin'. Wedi priodi ar ddiwedd y dauddegau, gwnaethant eu cartref yn 59 Blantyre Road, ger Ysbyty Sefton Park ar Smithdown Road, ardal lle cartrefodd llawer o Gymry'r cyfnod hwnnw.

Gan i mi yn ddiweddarach ymwneud cymaint â *sŵn* yn ystod fy ngyrfa fel actor – sŵn geiriau, felly – nid yw'n syndod yn y byd mai sŵn sy'n creu'r llun cyntaf sydd gennyf o gof fy mhlentyndod. Sŵn hisian unigryw a hymian cynyddol oedd hwnnw, wrth i dram y 'Green Goddess' siglo'n feddw wyllt ar draciau'r llwybr deuol ar ganol Utting Avenue yn ninas Lerpwl. Roedd gwrych isel o bren bocs y naill ochr i'r traciau, er nad oes sôn am y traciau na'r gwrychoedd heddiw, a choed tal lle bu'r pren bocs.

Er prysured y tramiau'n mynd a dod, byddent yn aros

wrth ben ein stryd ni, Ince Avenue, lle ymhen ychydig flynyddoedd y byddai Raymond, Lyn a minnau'n driawd o fêts pennaf digon diniwed, y dyddiau braf hynny yn Lerpwl cyn cyfnod Ysgol Anfield Road a chysgod cymylau ofn 'y dyddiau blin'.

Un o ardal Bryntwrog, sydd fwy neu lai yng nghanol Ynys Môn, oedd fy mam (Jini). Cafodd ei geni yn Nhy'n Pwll cyn i'r teulu symud i fferm Corsyreira gerllaw. Hi oedd yr ail o wyth o blant John a Catherine Owen, ac etifeddodd Mam egni'r ddau. Roedd Taid Corsyreira – un o deulu Talcen Dail, Bryntwrog, yn wreiddiol – yn ffermwr wrth reddf, ac yn ddyn ceffylau arbennig a meddwl y byd o'i wedd ganddo. Er bod iddo wyth o blant, fe welodd eni pedair o ferched cyn y daeth ei unig fab, Robat Huw, â gobaith i Taid y câi ffarmwr i'w ddilyn! Un o deulu Cae Cam, Rhosfawr, oedd Nain, a droeon y dywedodd Mrs Owen, Caeysgawen, Brynteg, (mam Aled, cyn-asgellwr Tottenham ac Ipswich, a bellach yn gyd-aelod â mi yng Nghôr y Traeth): 'Wyddoch chi be, John? Rydach chi'n hynod o debyg i John Williams, Cae Cam'. Ia, fy *hen* daid oedd hwnnw! Anodd tynnu dyn oddi ar ei dylwyth.

Cyn priodi a magu'r teulu o wyth ym Mryntwrog, bu Taid a Nain yn gweini ar ffermydd yn ardal Llangwyllog a Bryntwrog. Roedd J. R. Jones, cefnder i Taid, yn adeiladydd llwyddiannus yn Lerpwl (fel llawer o grefftwyr Ynys Môn a fentrodd yno i godi'r rhan fwyaf o dai'r ddinas y cyfnod hwnnw), a fo brynodd fferm Corsyreira, a Taid yn taro bargen a thalu fesul tipyn amdani. Talu'n ddrud iawn hefyd, yn ôl Mam! Mae carreg fedd fel Tŵr Marcwis ym mynwent fach

Bryntwrog yn arwydd o gyfoeth J. R., i wneud iawn mae'n debyg am y ffaith mai mab llwyn a pherth, fel yr hen Enoc Huws, oedd o. Tybed nad oes yna ryw dipyn bach o 'mi *ddangosa* i iddyn nhw' ym maint y garreg?

Merch dal, fain a gosgeiddig oedd Nain, un weithgar a diwyd er mai dim ond un llygad oedd ganddi. Roedd hi'n gweld mwy hefo'r un honno nag a wnâi llawer un arall â dwy! Damwain wrth fwydo'r ieir un bore fu'n gyfrifol am yr anffawd, pan neidiodd hen geiliog gwyn mawr a phigo'i llygad mor ddrwg fel bu'n rhaid cael triniaeth feddygol go arw. Methwyd ag arbed y llygad, gan adael twll gwag lle bu. Cafodd lygad tsieni, a'r lliw o gwmpas y gannwyll yn las, las – yn union yr un glas â'r llygad arall. Ar ail silff y dresar fawr yn y briws y treuliai'r llygad-gosod y rhan fwyaf o'r wythnos tra byddai Nain wrth ei gwaith. Mae gen i go' plentyn ar wyliau haf yn y blynyddoedd cyn y rhyfel ohonof yn rhythu ar y llygad oedd yn fy ngwylio fel rhyw oracl o'r dresar, ac yn credu'n sicr ei fod yn fy ngweld lle bynnag y byddwn.

Ond roeddwn i wedi hen gynefino â'r gwacter lle dylai llygad Nain fod. Rhyfeddwn wrth ei gweld yn gosod y llygad tsieni yn ei le mor ddidaro wrth baratoi i fynd i farchnad Llangefni ar Ddifia i werthu menyn ac wyau. Yr unig drip arall gâi'r llygad oedd i oedfaon y Sul. Er bod Taid yn flaenor Methodus yng Nghapel Bryntwrog, Annibynreg fu Nain ar hyd ei hoes a bu'n ffyddlon i Gapel Maesyllan, Llandrygarn, gan reidio'i beic yno bob pnawn Sul yn ddi-feth.

Dotiwn at ynni Nain yn mynd, mynd trwy'r dydd a phatrwm pendant i waith pob diwrnod. Rwy'n gweld y badell bridd loyw, enfawr a hithau'n tylino'r toes yn drylwyr cyn torri'r darnau o wahanol faint i'w gosod mewn tuniau a'u rhoi i'w crasu yn y popty mawr, ac arogl hyfryd yn treiddio trwy'r tŷ. Fu dim bara tebyg i fara Nain. A be am ei thatws popty? Bron na allaf eu blasu rŵan, a'r rheini wedi crimpio'n felyn tywyll ar yr wyneb a'r cig eidion brau oddi tanynt wedi coginio'n araf yn y tun enfawr, ac yn ddigon i lenwi stumogau ciang dyrnu!

Un o'r Betws, Penrhyd ger Amlwch, oedd fy nhad (Tom) – yr hynaf o dri o blant Defi John a Mary Roberts. Roedd fy nhaid yn hanu o deulu'r Corwas a Mynydd Gwyn, Cerrig Mân, sydd rhwng Mynydd Trysglwyn a'r môr yn Llaneilian, a rhwng Penysarn ac Amlwch. Merch Tan Rallt, Rhosybol, oedd Mary Williams, fy nain – merch landeg, olygus iawn yn ôl ei llun, ond a fu farw'n ifanc iawn ar enedigaeth ei thrydydd plentyn, Nan, ym 1906.

Ychydig wedi i Nhad golli ei fam, roedd ei hen ewyrth Huw a gadwai siop y teulu ym Mhensarn yn awyddus iawn i'w fabwysiadu gan ei fod yn ddi-blant ei hun, ond doedd fy nhaid ddim yn fodlon i hynny ddigwydd. Unwaith erioed y clywais i Nhad yn sôn am y peth, a hynny wedi iddo ymddeol a minnau'n ei holi am ei deulu ac am ei flynyddoedd cynnar. Ychydig iawn fyddai o'n sôn am ei deulu o gwbl, a deud y gwir. 'Be fasa fy hanes i, tybad, taswn i wedi mynd i fyw at fy hen ewyrth Huw? Siopwr, hwyrach! Ond dyna fo, doedd Nhad ddim yn fodlon i mi fynd...' oedd y cwbl ddywedodd o'r tro hwnnw.

Rwyf bron yn siŵr na chafodd Nhad blentyndod rhy hapus, er na ddywedodd o ei hun mo hynny wrthyf wrth gwrs. Mae'n debyg nad oedd pethau'n foddhaol iawn rhyngddo a'i fam wen, beth bynnag oedd y rheswm am hynny. Fe soniodd Mam wrthyf un tro ei fod yn gorfod gweithio'n galed iawn o'i flynyddoedd cynnar, yn gwneud gwaith fferm cyn ac ar ôl dod o'r ysgol. Roedd hi'n dipyn o 'tyd a dos a gwna' arno, a doedd dim rhyfedd iddo fynnu mynd yn brentis o saer yn syth wedi gadael yr ysgol. I Rosybol yr aeth i gael ei brentisio; gwelais lun yng nghalendr y papur bro lleol yn ddiweddar a Nhad yn un o bedwar tu allan i weithdy saer Evan Thomas, Rhosybol, ym 1921.

Wedi cwblhau ei brentisiaeth, daeth i gysylltiad â chriw o grefftwyr ifainc y cylch oedd â'u bryd ar ymuno ag adeiladwyr Cymreig dinas Lerpwl. Mae'r lluniau sydd yn fy meddiant o grwpiau ohonynt yn Lerpwl yn arddangos y dilladau gorau yn steil y cyfnod, yn brawf eu bod yn llwyddo. Dyna'r adeg i lwybrau Mam a Nhad ddod ynghyd.

* * *

Roedd fy rhieni wedi byw yn Blantyre Road am ddwy flynedd pan gyrhaeddais i, ond pan oeddwn i rhyw flwydd a hanner, ddechrau'r tridegau, aeth pethau'n ddrwg yn y byd adeiladu a phob cwmni'n rhoi terfyn ar waith eu crefftwyr.

I Nhad a Mam, doedd dim amdani ond cefnu ar Lerpwl a dod yn ôl i Fôn. Nhad – er ei waethaf, rwy'n siŵr – yn gorfod mynd ar ofyn ei dad (oedd yn ŵr gweddw am yr eildro erbyn hynny) am waith. Yn y cyfnod hwnnw roedd y Betws yn gwerthu llefrith o gwmpas Amlwch a rhoddodd Nhaid y gwaith hwnnw i Nhad yn lle'r gwas arferol. Chwarae teg i'r hen Ddefi

John fy nhaid – wn i ddim beth fyddai'r stori wedi bod pe bai'r fam wen yn dal yn fyw, ond ella mod i'n hollol annheg yn dweud hynny. Beth bynnag, cafodd fy rhieni dŷ ar rent mewn rhes yn Nhredath, Amlwch. Bu Mam yn ddarbodus iawn, fel y bu hi trwy'i hoes, a llwyddwyd i gael dau ben llinyn ynghyd.

Yn y cyfnod hwnnw roedd gen i lond pen o wallt cyrliog melyn 'dat fy sgwyddau. Mi bechodd y Parchedig D. Cwyfan Hughes, gweinidog y Capel Mawr, yn anfaddeuol yn erbyn Mam pan ofynnodd iddi: 'Pwy 'di tad y pen melyn 'ma? Thomas Charles Williams?' Gweinidog Porthaethwy oedd â pheniad o wallt hardd disgleirwyn oedd hwnnw – a thaid yr actores Marged Esli! Fe hoffwn wybod beth oedd ymateb Jini i'r fath gwestiwn.

Pan oeddwn i bron yn ddyflwydd oed, a'r byd adeiladu wedi gwella yn Lerpwl, penderfynodd Nhad godi pac a dychwelyd i'r ddinas a chartrefodd y teulu yn 13 Ince Avenue, Anfield. Ymhen ychydig dros hanner blwyddyn arall roedd gen i chwaer bach – fy unig chwaer, Gwynneth. Cofiaf Mam yn dweud iddi'n galw'n John a Gwynneth ar ôl dau blentyn y darllenodd amdanynt mewn rhyw stori yn un o rifynnau cynnar *Cymru'r Plant*!

* * *

Roedd bywyd canol y tridegau yn y ddinas yn rhai digon hapus a dedwydd am wn i, a minnau'n weddol hyderus o fewn cylch fy nghynefin. Dechrau'r ysgol a dod i arfer â'r drefn yn Adran y Babanod, Ysgol Anfield Road. Mae'r adeilad yn un enfawr hyd yn oed heddiw, yn dri llawr hefo iard chwarae y babanod ar yr ochr ogleddol a iard yr ysgol gynradd yr ochr arall, a phwll nofio yn gynwysedig.

Ychydig yw atgofion cyfnod yr inffants heblaw bod yno neuadd anferth a homar o geffyl pren gwinau yn un gornel, a minnau'n ddigon swil a di-gic wrth gael fy annog i'w farchogaeth. Am wn i hefyd nad oedd yr athrawesau'n ddigon caredig, yn famol ac addfwyn – yn wahanol iawn i'r jadan honno fyddai'n fy nisgwyl pan gyrhaeddwn yr ysgol gynradd! Ond mwy am honno eto.

Wnes i erioed deimlo fod yna ddim byd yn od mewn siarad Cymraeg ar aelwyd 13 Ince Avenue a Saesneg hefo'm ffrindia ar y stryd, er bod yna dipyn o gymysgu'r ddwy iaith yn fanno ar adegau mae'n siŵr. Roedd dydd Sul yn wahanol – diwrnod cyfangwbl Gymraeg fel petaem yn byw yn y Gymru wledig. Erbyn heddiw does dim ond gwagle moel blêr lle bu Capel Anfield Road, ond i mi mae'r adeiladau hardd yn fyw iawn yn y cof. Cerddwn yno drwy Barc Stanley gyda Nhad bob bore Sul pan oedd Gwynneth yn rhy ifanc i Mam fedru dod. Wedi'r oedfa byddai twr o bobl yn cerdded adre heibio i gae y cochion ar Anfield Road a minnau, ar y pryd, heb fod yn ymwybodol beth oedd yn digwydd tu ôl i'r muriau hynny.

Y Parchedig Coningsby Lloyd-Williams oedd gweinidog Capel Anfield Road a braidd yn annelwig yw'r cof amdano, ond cofiaf yn ystod pob oedfa y byddai sawl rhesiad o bobl ifanc yn eistedd ym mlaen y capel ac yn troi i wynebu'r gynulleidfa i ganu pob emyn fel côr enfawr. Mae'n rhyfedd fel mae ambell beth yn gadael argraff barhaol ar feddwl plentyn. Ysgwn i faint o'r bechgyn ifanc rheiny gollwyd yn ystod y rhyfel?

Roedd criw niferus iawn o blant yn yr Ysgol Sul ac mae sawl tystysgrif yn y tŷ yma'n tystio i mi lwyddo yn arholiadau'r iaith Gymraeg a dysgu'r Maes Cof. Ac mae'n rhaid 'mod i wedi gwneud rhywbeth go lew unwaith gan i mi gael mynd i de yn nhŷ un o'r blaenoriaid – Mr a Mrs Gratton Thomas – a hynny mewn car modur, mewn cyfnod pan nad oedd gan y rhelyw o bobl feic hyd yn oed! Fytis i ddim llawer, beth bynnag. Roedd y tŷ mor grand a chymaint yn fwy na'n tŷ ni, a morwyn yn gweini arnom, a finna (fel bûm i erioed) yn hogyn bach mor swil a dihyder!

Yr argraff sy'n aros o'r cyfnod hwnnw yw byd bychan clòs, er mor fawr oedd y ddinas. Âi Lyn, Raymond a minnau i'r pictiwrs yn y Ritz, rhyw hanner canllath i lawr y lôn, bob bore Sadwrn a meddwi ar anturiaethau'r cowbois Tom Mix a Gene Autry a rhyfeddu at ddewrder Pearl White, a hithau mewn cyfyngderau mawr yn ddieithriad ar ddiwedd pob pennod o'r 'serial', hynny wrth gwrs yn ein gorfodi i ysu am y Sadwrn canlynol i'w gweld yn dianc.

Wedi cinio, i goed Parc Stanley â ni i ail-greu golygfeydd anturiaethau'r bore, os nad oedd Mam yn mynd â ni ar y tram i'r Pier Head. Ambell dro, cael dal y fferi i New Brighton i chwarae yn y tywod neu i fynd i Bidston Hill am bicnic. Dro arall teithio ar reilffordd yr 'Overhead', naill ai i gyfeiriad Garston neu'r ffordd arall i Bootle. Byddai llongau mawrion yr *Elder Dempster* neu'r *Blue Funnel* ac eraill i'w gweld yn llawn prysurdeb, ac enwau fel y *Mauritania* yn dod yn gyfarwydd. Roedd prysurdeb y dociau yn Lerpwl yn rhyfeddol yn y cyfnod hwnnw.

Byddwn innau'n rhamantu am wledydd pell y byd ar ôl clywed am anturiaethau morwrol Fewyrth Ted, oedd yn byw drws nesa ond un i ni. Doedd o na Modryb Lisi, oedd yn un o Fôn yn wreiddiol, yn perthyn i ni go iawn – ffrindia penna Nhad a Mam oeddan nhw. Tua'r dociau y daeth Fewyrth Ted ar draws Gwilym Deudraeth ffraeth a hoff o'i beint, ond gan Wil Jos Plisman (Sarjant William Jones, Meldrum Avenue, i fod yn barchus), a hynny flynyddoedd yn ddiweddarach, y cefais i fwyaf o hanes y cymeriad a'r cynganeddwr lliwgar hwnnw. Doedd gan y bardd, mae'n debyg, fawr o ddiddordeb pan ddaeth Tywysog Cymru'n hwyr un diwrnod i agor y Canada Dock, a hithau'n llethol o boeth. Meddai'r Deudraeth:

Rhy boeth, eiriasboeth yw'r hin – i'th aros,
Dirion fab y brenin,
Dyro er mwyn dy werin
Ganada Doc yn dy din!

* * *

Wedi i Gwynneth gyrraedd rhyw ddyflwydd oed, byddai Mam yn mynd â ni yn ystod misoedd yr haf am wyliau i Fôn, gan aros yn nhŷ Taid a Nain Corsyreira a mwynhau cyfnod cynhaeaf a'r holl brysurdeb oedd yn rhan o fywyd fferm yr hafau braf rheiny.

Yno y dois i'n gyfarwydd â byd anifeiliaid a thasgau bwydo a charthu, a chario dŵr mewn piser bach wrth i'm modrybedd gario siwrneiau o ddŵr glân i'w yfed o'r ffynnon er bod digonedd o ddŵr at ddefnydd y fferm mewn sawl seston oedd wedi dal dŵr glaw y gaeaf. Gwylio hefyd y ferlen fach oedd ynghlwm wrth y 'pŵer' yn cerdded rownd a rownd y cylch ger mur y deri i droi peiriant y corddwr mawr i Nain gael yr ymenyn i'w drin a digon o laeth enwyn i'w yfed, heb sôn am y tatw llaeth hyfryd oedd yn gymaint o ffefryn i ni'r plant. Roedd cylch pŵer arall hefyd ym mhen draw'r cowt a byddai'r ferlen yn cerdded ei chylch yn bwyllog i droi'r peiriant malu-gwair yn fân yn ffîd i'r ceffylau, neu'r peiriant malu-rwdins i greu 'chips' i'r gwartheg a'r moch.

Roeddwn i'n cario'r syniad bryd hynny fod bywyd yng Nghorsyreira fel nefoedd bach! Digon o weithgarwch amrywiol i fynd â sylw hogyn bach o'r dre a'r tywydd yn braf bob dydd. Daw sawl llun i'r cof y funud 'ma. Cerdded wrth sodlau un o'r gweision wrth iddo borthi a chario sypiau o wair i'r 'bing' yn y beudy, a gosod swp ym minsiar pob 'stôl i ddwy' gydag aerwy i glymu'r buchod bob ochr. Gwylio'r merched a'r gweision yn godro llond y beudy o wartheg a hwythau, ambell dro, yn anelu teth atom a gwasgu nes gyrru llif o lefrith poeth drosom. Cael llaetho'r lloiau bach o bwcedi yn y cwt ym mhen pella'r beudy a bodloni iddynt sugno fy llaw wedi iddynt wagio'r bwced. Rhyfeddu at allu fy nhaid i drin gwedd o geffylau a'i ffordd o siarad gyda 'Brown', 'Seren', 'Lofti' a 'Biwt', a natur pob un yn wahanol. Tueddai Seren, y gaseg ddu, i fod yn fywiog wyllt ar brydiau ond er mor boeth oedd ei gwaed, hi oedd ffefryn Taid – er iddi, yn ôl pob sôn, roi cic egr iddo unwaith nes ei fod yn llyg ar wastad ei gefn ar lawr y stabl.

Ychydig a sylweddolwn i'r llafur caled o fore gwyn tan nos oedd yn gyfrifol am greu'r ddelwedd hyfryd honno. Nerth bôn braich ac ymateb amserol i ofynion natur y tir; gofalu am anghenion anifeiliaid a gwybod yr arwyddion i arbed colledion; aredig, carthu, cario tail fel gwrtaith… Mae'r rhestr yn ddiddiwedd!

Profiad arbennig i mi oedd diwrnod dyrnu a gweision a meibion y ffermydd cyfagos yn dod i helpu'n ddi-dâl am y diwrnod, gan wybod y byddai gweddill ffermydd y gymdogaeth yn cael cymorth dynion Corsyreira yn eu tro – dim ond un enghraifft o gymdogaeth dda mewn cyfnod pan nad oedd bywyd cystal i amaethwyr. Rhamant pur i mi oedd gweld y criw yn llawn hwyliau, pob un â'i dasg, a phawb mewn hwyliau er caleted y gwaith. Byddai arogleuon hyfryd yn dod o'r gegin drwy'r bore a Nain a'r merched wedi bod yn paratoi ers dyddiau. Byddai sawl eisteddiad i ginio a'r dyrnwr yn dal i droi gyda 'skeleton staff' nes bod pawb wedi cael eu gwala a'u gweddill, a byddai lle ar y fainc yn ystod yr eisteddiad olaf i'r gwas bach newydd gael rhannu cinio dyrnu gyda'r dynion a chael ei ddifetha'n lân! Oedd, roedd y bywyd a'r bwyd yn fendigedig yr hafau hynny.

Byddwn wrth fy modd yn cael eistedd ar ymyl y fainc hir yn y briws amser prydau bwyd, yn enwedig amser cinio – hanner dydd ar ei ben. Llond y bwrdd pren hir yn gwledda ar gynnyrch cartra a minnau'n cael fy nifetha'n lân gan fy modrybedd a'r gweision fel ei gilydd. Dydw i ddim mor siŵr beth oedd Nhaid, â'i fwstásh mawr dan lygaid glas treiddgar, yn feddwl o'r holl sylw a roddid i'w ŵyr cyntaf.

Cyn cinio cynnar dydd Iau – neu 'Ddifia', chwedl Nain – byddai Nhaid wedi tynnu o'r cwt y Morris 8 du ag iddo fonet nefi bliw, a hwnnw'n sgleinio'n barod i fynd i farchnad Llangefni, defod bob dydd Iau fel cloc. Yno byddai'r ymenyn – y byddai Nain wedi'i drin mor ofalus gyda'r llestri pren yn bwysi union a chyda'r print blodyn arbennig arnynt – yn cael ei werthu ganddi, ynghyd â dwsinau lawer o wyau ieir a hwyaid, i'r un cwsmeriaid wythnos ar ôl wythnos. Y cwsmeriaid olaf fyddai siop Glandŵr a siop Betsi Jôs, a byddai Nain yn cael te bach pnawn yn y ddau le – yn y ddau bob yn ail, wrth reswm! Yn y cyfamser, buasai Nhaid wedi bod wrthi'n rhoi'r byd yn ei le gyda'i gyd-ffermwyr yn y farchnad. Byddai Nain wedi gofalu dod â theisen bwdin flasus o siop Betsi Jôs ar gyfer te wedi cyrraedd yn ôl, ac wrth y bwrdd rhaid oedd rhoi hanes y pnawn i'r merched a minnau cyn i Nhaid fynd i olwg yr anifeiliaid a gwneud yn siŵr bod tasgau pnawn y gweision wedi'u cwblhau.

Yn un gornel o'r cowt roedd hen gar, model-T Ford, wedi gweld ei ddyddiau gwell ac yn cancro, byth-i-symud-mwy, ond i hogyn roedd eistedd tu ôl i'w olwyn yn gyfrwng i'm dychymyg fynd â mi i bobman. Mae'n debyg fy mod yn un reit dda am ddiddori fy hun pan oedd pawb arall yn brysur gyda'u dyletswyddau – o leia dyna oedd tystiolaeth fy modrybedd ymhen blynyddoedd wedyn.

Yng Nghorsyreira y gwelais i *Cymru'r Plant* O. M. Edwards am y tro cyntaf. Er bod llawer o'r rhifynnau wedi colli eu cas brown tywyll ac ôl darllen amlwg arnynt, fe gefais bleser mawr o fynd trwyddynt. Cofiaf yn arbennig y stori gyfres 'Helyntion Ysgol Sir Tre-ddôl' o waith Fanny Edwards, Penrhyndeudraeth.

* * *

Yn ystod y gwyliau yng Nghorsyreira byddai Mam yn mynd â ni ar y trên i weld fy nhaid arall yn y Betws. Cerdded i ben draw caeau Corsyreira at groesfan i anifeiliaid, dros y rheilffordd ac yna'i dilyn i stesion Llangwyllog i ddal y trên am Amlwch, gan gadw llygaid a chlustiau agored rhag i drên nwyddau ddod yn annisgwyl. Gwyddai Mam amserau'r trenau cario pobl, diolch am hynny! Teithio wedyn o orsaf Llangwyllog yng nghanol y sir i'r gogledd trwy Lannerch-y-medd a Rhosgoch, nes cyrraedd Amlwch a Nhaid yn ein disgwyl gyda'r poni a'r trap, a'r ferlen yn trotian ei ffordd trwy Dredath a Phenrhyd i fferm y Betws.

Roedd chwaer fy nhad, Modryb Catherine, a'i gŵr, Fewyrth Bob (bu gennyf bedwar Dewyrth Bob i gyd!), yn byw a gweithio yn y Betws, oedd yn adeilad rhyfedd iawn. Roedd un rhan ohono yn fawr ac yn debyg i gapel a gweddill y tŷ yn llai o lawer. Tybed fu'r Betws yn 'beadhouse' neu fan cyfarfod ar un cyfnod?

Cofiaf yn glir fel y byddwn yn rhyfeddu at long hwyliau a dynion bach mewn dillad glas a chapiau coch yn dringo'r rigin – y cyfan o wydr, ac wedi'i selio mewn cas gwydr – oedd yn ganolbwynt y cwpwrdd gwydr llawn llestri lliwgar ym mharlwr y Betws. Bob tro yr awn yno, byddai Nhaid wrth ei fodd yn fy ngweld yn syllu a rhythu ar y llong honno am gyfnodau hir, yn dychmygu mordeithiau anturus ar ei bwrdd. Sawl gwaith y dywedodd o (yn gyfrinachol) mai fi – ei unig ŵyr – oedd i gael y llong wydr ryfeddol ar ei ôl. Ac mae hi yn y tŷ 'ma heddiw!

Roedd perllan yn llawn o goed ffrwythau'n apelio'n fawr hefyd, a'r eirin mawr duon, melys yn tynnu dŵr i'r dannedd. Ond byr fyddai pob arhosiad yn y Betws a buan y deuai'r amser i ddringo i'r cerbyd i'r ferlen fach ein cludo i stesion Amlwch, i ddal y trên yn ôl i Langwyllog. Ac ar ddiwedd un gwyliau, ffarwelio â bywyd rhamantus y wlad a dychwelyd i Lerpwl a thymor newydd Ysgol Anfield Road.

* * *

Mae'n hawdd cofio bore'r symud i adran gynradd Ysgol Anfield Road. Cofio dringo'r stepiau o'r iard i ddieithrwch coridor hir ac ystafell ddosbarth dywyll ar yr ail lawr, a'r athrawes yn edrych fel hen ddraig arnom. Roedd hi'n hyll hefyd, 'tai hi'n weddus barnu, a dannedd drwg yn llenwi'i cheg; yn flin fel tincar ac yn gweiddi'n ddi-baid. Roeddwn i ei hofn hi drwy waed fy nghalon!

Rwy'n cofio un bore arbennig yn ystod y flwyddyn honno. Toc wedi cyrraedd y dosbarth roedd gen i boen yn ochr dde fy mol a hwnnw'n gwaethygu fel yr âi'r bore ymlaen. Roedd yn annioddefol erbyn hanner dydd a minnau'n ofni dweud wrth y jaden ddiolwg, flin. Wn i ddim sut y cyrhaeddais adre amser cinio ond aeth Mam â fi'n syth at y meddyg, a chefais fy rhuthro i Ysbyty'r Northern i dynnu fy mhendics cyn nos!

Wn i ddim faint o amser aeth heibio ar ôl i mi ddychwelyd o'r ysbyty cyn i Mr Thomas drws nesa alw acw tua amser cinio un dydd Sadwrn a minnau newydd ddod adre o'r Ritz, a gofyn i Mam a gawn i fynd hefo fo i Barc Goodison y pnawn hwnnw. Mae'n rhaid mai rhywbryd yng ngwanwyn 1938 oedd hi. Cyn hynny, dim ond rhyw sŵn a ddeuai ar draws ein chwarae cowbois ym Mharc Stanley ar bnawn Sadwrn oedd Goodison, bob yn ail â'r lle coch swnllyd arall hwnnw y cerddwn heibio iddo bob bore Sul wrth ddod o'r capel. Beth bynnag, bodlonodd Mam i mi gael mynd, ac mae dylanwad y pnawn tyngedfennol hwnnw arna i hyd y dydd heddiw.

Dyn tawel, bonheddig oedd Mr Thomas (chofia i mo'i enw cyntaf) ond ar Barc Goodison mi gefais weld dyn gwahanol iawn. Roedd o'n gweiddi nerth esgyrn ei ben wrth gefnogi Everton – a hynny yn erbyn Lerpwl! Mi glywais yno hefyd y pnawn hwnnw rai geiriau nad oeddwn yn gyfarwydd â nhw gan aelodau'r dorf fawr oedd o'm cwmpas. Fodd bynnag, o barch i garedigrwydd Mr Thomas, cefnogi'r tîm oedd yn gwisgo crysau glas ac a enillodd o ryw bedair gôl y pnawn hwnnw wnes inna, ac a wnaf hyd y dydd heddiw.

Wrth eistedd mewn tyrfa o dros hanner can mil a chael prentisiaeth codi a gweiddi gan yr hyfforddwr wrth fy ochr, mi ddois i adnabod enwau'r arwyr glas i gyd – Ted Sagar yn y gôl; Willie Cook a Norman Greenhalgh yn gefnwyr; Jock Thompson (a Gordon Watson yn ei le weithiau); Tommy (T. G.) Jones a Joe Mercer yn hanerwyr; Torry Gillick, Stan Bentham, Tommy Lawton, Alex Stevenson, Wally Boyes a Jimmy Caskie bob yn ail yn flaenwyr. Dyna nhw'r cewri enillodd y bencampwriaeth y tymor cyn y rhyfel i Everton – y 'School of Science', fel y'i gelwid. Rydw i'n gyfarwydd ag enwau'r rhan fwyaf o'r chwaraewyr a arwyddodd i Everton byth oddi ar hynny.

Ychydig wyddwn i ar y pryd bod Torry Gillick, chwaraewr rhyngwladol i'r Alban, yn byw yn ein stryd ni ac yn cerdded trwy'r fynwent gerllaw i'w waith. Yn ôl Stan Bentham, y gweithiwr caled o fewnwr de, arhosai Gillick ar yr asgell dde fel pe na bai ganddo ddiddordeb yn y gêm, gan feddwl mwy am y ceffylau yr oedd wedi rhoi arian arnynt. Yn sydyn byddai'n gafael ynddi ac yn croesi pêl ardderchog, neu'n sgorio'i hun, ac wrth i'r cefnwr fyddai'n ei wylio feddwl ei fod yn cael pnawn tawel, mewn chwinciad byddai Gillick wedi sgorio ddwywaith.

'The Uncrowned Prince of Wales' neu 'The Prince of Centre Halves' oedd y teitlau roddid i Tommy Jones, y chwaraewr gorau arwyddodd i Everton erioed yn nhyb Gordon Watson, un a wasanaethodd y clwb ei hun am drigain mlynedd ac a fu farw'n ddiweddar. Mor wahanol oedd Watson a'i debyg i chwaraewyr heddiw â'u diffyg teyrngarwch, er eu bod yn ennill mwy mewn wythnos nag a wnâi'r hen chwaraewyr mewn oes.

Rwy'n credu mai Stan Bentham oedd yr unig flaenwr yn y tîm hwnnw *nad* oedd yn chwaraewr rhyngwladol. Yn nhyb Tommy Jones, Stan oedd pwerdy'r tîm – 'the engine room', chwedl y gŵr aeth i Bwllheli oherwydd i Everton wrthod iddo gael ymuno â'r Arsenal. Pan fyddai gêmau rhyngwladol, oedd yn cael eu chwarae ganol wythnos y dyddiau hynny, byddai ystafelloedd newid Everton yn wag. Pa ryfedd mai glas yw'r lliw i mi hyd heddiw!

O sôn am Mr Thomas drws nesa, mae gen i go' byw iawn o'r dychryn a'r ofn a'r methu cysgu brofais i pan ruthrodd Mrs Thomas i'n tŷ ni un prynhawn i ddeud ei bod yn siŵr bod lladron wrthi'n torri i mewn i'w tŷ nhw, a hithau newydd ddychwelyd o'r dref. Newydd gyrraedd adre o'i waith yr oedd Nhad hefyd, ac aeth yn syth i'r drws nesa fel roedd y lladron yn rhuthro drwy'r drws cefn i'r iard a dianc i lawr yr entri, cyn iddo fedru eu gweld hyd yn oed – 'trwy drugaradd', medda Mam. Fu Mrs Thomas ddim yn hapus yn y tŷ ar ôl hynny a'r diwedd fu iddyn nhw symud i dŷ rhyw ddwy stryd i ffwrdd. Dychmygwn glywed sŵn lladron bob nos am wythnosau lawer ac am y tro cyntaf teimlais ofn ac ansicrwydd yn fy nghartref fy hun, er i'm rhieni geisio f'argyhoeddi na ddeuai'r lladron yn eu holau.

Ychydig feddyliais i ar y pryd fy mod ar fin wynebu

cyfnod anodd a dweud y lleiaf, pan ddilynwyd y profiad brawychus efo'r lladron gan y bore Sul braf hwnnw yn nechrau Medi 1939 a Nhad a minnau'n cerdded adre o'r capel ac yn clywed y newydd fod rhyfel wedi dechrau. Mae'n siŵr na sylweddolwn ar y pryd beth a olygai hynny ond buan iawn y daeth yr enw Hitler yn gyfarwydd i ni'r plant, gan gymryd lle pob bwgan neu fwci-bo yn ein dychymyg ac yng nghynnwys ein chwarae. Nid cowbois drwg ond y 'Jêrrrrr-mans' (chwedl y digrifwr Stan Boardman) oedd y dihirod bellach, a Hitler yn bennaeth y cythreuliaid.

Ymhen blynyddoedd wedyn a minnau'n ceisio portreadu'r Câd-Farshal Gunther Von Klugge yn y ffilm *Brad*, roeddwn yn ôl yn Lerpwl yn gwneud golygfa tu mewn i neuadd enfawr St George yng nghanol y ddinas. Roedd nifer fawr ohonom mewn lifrai lliwgar uchel-swyddogion byddin Hitler ac yn chwysu oherwydd trymder y gwisgoedd a chryfder y goleuadau llachar. Pan ddaeth toriad am baned, roeddem yn falch o gael mynd allan am awyr iach a sgwrs ar y stepiau o gerrig nadd hardd sydd yn amgylchynu'r adeilad. Yn sydyn daeth dau ddyn yn cerdded yn gyflym o gefn yr adeilad, un ifanc a'r llall mewn dipyn o oed, ac wedi dod gyferbyn â ni, stopio'n stond a syllu arnom. Wedi rhyw funud o saib, meddai'r hynaf o'r ddau, 'Ey youse! You bombed our f*****g chippy!' Yna edrych yn heriol am ychydig eiliadau cyn brasgamu i ffwrdd a ninnau i gyd yn gegrwth cyn marw chwerthin, a minnau'n cael f'atgoffa o sydynrwydd hiwmor bachog, nodweddiadol y gwir Sgowsar.

Ond yn ôl â ni i Ince Avenue. Buan iawn y daeth y

'Barrage Balloons' llwydion anferth, siâp mochyn, yn bethau cyffredin ac afreal yr un pryd i hofran uwch ein pennau. Newidiwyd patrwm Ysgol Anfield Road a minnau'n mynd i'r ysgol yn y boreau'n unig un wythnos a'r prynhawniau'n unig yr wythnos ganlynol. Deallais wedyn mai oherwydd i nifer o ddynion ar staff yr ysgol gael eu galw i'r lluoedd arfog y newidiwyd y patrwm. Rhaid oedd cario'r mwgwd-gwarchod-rhag-nwy bob amser ac mae'r arogl yn fy ffroenau'r munud 'ma wrth i mi feddwl am y peth ac yn f'atgoffa o arogl y nwy clorofform a gefais yn yr ysbyty cyn tynnu fy mhendics! Byddai ymarferion aml yn yr ysgol i wneud yn siŵr ein bod yn gallu gwisgo'r mwgwd mewn amser byr, yn ogystal â mynd yn drefnus a chyflym i selerydd yr ysgol oedd i weithredu fel 'air-raid shelter' ar ganiad y seiren.

Do, daeth newidiadau mawr i batrwm bywyd y cartre a'r ysgol i'r hyn oedd wedi bodoli cynt. Daethom i arfer â sŵn trwm awyrennau bomio'r gelyn, a'u henwau – y Junkers 88 â'u patrwm sŵn pendant, y 'brmm . . . saib. . . brmm . . . saib . . . brmm' – wrth i ni swatio yn y twll dan grisiau wedi i ni orfod codi ar frys ar ôl i sŵn y seiren roi rhybudd o ymosodiad. Anodd iawn yw disgrifio'n fanwl yr ofn oedd yn peri imi glywed sŵn fy nghalon yn curo'n gyflym wrth wrando'n astud yn nhawelwch y nos am y sŵn, ac wedi iddynt gyrraedd gwrando wedyn am chwiban uchel y bomiau tân yn disgyn a'r sŵn yn cynyddu nes i'r fflach o olau a'r ffrwydrad uchel ddigwydd, a'r tŷ'n ysgwyd a chrynu i'w seiliau. Anodd oedd coelio Nhad yn ceisio'n cysuro: 'Ma honna reit bell, y docia sy'n ei chael hi heno.'

Bywyd afreal felly oedd y patrwm ym misoedd cynta'r

rhyfel, a chymeriad y Sgowsar i'w weld ar ei orau wrth i bawb gyd-addasu a chyd-ddiodde yn wyneb peryglon y *blitz*. Byddai ymosodiadau'n digwydd yn ystod y dydd hefyd ar brydiau, a bûm yn cysgodi yn selerydd yr ysgol droeon. Unwaith fe ganodd y corn rhybudd pan oedd criw ohonom ar ein ffordd adre o'r ysgol amser cinio. Gwthiodd gŵr mawr cryf yn lifrai'r ARP ('Air Raid Wardens') ni i'r shelter briciau coch agosaf – roedd un ar gyfer pob stryd bron – a bu'n rhaid aros yno i gyfeiliant ffrwydradau am amser hir. Mae'n debyg i Mam druan a mamau Lyn a Raymond boeni tan i gorn yr 'all clear' swnio a ninnau'n rhuthro adre.

Ddechrau 1940 a'r ymosodiadau ar ddinas Lerpwl yn cynyddu a'r difrod mawr i adeiladau'n gwaethygu, penderfynwyd gyrru disgyblion Ysgol Anfield Road fel ifaciwîs i ddiogelwch cefn gwlad. Anfonwyd Gwynneth a minnau at Taid a Nain i Gorsyreira. I rywle yn Swydd Efrog yr aeth Raymond a'i chwaer Iris (fy nghariad cyntaf!), a Lyn at deulu ei fam rywle yn Ne Cymru. Bron nad yw'r dagrau'n cronni yn fy llygaid y munud yma wrth gofio ffarwelio â nhw. Welais i byth mohonyn nhw wedyn.

Ond os oedd y ffarwelio hwnnw'n anodd, wna i ddim ceisio disgrifio Mam yn gadael Gwynneth a minnau yng Nghorsyreira ac yn dychwelyd i Lerpwl hebddon ni, gan ddweud wrthym y byddai'r rhyfel drosodd mewn byr o dro ac y caem ddychwelyd adre. Mae'n anodd dychmygu sut daith yn ôl i Lerpwl fu honno i fam yn gadael ei phlant ar ôl dan y fath amgylchiadau.

John Corsyreira a John Haulfre

Yn ddigon naturiol, roedd croeso Corsyreira yn un cynnes iawn i Gwynneth a minnau ond profiad chwerw ac anodd ei dderbyn i ni, er hyfryted tawelwch y wlad, oedd bod heb dad a mam a ninnau'n ddim ond pump a saith oed. Amhosibl oedd anghofio bod ein rhieni'n wynebu peryglon y bomiau oedd yn dal i chwibanu a ffrwydro yn ein meddyliau. Doedd ryfedd yn y byd i mi, yn arbennig, fynd yn dawedog a dihyder er gwaethaf ymdrechion Nain a thair modryb ddibriod i ysgafnhau pethau. Roedd hiraeth yn ein llethu ni'n dau.

Rhaid cofio hefyd bod dyletswyddau a gweithgarwch y fferm yn hawlio amser y merched yn ogystal ag amser Taid a Fewyrth Bob (Robat Huw) a dau o weision. Prin bod gan yr un ohonynt lawer o amser i borthi fy mympwy i, a chofiaf yn glir y gair 'Deng' yn ffrwydro o enau Fewyrth Bob unwaith a minnau, mae'n siŵr, dan ei draed wrth iddo geisio cyflawni rhyw dasg neu'i gilydd. Doedd gen i 'run syniad o ystyr y gair ond fe wnaeth greddf i mi ei g'leuo hi a dengid o dan draed.

Yn fuan iawn daeth sôn bod raid trefnu i mi fynd i'r ysgol. Yr un agosaf i Gorsyreira oedd Ysgol Llandrygarn. Wn i ddim yn iawn hyd heddiw faint yw union bellter y siwrne honno ond yn y cyfnod hwnnw roedd hi fel tragwyddoldeb o bell! I hogyn o'r dre, oedd wedi arfer cerdded ychydig gannoedd o lathenni i dderbyn ei addysg yn Ysgol Anfield Road, teimlwn y byddai'n well gen i wynebu Hitler a'i fomiau na cherdded y siwrne honno, a hynny ddwywaith y dydd trwy bob tywydd. Mae'n wir bod enwau hyfryd i'r ffermdai ar y daith, heb sôn am lawer o gymeriadau digon diddorol ac amrywiol i gyfoethogi f'adnabyddiaeth o'r natur ddynol yn ei holl agweddau, ond y gwir amdani ydi mai ymhen blynyddoedd lawer yn ddiweddarach y dois i i werthfawrogi hynny.

Cychwyn o gowt Corsyreira a bag yn cynnwys pecyn o frechdanau a photel o lefrith i ginio ar fy nghefn, a cherdded ar hyd lôn y fferm i'r ffordd fawr a fferm yr Ynys Wen yn fy wynebu. Troi i'r chwith a cherdded y ffordd unionsyth o'm blaen cyn mynd heibio i'r Hafod, cartre Joe Evans a'i lais tenor hyfryd, un fu'n organydd a blaenor yng Nghapel Bryntwrog ac yn aelod o sawl côr yn y sir. Ymlaen heibio i fferm Glyn Derw ar y chwith ac i fyny'r allt hyd at Bryntwrog Isa', cyn troi o'r ffordd fawr a mynd trwy gowt a heibio i dalcen tŷ Bryntwrog Isa' a'i 'nelu hi ar draws tri chae i gyfeiriad camfa ger Ty'n Pwll. Roedd ffynnon o ddŵr fel grisial yn yr ail gae a diolch amdani ar y ffordd adre. Dringo dros y gamfa i'r llwybr ger nant fach ac at giât Ty'n Pwll, lle ganwyd Mam ac a oedd yn dal yn gartre i'w chwaer, fy modryb Catherine Mary a Fewyrth Bob (yr ail o'r pedwar ewyrth o'r enw Bob!). Roedd o'n gerddor a feddai ar lais bas ardderchog, ac yn ddiweddarach roedd i'm hyfforddi i gystadlu ac ennill droeon yn y Gylchwyl yn Llannerch-y-medd.

Troi i'r dde wedyn ac ymlaen heibio i Gerrig Cwna ac ymhen ychydig, yn y caeau ar y dde, roedd Ty'n Coed. Yna troi i'r chwith heibio i'r Gwnhingar ac ymlaen nes cyrraedd Talcen Dail, lle ganwyd Taid Corsyreira – cartre modryb Olwen, chwaer arall Mam a'i gŵr, Fewyrth Bob (y trydydd!). O'm blaen, fferm y Foel, cartref Mrs Rowlands oedd yn adroddwraig o fri fyddai'n cyflwyno darnau hirion dramatig yn yr hen ddull, fel 'Mr Moody, y Fam a'i Phlentyn'. Go brin y clywyd yn unman gyflwyniad tebyg i un Mrs Rowlands o emyn George Rees,

> O Fab y Dyn, Eneiniog Duw, fy Mrawd
> A'm Ceidwad cry' . . .

Roedd llinell gyntaf yr emyn 'Oooooooooh Faaaaaaaab y Dyyyyyyyyyyn . . . ' fel pe bai'n para pythefnos! O'r Foel roedd tua milltir o ffordd a wyneb da iddi heibio i fuarth fferm Fron Deg, cartref Ifan Owen, Belanydd Môn, un arall enwog ar lwyfannau'r cyfnod a medalau adrodd yn tincial ar ei frest. Mae'n rhaid fod rhywbeth yn yr aer tua Lôn y Foel y cyfnod hwnnw.

Cyrraedd y ffordd bost o'r diwedd, llwybr y Goets Fawr ar draws yr ynys, a throi i'r dde a fferm Maesyllan Fawr ar y chwith a chyn hir Capel Annibynwyr Maesyllan ar gwr pentre Glanrafon, y capel a fynychai Nain Corsyreira mor selog. Ychydig flynyddoedd yn ddiweddarach clywais ddweud na ellid curo lleisiau bas y capel bach hwnnw yn unman. Cofiwch mod i'n dal i gerdded! Heibio'r Persondy, Maesllan Ganol, Maesllan Bach ac at y Jolly, cartre Alun ffraeth a digri. Rhywun yn ei holi un tro,

'Dwad i mi, Alun, ydi hwn-a-hwn yn perthyn i ti?'

'Ydi'n tad mawr.'

'Perthyn agos 'lly?'

Saib am ychydig . . . ac wedi edrych ar bolyn teligraff rhyw ugain llath i ffwrdd dyma'i ateb yn dod,

'Wel, rhywbeth o fan'ma at y polyn acw!'

Ymlaen heibio i siop Mowbray a ffordd droellog chwarel Clegir Mawr ar y dde ac i fyny'r allt at y Gwyndy, yr hen westy lle byddai'r Goets Fawr yn cael ceffylau ffres. Yng ngolwg y wlad o'r diwedd a tho Gwyndy bach yn ymddangos, cartre'r arlunydd Keith Andrew heddiw, ac Ysgol Llandrygarn! Hwrê!

Dywedwch y gwir, doedd dim rhyfedd bod hogyn o'r dre wedi ymlâdd erbyn cyrraedd. Wn i ddim faint o amser gymerai'r daith ond roeddwn yno cyn naw. Byddai'n tynnu am hanner awr wedi pump – neu hwyrach – arna i'n cyrraedd adre i Gorsyreira, wedi'r loetran blinedig ar y ffordd yn ôl.

Dyw'r atgofion am Ysgol Llandrygarn ddim yn rhai hapus iawn. Ar wahân i'r daith hir, fe fu bron i mi golli golwg fy llygad dde yr wythnos gyntaf yno. Yn ystod rhyddid yr awr ginio aeth criw i lawr yr allt at Tŷ Hen i weld nyth aderyn a thri o wyau ynddo. Pan ddaeth fy nhro i i syllu i'r nyth fe'm tynnwyd yn ôl yn ddiseremoni gan fab Tŷ Hen, am ddim rheswm ar wahân i ddysgu gwers i'r hogyn diarth o'r dre nad oedd yn deall ffyrdd y wlad. Rhoddodd ddyrnod galed i'm llygad dde nes oeddwn yn llythrennol yn gweld sêr.

Cefais gryn sylw gan yr athrawon gan i'm llygad gau a chwyddo'n enfawr a minnau'n argyhoeddedig y baswn i'n colli fy llygad yr un fath â Nain! Yn wir bu hi a fy modrybedd yn pryderu a bu'n rhaid galw meddyg a'm llygad yn dal ar gau, yn ddu fel glo ac yn boenus i'w ryfeddu. Cefais golli'r ysgol am rai wythnosau a'r llygad yn dal yn ddu a chwyddedig. Barn y meddyg oedd i mi fod yn ffodus i gadw golwg y llygad dde ac roedd Nain yn llawn cydymdeimlad pan ofynnais:

'Fydd raid i mi gael llygad tsieni fatha chi, Nain?'

'Choelia i fawr, mi fyddi di rêl boi cyn pen dim wsti a fydd dim rhaid i ti fynd am yr ysgol 'na nes byddi di'n well, weldi!'

Chwarae teg iddi, mae'n siŵr ei bod hi a fy modrybedd wedi poeni tipyn nes i'r llygad wella. Tybed gafodd Nhad a Mam wybod? Does fawr o syndod na fu fawr o gariad gennyf at Ysgol Llandrygarn ar ôl hynny.

Penderfynodd fy nhaid fod y siwrne i Ysgol Llandrygarn yn rhy bell i Gwynneth fy chwaer, a threfnodd fy rhieni y byddai'r ddau ohonom yn mynd i bentref y Garreg-lefn at chwaer fy nhad, modryb Catherine a'i gŵr, Fewyrth Bob (y pedwerydd!) oedd erbyn hynny yn byw yn Haulfre, tŷ cyngor yng nghanol y pentre a'r ysgol i'w gweld led cae i ffwrdd. Nefoedd ar y ddaear.

Bu croeso Haulfre'n un cynnes iawn, ac o edrych yn ôl mae'n siŵr iddo fod yn brofiad rhyfedd i gwpwl di-blant i ddod yn rhieni maeth i ddau o blant, dros nos fel 'tai. Roedd eu caredigrwydd amlwg yn gymorth mawr i Gwynneth a minnau ddygymod â'n trydydd cartre mewn cyfnod byr, er yn sicr roedd hiraeth am Dad a Mam yn dod drosom yn don yn aml.

Rwy'n credu i ni ddod i arfer â byd a bywyd pentre'r Cen (dyna oedd Carreg-lefn i bawb) yn weddol rwydd – gwneud ffrindiau newydd, ymuno mewn chwaraeon newydd sbon a dysgu llawer am arferion pentre bychan gwledig oedd yn swatio rhwng ponciau eithin ym mherfeddion Môn.

Er lleied y Cen, roedd iddo dair siop – Siop Newydd, bron gyferbyn â mynwent Capel Bethlehem ar ochr Llanbabo i'r pentre; Siop Fawr, yn cynnwys swyddfa'r Post yng nghanol y pentre ar droad y ffordd i Lanfechell a Chemaes, gyda Rolant, brawd i ewyrth i mi, yn ei chadw; yna i fyny'r ffordd am Rosgoch ac Amlwch, Siop Dec – y tair ohonynt, wrth gwrs, yn cyflenwi anghenion gwlad amaethyddol eang yn ogystal â'r pentre.

Byd amaeth oedd yn cyflogi a chynnal y mwyafrif o deuluoedd y Cen. Roedd Fewyrth Bob yn gweithio ym Mhlas Bodewryd ar y pryd, yn un o nifer o ddynion y pentre oedd yn cael eu cyflogi yno, a'r cyfan yn cychwyn yn fore bob dydd (gan gynnwys dydd Sadwrn) ar eu beiciau trwy bob tywydd. Bob min nos deuai'r llafna ifainc oedd yn gweini ffarmwrs, ar feic neu foto-beic, yn un haid at Siop Fawr i gyfnewid hanesion ac i greu gêmau a drygau o bob math. Cefais innau gyfle i ddysgu cryn lawer am arferion cefn gwlad a nabod nifer o gymeriadau lliwgar oedd â'u cryfderau a'u gwendidau'n rhan o addysg bywyd y wlad.

Er i'r ysgol fod yng ngolwg Haulfre, digon petrus ac ofnus oeddwn wrth fentro yno ar y diwrnod cyntaf hwnnw, a chael *dyn* yn athro dosbarth am y tro cyntaf hefyd! Cymeriad addfwyn, annwyl a charedig oedd Ifor Roberts, un o Lanfachraeth rwy'n credu. T. H. Owen, tad Kenneth a Cledwyn, Cen Villa, oedd y prifathro, disgyblwr heb ei ail a threfn a gwahardd arbennig ganddo, ac yn sicr roedd hynny'n angenrheidiol gyda'r llafna cryfion hyd at bymtheg oed oedd yn yr ysgol y cyfnod hwnnw. Roedd ei gerydd lleisiol miniog (yn Saesneg, a phob gair wedi'i ynganu gyda phwyslais pendant trwy wefusau meinion bygythiol) yn ddigon o ddychryn, heb sôn am sŵn clec ei gansen yn diasbedain ar gaead ei ddesg yn ategu'i eiriau. Roeddwn i ei ofn o: roedd un edrychiad ganddo yn ddigon, a gwingais lawer tro wrth weld sawl pechadur yn dawnsio wedi blas y gansen. Er na fuaswn yn cytuno ar y pryd, wnaeth disgyblaeth o'r fath ddim drwg i'r un ohonom.

Fel pob deryn diarth fe gefais dipyn o sylw gan fy nghyd-ddisgyblion y dyddiau cyntaf rheiny. Unwaith yn rhagor, roedd llawer yn amheus o'r 'ifaciwî'. Diolch i'r drefn, bu Mair Garn View yn famol garedig tuag ataf. Roedd Mair, oedd yn hŷn o dipyn na fi, yn annwyl iawn ac yn ddel hefyd! Erbyn deall roedd ewythr iddi wedi priodi modryb i mi, hynny'n ddigon o reswm iddi edrych ar fy ôl yn ofalus iawn.

Mae'n siŵr mai'r sylw gawn i gan Mair oedd y rheswm pam y cefais gweir yr wythnos gyntaf – i ddysgu gwers i'r 'ifaciwî', fel y llygad du hwnnw ges i pan oeddwn yn Ysgol Llandrygarn. Y tro hwn un o'r hogia mawr, Ronald Bryn Alma, a ymosododd arna i ar y ffordd adre a chasglodd criw o'n cwmpas i weld y deryn diarth yn cael harnis hegar. Wedyn y cefais i ddeall fod llygaid Ronald ar Mair, a'i fod o'n ei ffansïo hi ei hun! Cafodd Ronald flas ei thafod pan welodd hi beth oedd yn digwydd i mi, a bron na ddywedwn ei bod yn werth diodda'r gweir er mwyn cael fy mwytho a'm hanwylo ym mreichiau Mair wedi'r drin.

Chefais i fawr o flas ar waith yn yr ysgol, mae'n rhaid cyfaddef, er nad bai'r athrawon oedd hynny chwaith. 'Toedd y symiau a phatrwm pob gwaith mor wahanol i Anfield Road (a Llandrygarn o ran hynny), ac yn tanseilio hynny o hyder oedd gen i? A dydi o'n syndod yn y byd mai'r chwaraeon a'r arferion rhyfedd a'r campau newydd ac amrywiol ar yr iard sydd wedi aros gliriaf yn y cof, ynghyd â direidi a gwybodaethau cyfrin rhai o'r hogia mawr. Ond bu cyfnod hir cyn i John Lerpwl ddod yn John Haulfre.

Nid sêr y ffilmiau seliwloid oedd arwyr y bechgyn ond rhai o yrwyr y bysys Crosville, na welid mohonynt ond rhyw ddwywaith yr wythnos – y bws o Amlwch i farchnad Llangefni ar Ddifia a'r un i Gaergybi ar y Sadwrn. Roedd enwau fel Bob a Huw Trefor ac Idris ar wefusau'r hogia i gyd. Byddai ceir huriedig Lewis Tŷ Bach ar gael i achlysuron arbennig a William Lewis neu ei fab, Willie, yn gyrru, ac mae'r un teulu'n dal i redeg bysiau hyd heddiw. Efelychu'r gyrwyr hyn fyddem ni'r hogia wrth chwarae hefo cylch hen olwyn beic di-deiar, a weiren gref wedi'i phlygu ar ei blaen ar siâp 'u' i wthio'r cylch a'i drin. Am y gorau i fod y gyrrwr mwyaf medrus oedd hi, a'r un pryd sawl caead tun go liwgar yn troi'n llyw dychmygol un o geir Tŷ Bach.

Byddai Modryb Catherine yn gwau llawer, a daliodd i wneud hynny ar hyd ei hoes. Rwy'n siŵr i'm chwaer Gwynneth, fu'n weuwraig grefftus iawn drwy'r blynyddoedd, gychwyn y diddordeb dan ei dylanwad. Yn wir fe'm perswadiodd innau yn ystod gyda'r nosau hir a thywyll y gaeaf i wau! 'Gwau trwy rîl' oedd ei disgrifiad hi o'r dasg. Roedd yn rhaid wrth rîl wag a gyrru pedair o hoelion byr i mewn i un pen ohoni gan adael chwarter neu hanner modfedd o bob un yn y golwg. Yna, clymu un pen i'r edafedd ar un o'r hoelion a mynd â fo o gwmpas gweddill yr hoelion. Wedi dod yn ôl at yr un gyntaf, gyda phwt o wiallen go finiog, codi pwyth dros yr hoelen ac ymlaen at y nesaf a dal i fynd o hoelen i hoelen nes byddai tiwb o wau'n ymddangos trwy'r twll yn y rîl. Roedd yn bosib defnyddio sawl pellan o edafedd nes byddai digon o'r neidr gwau (o'i droi'n gylch â phwyth yma ac acw) i ffurfio mat i roi dan y tebot neu ddysgl boeth rhag gadael marc ar fwrdd. Bu'n gyfrwng canolbwyntio a chymorth i basio oriau min nos hir y gaeaf.

Os nad oedd salwch, byddai'n rhaid mynd i Gapel Bethlehem dair gwaith y Sul a dweud adnod ar goedd yn oedfa'r nos – nid *unrhyw* adnod, ond adnod neu bennill oedd yn cynnwys gair o destun pregeth y Sul blaenorol! Tasg go anodd ambell wythnos hefyd...

Mae William Owen Borthygest, neu Wil Pengraig, wedi disgrifio yn un o'i lyfrau achlysur yn Ysgol Sul Bethlehem y cyfnod hwnnw yn ei bennod ar Ned Huw, Tyddyn Creigiau. Wrth reswm pawb nid dyna'r enwau iawn ond mi wn i a thrigolion y Cen y cyfnod hwnnw pwy oedd 'Ned Huw' a'r cymeriadau lliwgar eraill sydd yng nghyfrolau difyr Wil. Bu'r wybodaeth honno yn gymorth i mi allu eu portreadu ar radio a llwyfan ymhen blynyddoedd wedyn.

Dotiwn at fedr Fewyrth Bob i rigymu'n ddoniol am ddigwyddiadau a throeon trwstan rhai o gymeriadau'r ardal. Rai blynyddoedd yn ddiweddarach bu Fewyrth hefyd yn cynhyrchu cwmni drama llwyddianus y Cen. Yn sicr doedd dim amheuaeth am ei fedr a'i amynedd yn ei ardd, a honno'n ardd fawr iawn. Bob nos bron yn ddieithriad, yn dilyn diwrnod caled o waith ym Mhlas Bodewryd ac ar ôl cael ei bryd bwyd, i'r ardd â fo.

Rhyfeddais at y cynnyrch a godai a'r pleser tawel a gâi wrth ofalu am fanylion. Mewn cyfnod diweddarach, wedi i'r ddau symud i Haulfre arall yn Amlwch, bu'n garddio i'r Dr Jones. Bu farw'r un diwrnod â'r meddyg, a hynny yn yr ardd.

Fel y soniais eisoes, mi ddysgais lawer yn y Cen. Ar gae Clegyrog Uchaf y dysgais i reidio beic dwy olwyn ail-law, a hynny wedi sawl codwm ac anelu aml gic i'r beic druan. Yn sicr mi ddysgais beth wmbredd hefyd am fyd natur a bywyd gwyllt y wlad ac mae fy nyled i'n fawr i un yn arbennig – Robat John, Gwelfor, neu Bobyn i ni'r plant. Roedd o ryw flwyddyn neu ddwy'n fengach na fi ac wrth bod Gwelfor a Haulfre yn ddau o res o bedwar tŷ Cyngor, roedd yn naturiol mai fo oedd y cyntaf o blant y Cen i mi ei gyfarfod. Fo fu'n hyfforddwr ac yn arweinydd i mi i gyfrinion adar, creaduriaid a phlanhigion gwyllt y cylch, ac ni chefais ei well mewn ysgol na choleg. Anifeiliaid a phob agwedd ar fywyd gwyllt oedd ei bethau a doedd caethiwed ysgol ddim yn apelio o gwbl ato. Rhyddid ym mhonciau eithin Clegyrog oedd ei nefoedd ac fe gefais innau rannu'r wefr a'r rhyfeddod droeon o ganfod nythod ieir dŵr a chornchwiglod; dal madfall y dŵr (yr un goch gribog) a dod i wybod lle i weld y 'gialopi wirion' (y fadfall), heb sôn am ddysgu popeth gwerth ei wybod am adar a chreaduriaid o bob math.

Gwyddai Bobyn am rinweddau'r amrywiaeth mawr o lysiau a phlanhigion. Ef fyddai'r cyntaf bob blwyddyn i gasglu madarch ffres ac i wybod ble'n union i gael berw dŵr a chnau aeddfed. Roedd ganddo ddawn neu reddf ryfeddol ym myd natur na welais i mo'i thebyg. Credwn yn gydwybodol ei fod yn fath o Dr Doolittle Cymreig a allai ddeall iaith cŵn, cwningod dof, nicos, bwdjis a chaneris, yn ddewin oedd yn deall amser popeth ym myd natur y cread. Pa ryfedd bod enw R. J. Lewis, Ty'n Ffordd, y Garreg-lefn, yn wybyddus heddiw i fynychwyr Sioe Môn, a'i fab yn gwneud ei fywoliaeth yn un o ganolfannau garddwrol Spalding yn Swydd Lincoln.

Yn sicr cafodd hogyn o ddinas Lerpwl addysg ryfeddol a'i drwytho yn arferion cefn gwlad ar ei gorau ym mhentref Carreg-lefn, heb sôn am ddod i adnabod cymeriadau gwreiddiol a chyfoethogi'i iaith trwy ddysgu nifer o briod-ddulliau newydd a lliwgar ag arnynt flas y pridd yn ogystal â sawr y Beibl.

John Ty'n Llan

O holl gyfnod bomio dinas Lerpwl, mae'n debyg mai am y 'May Blitz' y sonnir fwyaf gan y trigolion. Roedd Mam yn dal i nyrsio yn Ysbyty Belmont Road a Nhad yn addasu llongau masnach yn 'troop carriers' ar y pryd, a Gwynneth a minnau yn nhawelwch y wlad yn y Garreg-lefn. Yn ystod bomio mis Mai disgynnodd 'land mine' ar y tir glas tu ôl i'n cartref yn Ince Avenue (lle mae Ysgol Uwchradd Priory Road heddiw) ac fe ddinistriwyd rhan o'r tŷ. Nid oedd Nhad yn fodlon i Mam aros yn Lerpwl ar ôl hynny ond yn erbyn ei hewyllys y cytunodd hi i ddod yn ôl i Fôn, er bod Gwynneth a minnau'n hynod o falch. Ymhen blynyddoedd wedyn y sylweddolais mai gweithio i ennill arian i'n cadw ni yr oedd Mam yn ystod y cyfnod hwnnw.

Wedi i Taid Corsyreira ddeall am fwriad Mam i ddod o Lerpwl fe glywodd fod Johnnie Robaits, fferm Ty'n Llan, Llangwyllog, wedi prynu'r hen reithordy o'r un enw ger eglwys hynafol Llangwyllog er mwyn cael y tir oedd yn terfynu ar ei dir ef. Fe ofynnodd fy nhaid iddo ym marchnad Llangefni beth oedd o'n fwriadu ei wneud hefo'r tŷ ac fe gafodd ateb cwbl nodweddiadol o'r cymeriad annwyl, caredig hwnnw, 'Bw, bw, bw, yna, yna, yna, dim wedi meddwl, meddwl, meddwl am hynny, hynny, hynny, yna, yna, yna.'

Wedi i Taid esbonio fod fy nhad a'm mam yn chwilio

am le i ddod o Lerpwl dechreuodd fwrw drwyddi am y rhyfel a'r Almaenwyr,

'Bw, bw, bw, Hiltar, Hiltar, Hiltar yna, yna, gneud lanast gythreiligs, gythreiligs yna, yna tua Lerpwl, Lerpwl yna, yna.' Chwarae teg iddo fe addawodd y cawsai fy rhieni yr Hen Reithordy am rent rhesymol iawn.

Dwy hen ferch oedd wedi byw yn y tŷ ers blynyddoedd, un ohonynt yn ddall, ond yn ôl cyflwr y tŷ doedd y llall ddim yn gweld rhyw lawer chwaith! O ganlyniad roedd cryn dipyn o waith cymhennu, clirio a glanhau. Bu Mam a'i chwiorydd yn brysur iawn am amser yn cael y lle i drefn ond roedd yn dŷ mawr braf, gyda chowt mawr a beudai a digon o dir o'i gwmpas, oedd yn cynnwys llain fawr, perllan lawn o amrywiol goed afalau ac eirin melys a dwy goeden afalau coginio oedd yn cynhyrchu'r afalau mwyaf welais i erioed. Yn wir byddai Mam yn gallu gwneud teisen gwerth chweil gydag *un* o'r afalau hynny! Tu ôl i fur uchel, a mynediad trwy ddôr fawr, roedd gardd lysiau a llwybrau o gwmpas y borderi a phren bocs isel yn amgylchynu pob un. Tu draw iddynt roedd ehangder mawr o dir gwyllt oedd yn cynnwys, yn llythrennol, filoedd o gennin pedr â'u clychau'n amrywiol eu maint a'u lliw. Yn eu tymor, rwy'n cofio i'm chwaer a minnau ar sawl nos Fercher helpu Mam i'w torri a'u bwndelu fesul dwsin ar gyfer marchnad Llangefni drannoeth.

Ar ffin yr ardd a'r ffordd at yr eglwys islaw, ac o dan y coed tal lle nythai ugeiniau o frain swnllyd, fe frwydrai amrywiol fioledau a thegeirianau i ddangos eu pennau trwy'r brwgaets trwchus. Yno hefyd y gwnaeth sawl iâr ffesant a fagwyd ym mhlas Trescawen ei nyth, a rhaid cyfaddef na chafodd pob wy gyfle i ddeor.

Bûm yn dyfalu'n aml tybed yng nghyfnod pa un o offeiriaid eglwys Llangwyllog y bu'r cynllunio a'r llafur roddodd fodolaeth i'r ardd, oedd wedi arfer â dyddiau gwell. A dweud y gwir plaen, poendod i mi yn y cyfnod cynnar hwnnw oedd ceisio palu'r amrywiol forderi ar adegau pan oedd chwarae yn Llangwyllog yn galw! Ond roedd un gorchwyl gwaeth o lawer a ymddangosai'n ddigalon o ddiddiwedd – chwynnu'r llwybr eang o'r giât ffrynt heibio i flaen y tŷ, dros bymtheg troedfedd o led a thua hanner canllath o hyd. Roedd y cyfan wedi'i orchuddio â cherrig gwynion, tebyg o ran maint i'r rhai oedd yn gorchuddio beddau yn y fynwent gerllaw, ac i ryddhau'r chwyn oedd yn tyfu trwyddynt rhaid oedd rhoi ymyl rhaw dan y cwbl i'w diwreiddio cyn eu codi â llaw i bwced – tasg ddiflas tu hwnt.

Er llawenydd fy chwaer a minnau o gael Mam yn ôl, roedd yna chwithdod hefyd wrth ffarwelio â chyfeillion a chymeriadau Carreg-lefn ac rwy'n cofio i ruddiau Fewyrth Bob a Modryb Catherine ddangos tipyn o leithder, er i'r ddau geisio'u gorau i guddio dagrau'r ffarwelio. Mae'n siŵr bod dygymod â thawelwch ar ôl arfer am gyfnod gyda sŵn dau o blant yn anodd iawn iddynt, a rhaid cofio bod Llangwyllog yn bell iawn o'r Garreg-lefn y dyddiau hynny. Mae gen i ddyled enfawr i'r pâr caredig.

* * *

Arhoswyd yng Nghorsyreira am gyfnod unwaith eto nes i'n dodrefn gyrraedd o Lerpwl ac i Mam a'i chwiorydd fodloni bod yr Hen Reithordy'n barod i'w derbyn.

Ychydig o ddyddiau'n unig gafodd Nhad i helpu i symud y dodrefn, gan ei fod yn dal i weithio i'r Weinyddiaeth Amddiffyn ac yn cael ei anfon i wahanol leoedd. Wedi cyfnod yn addasu llongau masnach yn 'troop carriers', bu'n gweithio ar y Mulberry Harbours; cyfnod wedyn yn Briton Ferry a Sidcup yn Swydd Caint, yn ogystal â gwahanol leoliadau yn Llundain yn dymchwel adeiladau a chymhennu wedi difrod y 'Doodlebugs' a rocedi dinistriol yr Almaenwyr.

Ar ddiwedd y rhyfel y cefais i dad amser llawn. Chwe blynedd di-dad yng nghyfnod fy llencyndod a dwy a hanner ohonynt heb fam hefyd. Sut mae mesur effaith seicolegol cyfnod o'r fath?

Roeddwn yn wynebu symud ysgol unwaith eto a newid enw eto fyth. John Lerpwl wedi bod yn John Corsyreira yn Ysgol Llandrygarn o wanwyn 1940 hyd haf 1940, yna'n John Haulfre yn Ysgol y Garreg-lefn o Fedi 1940 hyd Awst 1941, ac yn awr yn John Ty'n Llan!

Ysgol Bodffordd neu Ysgol Llannerch-y-medd oedd y dewis gan nad oedd ysgol yn Llangwyllog. Pa un? Dyna'r cwestiwn. Yn rhyfedd iawn pedwar cwch gwenyn fu'n gyfrwng datrys y broblem. Roedd y Parchedig W. R. Williams, person Llangwyllog a Choedanna, yn wenynwr o fri, ac ymweld â'i bedwar cwch ar ddarn o ryddid (tir gwyllt) gerllaw yr eglwys yr oedd o pan ddaeth Mam i'w gyfarfod ar ei ffordd adre o Gorsyreira. O ganlyniad i'w sgwrs a chroeso'r offeiriad i'w blwyf a'i holi i ba ysgol yr oedd hi am anfon y plant, fe ddywedodd wrth Mam y cawsai fy chwaer a minnau fynd gyda'i ddau fab, Gavin ac Alfan, yn y car o ben y lôn bob dydd i Ysgol Penrallt, Llangefni – ysgol eglwys! Wn i ddim ai ei fwriad oedd ceisio ychwanegu at aelodaeth eglwys Llangwyllog ai peidio, ond yn sicr roedd Gwynneth a minnau'n ddiolchgar iawn iddo am fod mor feddylgar.

I Ysgol Penrallt, Llangefni, â ni felly, ac nid i Lannerch-y-medd na Bodffordd lle'r âi plant eraill Llangwyllog. Ychydig feddyliais i ar y pryd y byddwn, ymhen blynyddoedd wedyn, yn ddirprwy brifathro yn y naill ac yn brifathro yn y llall!

Bu newid ysgol yn boendod ac unwaith eto yn ergyd drom i hynny o hunanhyder oedd gen i. John Griffith Jones – 'Mistar' – oedd y prifathro, gŵr llond ei groen a'i wyneb gwritgoch yn disgleirio'n llyfn dan fargod anferth o wallt cryf, gwyn fel eira. Roedd yn ddisgyblwr digyfaddawd a'i gansen yn disgyn ar gaead ei ddesg yn swnio fel bom yn ffrwydro, ac yn argyhoeddi'r dewraf beth oedd yn aros pob un euog o fistimanars. O gofio bod yna grymffastia cryfion hyd at bymtheg oed dan ei ofal, a rhai ohonynt wedi hen glywed ogla ar eu dŵr, roedd yn rhaid wrth gymeriad cry fel Mistar i'w hargyhoeddi bod cosb yn dilyn pechod. Er nad oeddwn yn ei ddosbarth ar y cychwyn, roedd hanner awr gyntaf ac olaf pob dydd wedi'u neilltuo i gyd-ddweud neu lafarganu rhannau o *Lyfr Gweddi Cyffredin* yr Eglwys yng Nghymru a rhaid oedd dysgu'r cyfryw rannau ar gof yn bur sydyn. Roedd Mistar yn gredwr cryf mewn dysgu amrywiaeth mawr o ddeunydd ar y cof a'i adrodd ar lafar. Bu dylanwad Ysgol Sul Fethodistaidd capel Gosen Llangwyllog a chyfraniad eglwysig Ysgol Penrallt yn gyfryngau ardderchog imi leibio i'm cyfansoddiad eirfa a throeon ymadrodd a theithiau'r iaith Gymraeg sy'n rhan ohonof hyd heddiw.

Wrth gychwyn fy nghyfnod yn Ysgol Penrallt, mae'n

rhaid cyfaddef nad oedd gennyf unrhyw hyder wrth wynebu gwaith ysgol. Onid oedd pob ysgol fe pe bai'n gwneud pethau'n wahanol? Dim rhyfedd felly bod fy llawysgrifen yn drychinebus o flêr, fy mynegiant yn gyfyng ar lafar ac ar bapur – o fewn muriau'r ysgol, o leiaf. Fodd bynnag, drwy drugaredd fawr, fe fûm yn drybeilig o ffodus i gael athrawes arbennig o ddeallus, synhwyrus ac, yn bwysicach hwyrach, yn famol annwyl. Bu Eirwen Williams, Tŷ Capel Cildwrn, yn ffrind cywir ac yn llawn cydymdeimlad mewn cyfnod pan oeddwn i wir angen hynny. Trwy'i hamynedd a'i hynawsedd hi roeddwn wedi f'arfogi'n weddol i wynebu'r flwyddyn olaf dan lygaid craff Mistar a her y Sgolarship bondigrybwyll. (Rwy'n falch imi gael y cyfle i fynegi'm dyled iddi ymhen blynyddoedd ar ôl hynny wrth ei mab, y cerddor Gwyn L. Williams, cyn-arweinydd llwyddiannus Côr y Traeth a bellach Cyfarwyddwr Eisteddfod Ryngwladol Llangollen.)

Ar furiau dosbarth Mistar roedd toreth o ddarnau barddoniaeth, adnodau a phenillion, a lluniau cyn-ddisgyblion oedd yn gwasanaethu yn y lluoedd arfog. Rwy'n gweld dau'r funud yma yng ngwisg yr awyrlu – Squadron Leader Gilbert Guest a Flight Lieutenant Leslie Hodgkins (a dreuliodd gyfnod yn garcharor rhyfel yn yr enwog Stalag Luft III). Ychydig feddyliais i y buaswn yn actio gyda Les a'i wraig ymhen blynyddoedd, ac yn darlledu ar y radio gyda'i fam, Nel Hodgkins, oedd yn gymeriad a hanner. Dydi o ddim syndod yn y byd i mi bod ei hwyres – Gwenno, merch Les – yn actores mor ddawnus, yn gymaint o gês ac yn un o'r talentau ifanc niferus y cefais y fraint o weithio ac o deimlo'n ifanc yn eu mysg yn fy henaint!

O'r nifer englynion oedd ar y wal gan Mistar, daw dau i'r cof yn syth o'r pentwr a ddysgwyd, heb ddeall na'r ystyr na'r eirfa'n iawn ar y pryd. 'Y Rhosyn a'r Grug', Pedrog ('I'r teg ros, rhoir tŷ grisial…'), a 'Blodau'r Grug', Eifion Wyn ('Tlws eu tw', liaws tawel…'). Nhw oedd y ffefrynnau, mae'n rhaid.

Roedd Nant y Pandy a Llyn Pwmp i'w gweld islaw iard Ysgol Penrallt a threuliais lawer awr ginio yn chwarae yn y Dingle yn dringo coed, glychu 'nhraed a chael ambell rwyg yn fy nhrowsus. Rhan o batrwm gwaith yr ysgol oedd cael mynd am dro yn ystod ambell brynhawn braf ar ddechrau tymor yr haf. Pawb wrth eu bodd yn mynd ar hyd y llwybr ger afon Cefni at y Pandy gan gofnodi enwau coed, blodau gwylltion ac adar – yno y gwelais i las y dorlan am y tro cyntaf. Dilyn y llwybr wedyn at Cornhir ac ymuno â'r ffordd fawr yn ôl i Benrallt. Rwy'n cofio'r diweddar John Morris – athro ymroddgar wrth reddf a mawr ei ddylanwad, ddaeth maes o law yn brifathro Aberdaron ac a gollodd ei fywyd wrth achub un o'i ddisgyblion o'r môr – yn dod i Ysgol Penrallt yn fyfyriwr o'r Coleg Normal yn ei flaser stribedog goch a gwyrdd, ac yn ein tywys drwy'r Nant i fyd hud a lledrith byd natur a barddoniaeth yn ei ffordd arbennig ei hun. Erbyn heddiw mae Cynghorau Môn a thre Llangefni i'w llongyfarch am greu llwybrau hawdd eu troedio drwy'r Dingle a Nant y Pandy.

Roedd bwgan y sgolarship yn llywio bywyd dosbarth Mistar a phatrwm pendant i'r wythnos. Rhaid oedd i bawb orffen ei raglen waith erbyn amser chwarae pnawn

Gwener neu golli'r stori antur a ddarllenai'r prifathro fel 'serial' i ni cyn mynd adre. Cosb fawr oedd methu'r orig hyfryd hon. Os oedd mwy na phedwar heb gwblhau tasgau'r wythnos, ni fyddai Mistar yn darllen ond yn hytrach yn llenwi'r bwrdd du â thasgau ychwanegol i bawb. Os oedd y rhif yn llai na phedwar, byddai'r anffodusion yn mynd â'u tasgau at un o'r dosbarthiadau isaf i gwblhau'r gwaith mewn cywilydd mawr. Fe wyddwn yn iawn nad oedd gobaith caneri i ddau o'r dosbarth gwblhau'r gwaith swyddogol ond roedd Mistar yn seicolegydd craff: byddai'r ddau'n cael hanner awr o 'special tuition' wrth ddesg y pennaeth ddiwedd brynhawn Iau, yn ogystal â gwneud cyfnod o chwynnu yn yr ardd yn ystod yr wythnos. Byddai'r eglwyswr pybyr felly'n cymhwyso'r adnod gyfarwydd i rywbeth fel hyn: 'Hyn a allodd rhain, hwy a wnaethant – gwnewch chwithau'r un modd'!

Rhyw ddau dro yn unig yn ystod y cyfnod, os dwi'n cofio'n iawn, y collais i'r orig o wrando'n gegrwth ar anturiaethau tebyg i'r rhai yn *Tranc y Rheolwr*, S. O. Tudor, a champau'r ditectif John Aubrey yn *Y Llaw Gudd* a *Dirgelwch Gallt y Ffrwd* gan E. Morgan Humphreys. Roedd y profiad hwnnw (ac un tebyg iddo yn yr Ysgol Ramadeg, y caf sôn amdano eto) wedi gwneud cymaint o argraff arnaf fel y bu i minnau yn fy nhro geisio gwneud yr un peth pan gefais ofal dosbarth ac ysgol.

* * *

Os mai Ysgol Penrallt oedd y gyrchfan yn ystod dyddiau'r wythnos, pentre bach Llangwyllog oedd yn denu i chwaraeon a direidi min nos a'r Sadwrn. Yna

Capel Gosen deirgwaith y Sul, a llofft y capel i nifer o gyfarfodydd amrywiaethol. Yno y bûm i a llawer o'm cyfoedion yn bwrw prentisiaeth digon carbwl ar ganu ac adrodd a chwarae sgetsys digon syml mewn 'peni rîdings'. Mae gen i gof byw iawn i mi ddifetha cleimacs 'Ten Little Nigger Boys' un tro – pob un ohonom â wyneb du i fod i ddisgyn yn ei dro tu ôl i len oedd yn ein cuddio at ganol ein boliau, a minnau'n un dyn bach ar ôl yn wylo a dod â llaw wen i sychu deigryn ar ruddiau oedd yn ddu fel glo.

Yn eu tro byddai gwahanol bobl yn cyflwyno darlith, llawer ohonynt tu hwnt i'n deall ni'r plant ond roedd pob un ohonom wrth ein boddau'n gwrando ar Ifan Gruffydd, Y Gŵr o Baradwys, yn traethu ar ei atgofion yn y Rhyfel Byd Cyntaf a ninnau yng nghanol yr Ail. Dotiwn at ddyn yn gallu gwneud i bobl chwerthin trwy ei fychanu ei hun: hanesion fel yr un am ddysgu martsio a'r swyddog yn annog Ifan a'i debyg – Cymry uniaith, wrth gwrs – i roi swp o wair am y goes chwith a swp o wellt am yr un dde, a 'gwair, gwellt, gwair, gwellt,' fu hi yn lle 'left, right, left, right'! A llawer mwy o straeon rhyfeddol ddaeth i sylw Cymru'n ddiweddarach rhwng cloriau ei lyfrau. Ia, dyn bychan mawr oedd Ifan Gruffydd – un y dois i'w adnabod yn dda wrth gydweithio ag o ymhen blynyddoedd wedyn.

Roedd brwdfrydedd mawr i weithgareddau cymdeithasol ac adloniadol yn Llangwyllog, fel pob ardal arall yn y cyfnod hwnnw. Roedd llawer o fynd ar gyfarfodydd fel y 'peni rîdings' a'r swperau yn llofft y capel; hyfforddi unawdwyr, deuawdwyr, pedwarawdau, wythawdau a'r ‘parti sicstîn’ yn blant ac oedolion; Cymanfa Blant, y Gylchwyl, Cyfarfod Ysgol, darlithoedd a’r ‘Crysmas Trî’.

Cofiaf ymdrech fawr hefyd i godi cronfa arian i groesawu’r bechgyn adre o’r Rhyfel. Os oedd prinder oherwydd y dogni nwyddau ar y pryd, ar lawer cyfri roedd yna lawnder hefyd. Doedd dim angen y *News of the World* i wybod hanes yr ardal na dim modd cadw cyfrinachau’n hir yn y gymdeithas syml, wledig honno.

Roedd gan fy mam lais soprano arbennig o dda ac wedi canu yn ei thro yng nghôr Gruffudd Griffiths, Tyddyn Gyrfer, a chôr y codwr canu a’r cyfansoddwr tonau, O. E. Jones. Ar sawl noson yn ystod tymor y gaeaf byddai ymarferion pedwarawdau ac wythawdau yn Nhy’n Llan: Gwynneth yn cyfeilio a minnau’n cychwyn prentisiaeth o ganu bas hefo Huw Price, Ty’n Ronnen, ac Edward Evans, Nant Fadog, cyfyrder fy mam. Yn wir, yn y cyfnod hwnnw, cefais sawl gwobr gyntaf am ganu unawd i fechgyn yn y Gylchwyl, a phinacl fy ngyrfa fel unawdydd cystadleuol oedd ennill yr unawd i fechgyn dan un ar bymtheg oed yn Eisteddfod Môn yn Llangefni.

Mae gen i go byw iawn o un eisteddfod arbennig, Eisteddfod Capel y Parc, Llandyfrydog. Roeddem yn cystadlu ar yr wythawd ond roedd yr hen stejars o fewn yr wythawd am gynnig hefyd ar y pedwarawd. Ninnau’r cybiau ifanc (gyda chymorth y tenor Huw Price, Eirianellt Wen) o ran hwyl yn cystadlu yn eu herbyn ac yn ennill! Mawr fu’r hwyl a’r tynnu coes wedyn.

Mae rheswm arall dros gofio’r eisteddfod honno. Wn i ddim yn iawn a ddyliwn i gofnodi’r digwyddiad ond mae’r hanes yn berffaith wir, er i lawer un amau wrth i mi ei hadrodd dros y blynyddoedd. Y drefn mewn eisteddfodau bach fyddai rhoi beirniadaethau'r tasgau yn yr adran gwaith llaw hanner ffordd trwy gyfarfod yr hwyr, a'r ysgrifennydd fyddai'n eu traddodi. Ysgrifennydd Eisteddfod Llandyfrydog oedd R. E. Owen, Siop Ty'n Pwll, un oedd wedi dilyn cwrs i fynd i'r Weinidogaeth a phob 'er' o'i eiddo yn 'ef'. Yn gwbl ddiniwed a difeddwl-ddrwg, daeth at feirniadaeth cystadleuaeth gwneud tyllau botymau. Wedi darllen am siom y beirniad mai 'taif yn unig fentfodd i'f gystadleuaeth,' aeth ymlaen i ddarllen rhyw frawddeg yn unig am bob un:

'Twll Maftha. Fhy hifgfwn o lawef iawn, Maftha, a fawf o siâp afno fo.'

Roedd llawer o'r gynulleidfa wedi rhoi eu pennau i lawr ac yn defnyddio hancesi poced i fygu'r eisiau chwerthin, rhag ymddangos yn amharchus. Ond roedd gwaeth i ddod. Aeth R. E. Owen yn ei flaen heb sylwi dan gymaint o straen yr oedd ei gynulleidfa:

'Twll Mafgiad. Gofmod o faflings o lawef o gwmpas eich twll chi a dim digon cymesyf, Mafgiad! Wedyn Twll Mefi. *Dyma* i chi dwll. Yn gymesyf a thwt heb faflings o gwbl. Gan Mefi mae'f twll, yn siŵf i chi. A hi sy'n mynd i' chael hi gen i heno.'

⋆ ⋆ ⋆

Hwn oedd y cyfnod pan ddaeth y ddrama'n rhan o batrwm bywyd a rhoi pleser oedd i fod yn ddylanwad drwy'r blynyddoedd. Cyfnod pan oedd nifer o gwmnïau drama ym mhentrefi Môn. Yr enwocaf, mae'n siŵr, oedd Cwmni John Hughes, Stamp, Llannerch-y-medd, a grwydrodd nid yn unig drwy Fôn ond ledled Cymru a dinasoedd fel Lerpwl, Birmingham a Llundain – y cwmni a'r offer llwyfan angenrheidiol yn teithio yng nghar mawr Robat Rees, y cigydd.

Yn ystod tymor y gaeaf, bron yn ddieithriad, byddai drama'n cael ei pherfformio yn Ysgoldy Capel Gad, Bodffordd, ar nos Wener. Cerddai nifer ohonom rhyw ddwy filltir yno i fwynhau'r cyflwyniadau a byddai'r siwrne adre'n pasio'n gyflym wrth i bawb drafod y ddrama. Mae nifer o ddramâu'n dod i'r cof: *Noson o Farrug*, *Pawen y Mwnci*, *Ar y Groesffordd*, *Pelenni Pitar*, *Cŵyr Crydd*, *Beddau'r Proffwydi*, *Modur y Siopwr*, *Llwyn Euron*, *Maes y Meillion*, *Chwalu'r Nyth* – a mwy!

Roedd gan Ysgoldy Gad adnoddau llwyfan rhyfeddol a Tom Ellis, Tan Bwlch, yn gallu cynhyrchu trydan i oleuo'r llwyfan ac Emrys, brawd hynaf Charles, a Griffith Wilias, Tŷ Tywyrch, yn gofalu am y golygfeydd. Dyma'r cyfnod y dois i i adnabod Charles Penffordd a rhyfeddu at ei ddawn. Mae cyfrol gyfan wedi'i chyhoeddi i gydnabod dawn a chyfraniad Charles, heb sôn am ei hunangofiant, *Wel dyma fo*... Wna innau ddim ailadrodd fy nghyfraniad i'r gyfrol goffa ond rhaid imi eto gofnodi fy nyled iddo am bob cymorth a gefais ar gychwyn fy ngyrfa ym myd radio a theledu, a'm gwerthfawrogiad o'i gyfeillgarwch o ddyddiau cynnar Llangwyllog, a'r holl straeon a chwerthin a gafwyd yn ei gwmni wrth deithio a chydweithio dros y blynyddoedd.

Bodlonaf yma ar ddwy stori, er bod ugeiniau y gallwn eu rhannu. Clywais hon ganddo ddechrau'r chwedegau:

'John Brynia Duon pia hon achan. Mi pasiodd fi ar ei feic ar y ffordd o Langefni i Fodffordd 'cw heb 'ngweld i. Dyma fo'n stopio mhen rhyw hanner canllath ac medda fo, "Duw, prin gwelis i chi, Charles – tasa arna' chi *bres* i mi, 'faswn i wedi'ch gweld chi drw' shît sinc"!'

A beth am y tro y daeth Charles i aros hefo mi yn fy nhŷ lojin pan oeddwn yn dysgu yn Lerpwl a fynta'n gwneud y rhaglen radio *Camgymeriadau* yn 'Young Wales', Upper Parliament Street?

Roedd Mrs Ambrose, gwraig y tŷ lojin, yn gwisgo wìg gyda'r cocha'n bod. Roedd yn hawdd gwybod sut hwylia oedd arni: hwylia da a byddai ei thalcen llydan i'w weld, hwylia drwg ac fe fyddai blaen y wìg yn cyrraedd ei haeliau. O nabod fy neryn, roeddwn yn meddwl mai doethineb oedd paratoi Charles am sefyllfa'r wìg. Trwy drugaredd roedd yr hen wraig wedi mynd i'w gwely erbyn i ni ddychwelyd ar ôl i'r rhaglen orffen. Yn y llofft roedd llun mam Mrs A ar y wal, un digon diolwg a bod yn onest. 'Arglwydd mawr,' meddai Charles, 'honna ydi hi? Yn bendant chysga i 'run winc a *honna*'n sbïo arna i.' A throdd lun yr hen greaduras â'i hwyneb at y pared!

Afraid dweud nad oeddwn yn edrych ymlaen at frecwast y bore Sadwrn hwnnw. Diolch i'r nefoedd, roedd y talcen llydan yn y golwg a mawr fu croeso'r hen wraig i'r ymwelydd. Ond rhaid cydnabod fy mod yn chwysu chwartia pan ddechreuodd Charles sôn am walltiau a thynnu sylw at fy ngwallt i, a deud cymaint roedd o'n cenfigennu nad oedd ganddo fo beth cyffelyb! Sylwodd yr hen wraig ddim beth oedd bwriadau Charles ond mi aeth hwnnw ati wedyn i ganmol a dweud pa mor lwcus oeddwn i o fod wedi cael lle mor ardderchog i aros. Roedd yn hwyr glas gen i ei gael o o'r tŷ.

Y noson honno roedd o awydd cael mynd i'r Liverpool Stadium i weld gornestau wreslo. Bu'n dawel iawn yn ystod yr ornest gyntaf, ond newidiodd pethau ar ddiwedd rownd gyntaf yr ail ornest – un rhwng Sais mewn trowsus glas a llanc o Norwy mewn trowsus coch, a'r Sais ymhell ar y blaen yn ôl pob golwg. 'Dwi'n mynd i weiddi'n o fuan,' medda Charles. Ac ar ganiad y gloch i ddechrau'r ail rownd a'r dyrfa'n tawelu, gyda'i amseru perffaith fel bob amser, ar ei draed â fo, a gweiddi digon i bawb glywed: 'Gorffan o rŵan, cochyn!' Trodd nifer eu pennau i weld pwy oedd y gwaeddwr a mwy nag un yn dweud, ''E must be a bloody Norweegian!' Ia, fel bob amser efo Charles, drama!

Ond yn ôl â ni i gyfnod y dramâu ym Modffordd a Llangwyllog. Go brin i unrhyw berfformiad llwyfan gymharu â'r hyn y bûm i'n dyst iddo ym mherllan Ty'n Llan un min nos, a minnau wedi mynd yno i gasglu afalau. Am y clawdd â'r berllan, roedd cowt neu fuarth isaf fferm Johnnie Robaits, Ty'n Llan. Rwyf wedi cyflwyno hanes yr hyn ddigwyddodd y noson honno ar lwyfan ac ar radio sawl gwaith dros y blynyddoedd, ond rhaid imi gael rhoi crynodeb ohono eto yma!

Cyn y ddrama, rhaid cyflwyno'r cymeriadau a manylu mymryn ar y lleoliad. Yn sicr roedd Johnnie Robaits, Ty'n Llan, yn un o ffermwyr gloywaf Ynys Môn: roedd ei dir a'i anifeiliaid yn brawf pendant o hynny ar hyd y blynyddoedd. Byddai eidion tewion Ty'n Llan, y duon Cymreig gorau, yn ennill gwobrau'r cigyddion yn arwerthiant Dolig Llannerch-y-medd a Llangefni, a muriau cegin Ty'n Llan yn frith o dystysgrifau i brofi hynny. Gwedd o geffylau oedd yn aredig tir Ty'n Llan a Bob Parry, un o gertmyn gorau'r sir, yn gofalu amdanyn nhw. Dwy wedd yn aredig ar yn ail, a thractor newydd sbon danlli'n segur yn ei gwt! Fel y crybwyllais eisoes, siaradai Johnnie Robaits yn ddi-dor ac ailadrodd yr un peth droeon:

'Bw, bw, bw yna wela, wela, wela, oes hwyl go lew, go lew, yna, yna. Tywydd braf, braf hiddiw yna, yna gwynt oer gythreiligs, gythreiligs ddoe yna, yna. Pawb acw yn go lew, go lew, yna, yna?'

Go brin bod cyfle i ateb ei gwestiynau cyn iddo barablu ymlaen...

Roedd i fferm Ty'n Llan ddau gowt neu fuarth; yn y rhan ucha, ger y tŷ, roedd y pwll hwyaid, y stabl a'r hoewal. Yn y buarth isaf roedd amryw o gytiau gan gynnwys y beudy ac roedd talcen hwnnw gyferbyn â wal y cae bach. Daliai'r beudy rhyw ddeg ar hugain o fuchod ac ym mhen draw'r adeilad roedd drws yn arwain i gwt y lloia bach. Roedd drws o'r tu allan hefyd i gwt y lloia a hwnnw a ddefnyddiai dwy ferch Johnnie Robaits, Nannie a Lil Roberts, i laetho'r lloia hefo pwcedi.

Roedd un llo yn sugno'i fam a'r drefn oedd, wedi iddynt orffen godro, gollwng y llo hwnnw i'r beudy i sugno'i fam cyn mynd ati i laetho gweddill y lloia o'r tu allan.

Y min nos hwnnw roedd mam y llo dan sylw wedi'i gwerthu a'r broblem fawr oedd rhoi llaeth iddo – a fynta'n grymffast cryf erbyn hyn – am y tro cyntaf o bwcad. Doedd y llo druan erioed wedi gweld drws allan y cwt yn cael ei agor o'r blaen, ac allan â fo gan ruthro o gwmpas y cowt fel peth ddim yn gall.

'Tada! Tada! Ma'r llo wedi dod allan! Tada!' A'r ddwy'n sefyll yn eu hunfan yn gwylio'r llo'n carlamu o gwmpas y buarth a'i gynffon i fyny fel pe bai'n ymarfer ar gyfer y Grand National yn Lerpwl.

Wedi i Johnnie Robaits gyrraedd a gweld yr olygfa,

'Yna, yna, be sy, be sy, yna, yna? Duwcs annwl, duwcs annwl. Blerwch gythreiligs, gythreuligs, gadal i'r llo, llo ddŵad allan yna, yna. Wil! Wil! Yna, yna.'

Roedd William Parry (y porthwr) ar fin codi'i droed dros ffrâm ei feic a chychwyn am Langwyllog pan glywodd ei enw'n diasbedain dros y lle.

'O fafgian fawf, be sy fŵan eto? Cyn wifiad â'i bod hi'n amsaf noswyl, ma 'na fwbaff siŵf Fuw o figwyf!'

I'r buarth isa â fo a sŵn clemia ei glocsia yn rhuglo dros gerrig yn atseinio dros y lle ac yn gyfeiliant perffaith i'w deimladau.

'Be sy mataf fŵan eto?'

'Yna, yna, llo, llo, wedi dengid, dengid, yna, yna.'

'Mefchaid eto, siŵf Fuw. Faliwch chi byff mono fo fŵan a mi fyf wedi'i fifeffa am byff i chi.'

'Yna, yna, aros di Wil, aros di Wil, yna. Ga'l o i'r gongl, gongl, yna yna, ne raff i faglu, faglu o yna, yna.'

Methiant fu pob ymdrech hefo'r rhaff, er i Johnnie Robaits a William, un ym mhob pen i'r rhaff, wneud eu gorau glas. Neidio drosti gyda rhwyddineb i'w ryfeddu ato wnaeth y llo a mynd fel y gwynt i gyfeiriad y siafft ddŵr. Roedd hi'n llwyd dywyll erbyn hyn ac yn sydyn daeth y sŵn dŵr mwya syfrdanol.

'Ma'f diawl gwifion wedi disgyn i'f siafft ddŵf. Yna, yna, boddi, boddi Wil yna, yna, collad gythreiligs, gythreiligs, yna, yna.'

Pan gyrhaeddodd y ddau ymyl y siafft, daeth sŵn dŵr eilwaith, sŵn fel rhywbeth yn cael ei sugno a chysgod du, gwlyb yn sgrialu heibio'r ddau ac yn ei gwneud hi am y buarth ucha trwy gyrion y pwll hwyaid ac i'r lôn bach. Cyn pen dim roedd y llo yn y ffordd fawr yn ei chyfeirio hi am Lannerch-y-medd, a William Parry wedi cythru i'w feic ac yn methu'n glir â chadw'i glocsiau ar y ddwy badlan tra'n bwrw anathema ar ben y llo gyda disgrifiad manwl o beth oedd yn ei aros wedi iddo'i ddal – hyn i gyd tra oedd o'n ymdrechu i gadw'r llo o fewn golwg golau lamp ei feic.

Tua'r bont newydd, ar gyrion Coedanna, daeth car o gyfeiriad Llannerch-y-medd ac fe stopiodd y llo yn stond ar ganol y lôn a chafodd William Parry gyfle i fynd heibio iddo. Ar hynny fe ddigwyddodd dau beth: y llo yn troi a chychwyn rhedeg yn ôl, a ffenest y car yn agor a'r gyrrwr yn dweud, yn annoeth iawn, 'Dyma amser neis i roi lloiau bach i mewn'. Ffrwydrodd William Parry, a fuasai neb oedd yn arfer ei weld yn cerdded mor bwyllog i'w sedd yng Nghapel Gosen ar nos Sul yn credu maint ei eirfa, llithrigrwydd ei barabl a'i huotledd rhyfeddol wrth ddweud wrth y gyrrwr hwnnw faint oedd tan y Sul.

Ymhen hir a hwyr, fe lwyddodd William i gael y llo yn ôl i lôn bach Ty'n Llan, a phan oedd ar gyrraedd y buarth ucha daeth Johnnie Robaits o rywle â phwced yn ei law. Teimlodd ei bod hi'n bryd iddo roi cymorth i William a dechreuodd guro clust y bwced i rythm fel tom-tom Affricanaidd gan gyfeilio i'r sŵn gyda 'Pia, pia, pia, pia, pia.' Adwaith y llo oedd codi'i gynffon a neidio dros wal y buarth i'r cae bach.

'Wel be hafu chi, fyn? I be oef isio gneud sŵn efo'f ★★★★★ bwcad 'na a finna wedi ca'l gymin o dfaffaff i ga'l o i'f cowt?'

'Yna, yna, yna, yna, pwyll, pwyll, yna, yna,' oedd ymateb Johnnie Robaits ac agor giât y cae bach.

Ymhen dipyn o amser ymhellach, gyda chymorth Bob Parry'r certmon, fe lwyddwyd i gornelu'r llo o'r diwedd a'i hebrwng yn ddiseremoni iawn, gyda thro digon cïaidd yn ei gynffon, at ddrws y cwt lloia. Yno'n dal i ddisgwyl roedd y ddwy ferch, a phwced yn llaw y ddwy.

'Be wnawn ni efo'r llefrith 'ma, Tada?'

Ac mewn geiriau dethol a syfrdanol o effeithiol, fe ddywedodd Johnnie Robaits wrthyn nhw yn union beth i'w wneud hefo'u llefrith!

* * *

Roedd chwaraeon hefyd yn bwysig i ni. Pêl-droed oedd ar ben y rhestr, a sawl pâr o esgidiau'n dangos sgriffiadau'r gêmau chwaraewyd ar ddarn o dir ger sgwâr pentre Llangwyllog. Bu'r darn tir hwnnw yn Wembley ein dychymyg sawl tro a ninnau'n breuddwydio wrth gicio am y gôl ein bod yn sgorio i ennill y cwpan. William Huw a minnau am y gorau – y fo â'i Birmingham City (na ddeallais i erioed pam!), a minnau'n Everton wrth gwrs.

Byddem ein dau hefyd yn chwarae gêm ar fwrdd cegin Ddreiniog House neu gegin Ty'n Llan – dau 'dîm' o ddimeiau ac enwau ar bob un, a darn chwech arian yn bêl. Yna ar yn ail, gyda help darn ceiniog, ceisio gyrru'r darn chwech drwy gôl ein gwrthwynebydd. Cawsom oriau o bleser ac roedd yn syndod sut y datblygodd y sgiliau a safon y gornestau.

Chwarae coits hefyd efo'r hogia mawr ar ddarn o dir dros y ffordd i'r Central Stores ar sgwâr Llangwyllog. Hen bedolau ceffyl oedd yr offer a dau beg haearn ymhob pen. Cawsom wersi hefyd ar sut i chwarae 'pitch and toss', dan hyfforddiant William Thomas, Ty'n Ronnen. Pob un yn taflu dima at fan penodedig a'r agosaf yn codi'r dimeiau i gyd, ac wedi datgan 'pen neu gynffon' yn lluchio'r cwbl i'r awyr a chasglu'r rhai oedd yn unol â'r dewis.

Penderfynodd Owens, Rhianfa, sefydlu clwb criced a llwyddodd i gael offer o rywle a Wil Jones, Cerrig Ddewi (Wil Penrhyn Oer, gynt) yn cynnig defnydd un o'i gaeau i greu llain chwarae. Sefydlwyd y tîm a threfnwyd nifer o gêmau yn erbyn y pentrefi cyfagos, a hyd yn oed gêm yn erbyn tîm Talbot Ratcliffe Presaddfed, Bodedern, ar gae criced go iawn.

Roedd Wil Penrhyn Oer yn awyddus i fod yn y tîm, ac roedd yn weddol sicr o'i le gan ei fod yn paratoi'r llain hefyd! Ar waethaf ei draed chwarter i dri roedd yn fowliwr peryglus o gyflym. Bu bron iddi fynd yn flêr iawn unwaith mewn gêm bwysig pan oedd Frank Grundy, prifathro Bodffordd (a Gwalchmai wedi hynny) yn ganolwr. Ym mhelawd gyntaf Wil, ac yntau'n gyrru'r bêl gyntaf i lawr mor gyflym ag y medrai,

'No ball,' meddai Frank Grundy.

Trodd Wil yn ei ôl wedi ailafael yn y bêl ac wedi rhoi pâr i gyfeiriad y dyfarnwr a mân siarad a'i ddannedd yn dynn ar ei gilydd, cerddodd at fan cychwyn ei rediad a tharanodd at y wiced gan yrru'r bêl heibio clustiau'r batiwr. Dyma'r geiriau 'No ball' yn atsain eto dros y cae.

'Be uffar oedd o'i le ar honna?'

'Throwing not bowling,' meddai Frank Grundy.

' "Throwing" o ddiawl! Nid hiddiw 'di'r tro cynta i mi chwara, dalltwch.'

Mi ddywedwyd llawer mwy o bethau wedyn (gan gynnwys amheuaeth am ddilysrwydd rhieni'r dyfarnwr a phethau gwaeth), ond rhywsut, yng nghanol y bedlam, fe lwyddodd Owens Rhianfa i dawelu'r dyfroedd a chael rhyw fath o heddwch i deyrnasu. Beth bynnag, fe gwblhawyd y gêm – er nad oes gennyf gof o'r canlyniad – ac fe fu clwb criced yn Llangwyllog am flynyddoedd lawer ar ôl i mi ymadael â'r ardal.

Tra 'mod i'n sôn am chwaraeon yng nghyfnod Ty'n Llan, bu un gŵr yn ddylanwad mawr arnaf. Gŵr o'r enw David Lloyd o Accrington yn Swydd Gaerhirfryn oedd hwnnw. Y dyddiau hynny byddai Mam yn 'cadw fisitors', a bu ef a'i wraig Mary'n dod atom am eu gwyliau haf am nifer o flynyddoedd. Roedd o'n bêl-droediwr arbennig o dda, a threuliodd oriau'n fy hyfforddi'n ddiwyd a diflino yn sgiliau ei hoff gamp. Ganddo ef y cefais f'esgidiau pêl-droed cyntaf; cyn hynny, curo stydiau lledr i wadnau esgidiau hoelion mawr oedd y drefn!

Ganwyd mab iddynt – yr un enw â'i dad – a byddai Gwynneth fy chwaer wrth ei bodd yn ei fagu. Pan euthum i'r RAF, derbyniwn lythyrau yn rheolaidd gan y ddau ond collais gysylltiad ar ôl hynny.

Ymhen blynyddoedd wedyn, pan oedd gŵr o'r enw David Lloyd yn gwneud enw iddo'i hun ar feysydd criced a chael ei ddewis yn gapten Swydd Gaerhirfryn a Lloegr, dyfalwn yn aml tybed oedd o'n fab i David a Mary fu'n aros droeon yn Nhy'n Llan?

Wrth baratoi'r gyfrol hon a thyrchu yn y daflod, dyma ddod ar draws llythyrau David a Mary Lloyd. Penderfynais geisio dod i gysylltiad â chyn-asiant y cricedwr ar y we, ond dim lwc. Yna dyma godi'r ffôn a chysylltu â maes criced Old Trafford, ac ar awgrym yr ysgrifenyddes glên a'm hatebodd ysgrifennais lythyr at y gweinyddwr yno.

Yn rhyfeddol, cefais alwad cyn hir gan David Lloyd ei hun yn cydnabod fy llythyr, ac yn cadarnhau mai mab David a Mary Lloyd oedd o! Cefais fwy o sioc pan gyfarchodd ei dad fi, yn ŵr 92 oed, a dweud cymaint y byddai'n mwynhau ei wyliau yn Nhy'n Llan. Mae'n dal i fyw ar ei ben ei hun yn Accrington, a'i fab yn ymwelydd cyson ag o.

Yn wir, o fewn ychydig wythnosau i'r llyfr hwn fynd i'r wasg, bûm yn ei gartref a chafodd y ddau ohonom bnawn i'w gofio wrth hel atgofion am Langwyllog.

Mynd i'r Cownti

Trwy ryw ryfedd wyrth – fel y dywedais – fe lwyddais i fynd drwy borth cyfyng y sgolarship i gael mynediad i Ysgol Ramadeg Llangefni, rhyw hanner canllath yr ochr arall i'r ffordd o Ysgol Penrallt. Roeddwn wedi fy mherswadio fy hun mai methu'r arholiad a wnawn, am imi ysgrifennu traethawd am gwch pysgota a dechrau meddwl ar ôl mynd allan o'r ystafell mai am ryw gwch arall yr oedd y traethawd i fod! Sawl noson wedyn o hunllefau fy mod ar gwch, a hwnnw'n suddo.

Bu'r cyfnod yn y Cownti, fel y'i gelwid, yn un hapus iawn ond yn ôl yr atgof sydd gennyf am sylwadau'r athrawon yn fy adroddiadau, roeddwn wedi rhoi mwy o sylw ac amser i bêl-droed nag a ddyliwn. Roeddwn hyd yn oed wedi llwyddo i'm cael fy hun ym Mona, y 'tŷ' o'r lliw *glas*!

Dim ond rhyw dri neu bedwar o ddynion oedd ar y staff yn y flwyddyn gyntaf honno, y rhai oedd heb fod yn gymwys oherwydd eu hoed i fod yn y lluoedd arfog. John Young – Sais pur – yn dysgu Daearyddiaeth, pêl-droediwr da yn ei ddydd mae'n debyg, a'i lawysgifen ar bapur ac ar y bwrdd du yn gywrain a thwt, mor wahanol i 'nhraed brain i ar y pryd, fel y danodai i mi mor aml! Roedd ganddo ffordd o wneud i ni gofio ffeithiau daearyddol hefo brawddegau fel 'Dear old dirty Dublin on the lousy Liffy,' ac fel pe bai'n gweld ei hun yn glyfar yn taflu darn o sialc o'i law i daro cyhyr top ei fraich nes i'r sialc lanio'n ôl yn ei law, a gwên ar ei wyneb cystal â dweud, 'Tydw i'n foi!'

Walter Hughes wedyn – Hughes Cemi, y dirpwy brifathro – na chafodd fawr o lwyddiant yn gwthio rhyfeddodau gwyddoniaeth i'm pen, mae gen i ofn, er 'mod i'n clywed ei lais y munud 'ma yn taranu'r fformiwla 2PbNO3 twais icwals 2PbO plys 4NO2 plys O2. Does gen i ddim obedeia be mae o'n olygu, mwy nag oedd gen i'r amsar hwnnw mae'n siŵr.

John Pierce oedd yr athro Cymraeg, cyn-weinidog oedd yn byw ym Marian-glas – un â stumog ddrwg ganddo, a'i wefl isa bob amser yn wyn wedi iddo lyncu cymaint o dabledi Rennies. Doedd o fawr o hysbyseb i'r pils chwaith, achos bu iddo lyncu tunelli ohonynt yn ystod fy nghyfnod i yn ei ddosbarthiadau yn unig!

Roedd pob un ohonom yn gwybod mai fo oedd awdur y llyfrau *Tri Mewn Trybeini* a *Dan Lenni'r Nos*, ac fel roedd o'n ysgrifennu'r nofel *Blacmel* roedd yn darllen pob pennod inni nes cwblhau'r gwaith. Er nad oeddem yn ymwybodol o Blaid Cymru ar y pryd, fe wnaeth John Pierce yn siŵr ein bod yn ymwybodol iawn o'n Cymreictod. Byddai'n dweud yn aml, 'Tarwch hwn ar gas eich llyfr gwaith dosbarth.' Ac yn ddieithriad, tynnu sylw at newydd fyddai'n clodfori unrhyw ddigwyddiad yn gysylltiedig â Chymru neu Gymro y byddai – er enghraifft, dewrder criw Bad Achub Moelfre neu gampau'r golffiwr Dai Rees, y bocsiwr Tommy Farr neu'r pêl-droediwr Trefor Ford – i wneud yn siŵr ein bod yn ymfalchïo yn ein gwlad a'i harwyr. Rwy'n siŵr, o edrych yn ôl, a heb sylweddoli hynny ar y pryd, bod y tu mewn i gas ein llyfrau'n llawer difyrrach na'r nodiadau sych fyddai'r hen Bierce yn eu carthu i ni o fewn rhyw wythnos i'r arholiadau. Heb wneud cam mawr â fo, dwi'n amau tybed a fyddai pob papur arholiad yn cael ei farcio'n drylwyr; rhyw farc rhwng hanner cant a thrigain fyddai'r ddedfryd arferol. Wn i ddim p'run ohonom gafodd y sioc fwyaf pan ddaeth canlyniad arholiad Cymraeg (Iaith a Llên) y 'Senior' bondigrybwyll, a minnau wedi sicrhau 'distinction'!

Llywelyn Jones, gŵr ifanc main, oedd yr athro Hanes. Gŵr twt ymhob ffordd. Nodiadau cryno a thasg wythnosol i leibio gwybodaeth o werslyfr Ramsey Muir cyn prawf ugain ateb ddiwedd yr wythnos. Llafuriodd Llew yn ddiflino ochr yn ochr â George Fisher (mwy amdano fo yn nes ymlaen) yn y Theatr Fach. Bu Llew yn gadeirydd am flynyddoedd heb sôn am fod yn rhan o'r tîm cefn llwyfan. Bu wedyn yn brifathro Ysgol Uwchradd Llanrwst cyn iddo fo a Mary, ei wraig, ymddeol i'r Benllech, a Llew maes o law yn dod yn gyd-ddiacon hefo mi yng nghapel bach yr Hen Gorff ym Menllech 'ma.

Gŵr ifanc arall ddaeth i ddysgu Addysg Grefyddol yn ystod fy mlynyddoedd olaf yno oedd Albert Kyffin Morris, wedi gadael swydd yng Ngholeg y Brifysgol yn Aberystwyth naill ai oherwydd ei iechyd neu i ofalu am ei fam weddw yn Llangefni. Gŵr bonheddig o natur addfwyn, a'i gyfraniad i bulpudau Môn yn un nodedig dros y blynyddoedd.

Iris Roberts – Henry ar ôl priodi – oedd yr athrawes Bywydeg, merch fechan oedd yn gyfrifol am dîm hoci'r genod ac yn edrych yn debyg iddynt, yn arbennig pan oedd yn gwisgo 'gym-slip' coch y tîm cyntaf. Unwaith, yn ystod y gêm hoci flynyddol rhwng y merched a thîm pêl-droed yr ysgol fe fûm i'n gyfrifol am ei baglu hi gan syrthio ar ei phen a gafael mewn lle anffodus, a meddwl mai un o'r genod oedd yno. Chwynodd hi ddim, dim ond gwenu ac awgrymu y dyliwn i fod yn fwy gofalus lle roeddwn i'n rhoi fy nwylo! Hi ddechreuodd y 'dancing classes' bondigrybwyll ac er mor garbwl oedd ein hymdrechion ni'r bechgyn, fe gawsom gyfle i feistroli'r 'waltz', y 'quickstep' a'r 'slow foxtrot', heb sôn am hwyl wyllt dawnsio'r 'Gay Gordons' a'u tebyg. Afraid dweud ein bod i gyd yn edrych ymlaen at y dawnsfeydd ffurfiol a drefnwyd droeon wedi hynny a phopeth oedd ynghlwm â nosweithiau o'r fath.

Mae'n deg imi gydnabod hefyd i mi ffansïo amryw o enethod glandeg yr ysgol, rhai pell ac agos yn ddaearyddol o Langwyllog. A do, mi fûm yn sedd gefn yr Arcadia i weld ffilm cyn troedio llwybrau'r Dingle hefo sawl un ohonynt yn fy nhro. Roedd hynny cyn cyfnod mentro ar drên i Fangor a mwynhau seddau cyfforddus y Plaza neu seddau dwbl y County Theatre. (Yn y fan honno, gyda llaw, y recordiwyd llawer o raglenni ITMA – 'It's That Man Again' – hefo'r digrifwr Tommy Handley a'r criw.)

Byddai'r tîm pêl-droed yn cael mynd i chwarae gêmau ar gaeau ysgolion uwchradd eraill Môn – ac ambell un yn Sir Gaernarfon bell – a byddem yn llygadu genod timau hoci'r gwahanol ysgolion dros y pryd bwyd oedd yn dilyn y gêmau. Hwyl a thynnu coes digon diniwed oedd o hefyd. Rwy'n gweld ambell un o dro i dro o hyd ar feysydd golff y sir a thu hwnt, a chael cyfle am sgwrs a rhyfeddu mor fuan mae'r blynyddoedd wedi mynd.

Yn Eisteddfod Bryntwrog y gwelais i Mabel Penmynydd gyntaf erioed, a hithau'n cystadlu ar yr unawd dan un ar bymtheg. Dim ond sgwrs fer gefais i hefo hi cyn i gar Tom Llwynogan a'r wraig fynd â hi adre, a hynny cyn i mi gael cyfle i geisio trefnu i'w gweld hi wedyn! Bu tipyn o amser hefyd cyn i hynny ddigwydd. Onid oedd Penmynydd mor bell? O'r diwedd, fodd bynnag, mi ddaeth cyfle a thîm yr ysgol yn chwarae ym Miwmaris yn erbyn Ysgol David Hughes. Wedi'r gêm ac wedi cinio, cael cyfle i roi'r byd yn ei le hefo hi a chytuno i gyfarfod ym Mangor y pnawn Sadwrn canlynol. Cawsom gwmni'n gilydd hyd nes cyfnod gadael ysgol. Harri P. J. (Dr Harri Pritchard Jones), oedd yn byw yn y Borth erbyn hynny, fyddai'n cario'r llythyrau rhwng Mabel a minnau. Byddaf yn sôn llawer mwy amdani hi eto.

Rhaid i mi gyfaddef i mi fwynhau'r cyfnod y bûm yn y Cownti – a do, mi dreuliais ormod lawer o amser yn chwarae pêl-droed yn lle canolbwyntio ar waith. Ond fe gafodd un athro fwy o ddylanwad arnaf nag oeddwn yn sylweddoli ar y pryd – George Fisher, neu Frank George Fisher i roi ei enw llawn iddo. Ac mae'r cawr hwnnw'n haeddu pennod iddo'i hun!

'Call me "George"!'

Rwyf eisoes wedi cydnabod mai'r Ysgol Sul a'r amrywiol weithgareddau oedd ynghlwm â Chapel Gosen Llangwyllog roddodd gyfle i mi fagu ychydig hyder i berfformio'n gyhoeddus, a does dim dadl chwaith mai'r mynych deithiau i Ysgoldy Gad, Bodffordd, ar nosweithiau Gwener bob gaeaf yn y cyfnod hwnnw fu'n gyfrwng i mi gael fy swyno â'm cyfareddu gan y nifer o ddramâu a berfformiwyd yno. Ond fy mhrofiad cyntaf o fod mewn drama go iawn oedd yn Ysgol Ramadeg Llangefni a minnau prin bedair ar ddeg oed. Roedd hynny flwyddyn wedi i George Fisher ddychwelyd o'r lluoedd arfog i fod yn athro Mathemateg arnom.

Dros y blynyddoedd mae sawl un wedi gofyn i mi, 'Sut un oedd George Fisher?' Rwy'n cofio'n iawn y diwrnod hwnnw y dychwelodd o'r Llynges i ailafael yn ei waith yn yr ysgol. Gŵr ifanc tal, golygus, dros ddwy lath o daldra, o bersonoliaeth garismataidd a rhyw ynni anghyffredin yn perthyn iddo, ynghyd â phersonoliaeth enfawr.

Rai blynyddoedd cyn y rhyfel cafodd ei apwyntio gan S. J. Evans, y teyrn o brifathro hwnnw, i'w swydd gyntaf fel athro Mathemateg. Yn ôl pob sôn, tua hanner awr wedi naw ar noson gyntaf ei yrfa yn Llangefni fe gerddodd i dafarn y Railway Inn, a hynny drwy ddrws y ffrynt – nid peth arferol i athrawon yn y cyfnod cul, dirwestol hwnnw. Mewn byr o dro fe welodd un o drigolion Llangefni'n dda i gwyno wrth y prifathro am y peth, a phan wysiwyd y mathemategwr ifanc i stafell y prifathro, rhyw wenu'n wybodus wnaeth ei gyd-athrawon ac awgymu: 'Mae o wedi mynd i'r Railway am y tro ola'. Chafodd neb wybod i sicrwydd sut y bu hi yn ystod y cyfarfod hir hwnnw, ond y syndod i bawb oedd i George fynd i ystafell yr athrawon i gyhoeddi y byddai'n parhau â'r arferiad o fynd am ei beint. Gwnaeth hynny'r noson wedyn a pharhau â'r traddodiad dros y blynyddoedd canlynol. Yn rhyfedd iawn fe ddaeth hyd yn oed y dirwestwyr pennaf i gredu fod yr hyn oedd yn gwbl ddamniol i bawb arall yn iawn i Mr Fisher – fy mam fy hun yn un ohonynt!

Cymro di-Gymraeg o'r Bargoed oedd George, oedd wedi treulio blynyddoedd y rhyfel ar un o ynysoedd gogledd yr Alban mewn maes ymchwil yn ymwneud â radar. Fe ddysgodd Gymraeg gan ddefnyddio *Welsh made Easy* dan gyfarwyddyd John Pierce, ei gyd-athro, fu'n llythyru'n gyson ag ef drwy'r cyfnod yn yr Alban. Chwithig iawn oedd ei siarad ar y cychwyn – ei Gymraeg yn Gymraeg llyfr – ond gwnaeth ymdrech fawr i ystwytho gyda chymorth John Pierce, a byddai'n ein siarsio i gynnal sgwrs Gymraeg ag o tu allan i wersi. A byddai'n ddieithriad yn holi, 'Sut y maent yn dywedyd y frawddeg hon yn Llannerch-y-medd?' – clod i iaith lafar hogia'r Llan oedd hynny.

Gŵr creadigol oedd o, wedi mynd yn athro er ei fod yn fardd ac yn llenor arbennig (yn yr iaith Saesneg) pan oedd yn y coleg. Byddai'n ymroi i bob tasg gyda brwdfrydedd heintus. Dyn ar frys gwyllt ym mhopeth a wnâi. Cyhoeddwyd nofel o'i eiddo ag yntau ond yn 19 oed, ac fe ymddiddorai yn y stori fer a barddoniaeth, ond erbyn diwedd y tridegau trodd ei sylw at y ddrama. Cyfansoddodd ddrama fer, *The Disinherited,* ac fe'i perfformiwyd yn Theatr Fach Abertawe, ond pan oedd ar fin cael ei throsglwyddo i Lundain ym 1939 fe dorrodd yr Ail Ryfel Byd allan. Ym 1940 ymunodd â'r Llynges ac ysgrifennodd lawlyfr swyddogol ynglŷn â'r gwaith o osod ffrwydron yn y môr. Bu ganddo nifer o ddiddordebau eraill yn ogystal â'r ddrama yn y blynyddoedd yr oeddwn i yn yr ysgol, er mai byr fyddai eu parhad ochr yn ochr â'r ddrama. Adeiladodd gwch i fynd i hwylio tua'r Berffro, a byddai'n garddio gydag arddeliad.

Mae'r stori amdano'n garddio a Mrs Prys Owen, gwraig y gweinidog, yn digwydd pasio, yn chwedl erbyn hyn. Mewn ateb i'w chwestiwn amlwg braidd ai garddio yr oedd, meddai Fisher (yn falch o'r cyfle i ymarfer ei Gymraeg): 'Ydwyf, Mrs Owen, rydwyf yn palu fy gardd. Pan gorffennwyf fe fyddwyf yn cael llwyth o g**u i gwrteithio fy pridd i cael tyfu fy llysiau!'

Rhyw flwyddyn wedi i George ddychwelyd o'r llynges, gorchmynnodd Edgar Thomas, y prifathro, i'r Cymry fynd i'r neuadd un awr ginio, a George (flynyddoedd yn ddiweddarach, yn y Theatr Fach, y cefais y gorchymyn 'For God's sake, call me "George"!') yn dweud ei fod yn bwriadu cynhyrchu drama i'w pherfformio yn Neuadd y Dre, Llangefni, am ddwy neu dair noson. *Amlyn ac Amig*, Saunders Lewis, oedd y ddrama ddewisodd o, a honno heb erioed ei pherfformio'n gyhoeddus. Bu'n gwrando ar bob un ohonom a fentrodd i ddarllen gwahanol ddarnau, gan ychwanegu ar ddiwedd y sesiwn y byddai angen nifer fawr o wŷr a gwragedd y llys yn ychwanegol at yr hanner dwsin o brif rannau oedd i'r ddrama. Syndod i mi ac i nifer o'm cyd-ddisgyblion oedd cael rhan Amig, ac un o'm cyfeillion oedd wedi rhoi ei fryd ar y brif ran yn dweud wrthyf heb flewyn ar ei dafod: 'Ro'dd o isio rhywun â golwg ddiniwad arno fo i fod yn Amig, yli'. Ella'i fod o'n iawn, wir!

O edrych yn ôl, fe fu'r profiad o gael gweithio ar y ddrama honno yn un pwysicach i mi nag oeddwn i'n sylweddoli ar y pryd. Ychydig wyddwn i hefyd ei fod o'n gychwyn cysylltiad â dyn oedd yn athrylith ac yn ddyn theatr i flaenau ei fysedd.

John Llywelyn Williams, Llangristiolus, oedd Amlyn; Mair Francis Hughes, Llannerch-y-medd, yn Belisent, a minnau'n Amig. Yn ystod yr ymarferion, roedd ganddo ddull unigryw o gynhyrchu a hynny'n gymorth mawr i griw mor ddibrofiad. Mae'n debyg mai'r ffordd symlaf o esbonio'i ddull fyddai dweud mai mathemategydd o gynhyrchydd oedd o. Gweithiai trwy ddefnyddio trionglau, a phob grŵp a symudiad cymeriad wedi eu paratoi ymlaen llaw ganddo. Roedd dull felly'n galluogi i'r cymeriadau symud a chreu grwpiau'n syth ar ôl y darlleniad cyntaf. Byddai hefyd wedi rhannu'r ddrama yn adrannau a chreu amserlen fel nad oedd gormod o amser i bobl sefyll o gwmpas yn gwneud dim. Yn wir, ymhen blynyddoedd wedyn, byddwn wedi bod wrth fy modd pe bai llawer cynhyrchydd proffesiynol wedi gwneud yr un peth.

Roedd ganddo hefyd y ddawn i berswadio staff yr ysgol i greu tîm cynhyrchu. Mae'n anodd credu, er enghraifft, sawl sach wedi'i liwio a dorrwyd ganddynt i fod yn wisgoedd taeogion llys neu filwyr!

Yn ystod cyfnod yr ymarfer, rwy'n cofio dau ddigwyddiad o bwys i John Llew, Mair Francis a minnau. Y cyntaf oedd inni gael mynd i Ysgoldy Capel Moreiah hefo Mr Fisher i gyfarfod a chael yr hyn a elwir heddiw'n 'Master Class' gan Hugh Griffith, Marian-glas. Bron nad wyf yn clywed ei lais yn ynganu rhai o areithiau'r ddrama y munud 'ma. Braint a phrofiad gwerthfawr yn sicr i fachgen pedair ar ddeg oed.

At hynny cafodd y tri ohonom fynd hefo George i ymweld â Theatr Fach Garthewin yng nghartref R. O. F. Wynne yn Llanfair Talhaiarn. Y rheswm dros yr ymweliad oedd fod George wedi cael ar ddeall fod Morris Jones yn paratoi cynhyrchiad o *Amlyn ac Amig* yno. Wn i ddim yn iawn p'run ai ni 'ta nhw lwyfannodd gynhyrchiad llwyfan cyntaf y ddrama. Cawsom gyfarfod â'r Bonwr R. O. F. Wynne, ac yn sicr roeddem wedi dotio at y ffordd roedd y beudai wedi eu haddasu'n theatr yno. Erbyn hyn rwy'n siŵr mai'r ymweliad hwnnw blannodd hedyn y syniad ym meddwl George i greu theatr gyffelyb yn Llangefni ac, wrth gwrs, ymhen rhai blynyddoedd wedyn, fe ddaeth y cyfle pan brynodd Cyngor Tref Llangefni fferm Pencraig ar gyrion y dre. (Mi wn i sicrwydd i George blagio a phoenydio Arthur Evans, clerc y Cyngor, nes iddo gael beudái Pencraig ynghyd â'r iard ar rent o swllt y flwyddyn! Hwyrach na chafodd Arthur Evans y clod dyladwy am alluogi George i wireddu'i freuddwyd.)

Wedi llwyddiant *Amlyn ac Amig* yn Neuadd y Dre, Llangefni, doedd dim syndod fod tipyn o frwdfrydedd y flwyddyn wedyn. Ond sioc fawr i ni'r disgyblion oedd y cyhoeddiad mai un o ddramâu Shakespeare oedd dewis George y flwyddyn ganlynol! Cassius oedd fy rhan yn *Julius Caesar*: '. . . Yon Cassius has a lean and hungry look. Such men are dangerous!' Mae'n debyg fy mod yn llipryn main yn y cyfnod hwnnw, ond mae un peth yn sicr, fe newidiodd fy agwedd i tuag at waith y bardd o Stratford wrth ddysgu'r ddrama honno.

Sawl gwaith y bu Gwilym Glanrhyd a minnau – Brutus a Cassius – yn cael tiwtorials ar ôl yr ysgol gan George, a hynny wedi cael te yn ei dŷ! Rwy'n cofio hyd heddiw am wastadedd Phillipi.

Profiad arbennig arall gawsom yn y cyfnod hwnnw yn sgil cymryd rhan yn y ddrama oedd mynd ar ymweliad tridiau â Stratford. Wn i ddim sut bu i George gael caniatâd i fynd â llond bws ohonom a chael aros dwy noson mewn Hostel Ieuenctid tu allan i'r dre. Cael ymweld â chartre'r bardd a bwthyn Anne Hathaway, ei wraig, ac yn bwysicach na dim cael gweld perfformiad o *The Merchant of Venice*. Mae'r wefr a gefais y noson honno yn fyw iawn yn fy nghof, yn arbennig araith Portia a chwaraeid gan Diana Wynyard: 'The quality of mercy is not strained, it droppeth like the gentle rain from heaven upon the place beneath.' Paul Schofield ifanc yn chwarae Bassanio, a'r dawnsiwr ballet o Awstralia, Robert Helpman, oedd Shylock – yn sicr y Shylock gorau i mi ei weld erioed, a'i 'three thousand Duccats and Antonio bound' yn wefreiddiol. Alfie Bass ifanc yn Launcelot Gobbo, a rhan tad Gobbo gan Esmond Knight, yr actor hanner dall.

Bûm mor lwcus â chyfarfod William Gaunt, sef Dug

Venice, yn ddamweiniol y diwrnod wedyn a chael sgwrs ag o ger yr afon cyn mynd ar y bws (ac eistedd wrth ochr Iona!), a chychwyn yn ôl am Fôn wedi meddwi'n lân ar y profiad bythgofiadwy. Ac rydw i'n actio byth!

Mae llun y cynhyrchiad hwnnw, a dynnwyd ar lwyfan Neuadd y Dre, fel un *Amlyn ac Amig* y flwyddyn flaenorol a'r *Fall of Troy* y flwyddyn ddilynol, yn f'atgoffa heddiw am y criw fu mor ffodus o gael profiad llwyfannu mor werthfawr mor ifanc.

* * *

The Fall of Troy oedd fy nghynhyrchiad olaf yn yr ysgol, a minnau'n chwarae rhan Pyrrhus – er i mi gael rhan yng nghynhyrchiad George o *Catrin*, y ddrama enillodd iddo'r wobr gyntaf am ddrama hir yn Eisteddfod Genedlaethol 1948. Llawenydd i bob un ohonom oedd clywed iddo ennill gyda chanmoliaeth uchel. Mae'n debyg mai hynny oedd y symbyliad iddo sefydlu Cymdeithas Ddrama Llangefni i'w llwyfannu – y Gymdeithas a fyddai ymhen ychydig flynyddoedd yn creu'r Theatr Fach drwy chwys a llafur yr aelodau a than chwip ddiflino George. (Teg nodi yma y bu cwmni drama digon llwyddiannus yn Llangefni *cyn* hynny hefyd, gydag Edward Williams – neu Ned Siop Gray fel y'i hadweinid – yn cynhyrchu, cwmni roddodd gyfri da iawn ohonynt eu hunain yn genedlaethol ac yn y gwyliau cystadleuol blynyddol yn Neuadd y Dre.)

Neuadd yr ysgol oedd man ymarfer y ddrama *Catrin* a George, yn ôl ei arfer, wedi rhannu'r gwaith yn adrannau. Y prif symudiadau unwaith eto wedi eu nodi'n fathemategol yn ôl arfer George. Roedd y tri ohonom oedd yn dal yn ddisgyblion yn yr ysgol wedi hen arfer â'i ddull digyfaddawd o gyfarwyddo, a buan iawn y daeth yr actorion eraill oedd wedi eu gwahodd i'r cwmni i fwynhau ei arweiniad sicr ond llawn hiwmor. Roedd nifer ohonynt yn brofiadol iawn ac wedi hen arfer ar lwyfan, a buont yn garedig ac amyneddgar iawn hefo'r tri phrentis o ddisgyblion ysgol.

Roedd y ddrama wedi'i lleoli yng nghyfnod Llywelyn y Llyw Olaf a'i frawd, Dafydd. Catrin, merch ddeniadol yn y llys oedd y prif gymeriad, yn cael ei chwarae gan Lowri Evans, mam Hywel Gwynfryn; Glasfryn Evans, gŵr y gantores enwog Gwen Price, oedd Llywelyn, a Dic Hughes, Gaerwen, oedd Dafydd. Ymysg gweddill y cast roedd Ifan Gruffydd, y Gŵr o Baradwys, a dau o'i gydweithwyr yn adeiladau'r Cyngor Sir, ynghyd â Leslie Hodgkins a Nellie ei wraig (y cyfeiriais atynt eisoes). A beth am y tri hogyn ysgol? Ffŵl y llys, ystwyth ei gorff a'i barabl oedd Harri Pritchard Jones; fi oedd y Brawd Gervase – mynach a chynghorydd Llywelyn – a swyddog milwrol oedd William Huw Pritchard.

Pan aed ati i sefydlu'r Theatr Fach, mae'n anodd dirnad yr ymdrech a'r gweithgarwch a symbylodd George. Fydda fo byth yn derbyn 'na' gan neb ac roedd hi'n amhosibl gwrthod dyn oedd yn berwi o frwdfrydedd i weld ei freuddwyd yn cael ei wireddu. Rai blynyddoedd wedi sefydlu'r Theatr mi gafodd wybod rywsut fod cronfa'r Gulbenkian Trust yn gwahodd theatrau i ymgeisio am nawdd. Yn ddiymdroi fe wnaeth George gais a daeth ffurflen yn gofyn sut y byddid yn gwario mil o bunnoedd, swm enfawr bryd hynny. Yn gwbl nodweddiadol ohono fe anfonodd George fanylion manwl, oedd yn cynnwys tŵr uwchben y llwyfan, ystafelloedd newid ac ystafell ymarfer, a'r amcangyfrif yn *ddwy* fil o bunnoedd! Aeth amser heibio cyn i gyhoeddiad yng ngwasg Lloegr ddatgan i'r Gulbenkian Trust ddyfarnu fel hyn: 'Two thousand pounds to the Memorial Theatre, Stratford; two thousand pounds to Bernard Miles' Mermaid Theatre, Puddledock, London, and two thousand pounds to the Theatre Fack, Llangefni.' Bu cryn ddyfalu yn Lloegr lle roedd y 'Theatre Fack', a syndod mewn rhannau eraill o Gymru hefyd sut y llwyddwyd i sicrhau'r fath nawdd. Roedd pawb oedd yn gyfarwydd â George yn gwybod yn iawn sut y gwnaed hynny.

Mae rhestr y dramâu – tair yn Gymraeg a thair yn Saesneg bob blwyddyn – a berfformiwyd yn y Theatr y blynyddoedd hynny'n rhyfeddol. Derbyniwyd hi'n aelod o'r Little Theatre Guild of Great Britain a chafwyd sawl cynhadledd lwyddiannus, heb sôn am ehangu gorwelion yr aelodau wrth ymweld â theatrau eraill trwy Brydain. Afraid dweud bod fy nyled i yn enfawr i weledigaeth, ymroddiad a gallu'r gŵr wnaeth y cyfan yn bosibl i mi. Perffeithydd fel cyfarwyddwr, dyn o flaen ei oes – ac un a fyddai wedi bod yn impresario penigamp!

Gadael Ysgol

Yn ystod fy ail flwyddyn yn y chweched dosbarth fe ddaeth yn amser cofrestru ar gyfer y Gwasanaeth Milwrol Cenedlaethol bondigrybwyll. Roeddwn wedi fy nerbyn yn amodol gan y Coleg Normal ym Mangor i ddilyn cwrs hyfforddi i fod yn athro ar derfyn y Gwasanaeth hwnnw, ac ar fyr o dro daeth llythyr swyddogol yn gorchymyn i mi fynd am archwiliad meddygol i Wrecsam.

Wedi dringo i'r trên yn Llangwyllog cefais gwmni bachgen o Amlwch oedd hefyd yn wynebu'r archwiliad, a bu'r gwmnïaeth yn gymorth i'r ddau ohonom. Roedd Ifan yn fachgen cryf, solet hefo gwallt fflamgoch – un ychydig yn swil ond o natur addfwyn a chyfeillgar iawn. Ar odre Mynydd Parys, ger y pyllau paent, yr oedd ei gartref ac yntau, fel finnau pe bawn yn fodlon cyfaddef, yn ceisio ymddangos yn ddi-hid o'r hyn oedd o'n blaenau.

'Gobeithio y cawn ni fynd i mewn hefo'n gilydd,' meddai Ifan. 'Achos tydi fy Sysnag i ddim yn dda iawn, sti.'

'Fyddi di'n iawn siŵr,' medda finna. 'Paid â phoeni am y peth.'

Ond poeni fu Ifan drwy gydol y daith a glynodd yn dynn ynof wedi mynd i mewn at y meddygon. Beth bynnag fu'r broblem gyfathrebu fu dim yn rhwystr i Ifan a minnau gael yr un canlyniad – A1! Yn ystod y siwrne yn ôl i Fôn, byrdwn sgwrs Ifan oedd gobeithio y caem ni'n dau ein galw ar yr un pryd i'r un lle, gan fod y ddau ohonom wedi dewis mynd i'r Llu Awyr. A phan ddaeth yr amser, felly y bu.

Cyfnod digon rhyfedd yn yr ysgol ac ar yr aelwyd oedd hwnnw rhwng derbyn y dyddiad gadael a'r gadael cartref go iawn. Anodd fyddai dygymod â ffarwelio â'm rhieni am yr eildro yn fy mywyd, ond nid rhyfel oedd y rheswm y tro hwn er mai bod yn barod ar gyfer rhyfel oedd pwrpas y 'National Service', mae'n debyg. Anodd hefyd oedd meddwl am golli cwmni a hwyl cyfeillion fu'n cyd-wneud drygau yn yr ysgol ac yn ardal Llangwyllog a Bodffordd, a cholli cyfraniad y cymeriadau unigryw o bob oed oedd yn rhoi lliw i fywyd yng nghefn gwlad Môn yn y cyfnod hapus hwnnw. Yn ogystal â hyn oll, gan fy mod yn dathlu fy mhen-blwydd yn 18 oed yn Ionawr, ni chawn gyfle chwaith i sefyll arholiadau'r 'Higher' cyn gorfod gadael cartref hanner ffordd trwy fy ail flwyddyn yn y chweched dosbarth.

Roedd hefyd yn ddiwedd cyfnod o fod yn gapten tîm pêl-droed yr ysgol a'r chwarae i dîm yr Aelwyd yn Llannerch-y-medd dan ofal Robaits Siop Chips, a chael fy nghario yng nghar Johnny Ifans, Alaw House, i gêmau ar hyd a lled Môn. Dim mwy o newid yng nghartre Emlyn Ty'n Ffynnon ar gyfer y gêmau yn y Llan, na chlywed ei dad, John Jones (oedd yn un o deulu India Roc enwog y pentref), yn gweiddi ei gefnogaeth ar y lein! Coffa da amdano'n gweiddi'n wyllt wedi i mi ddisgyn yn swp ar y cae wedi cic go hegar gan un o amddiffynwyr Holyhead Liberals un tro: "Dach chi wedi'i ladd o, myn diawl! Wyt ti'n iawn, Ty'n Llan?' Ac wrth y reffarî, 'Be ddiawl 'dach chi'n *da*, dwch?' Wedi colli arno'i hun yn lân yr oedd o, chwarae teg iddo, am ei fod yn credu – fel mae'r pentrefwyr yn dal i gredu hyd heddiw – fod hogia'r Llan yn well na hogia nunlla arall!

Coffa da am y Sadwrn hwnnw a minnau i chwarae i dîm cynta'r Llan, yn ddigon nerfus a dihyder, ac Alun Banc a Hughie John y glo yn sibrwd, 'Paid â phoeni, drychwn ni ar d'ôl di', a Hughie, Bryn Gollen, Bennie a Willie T. (ac yn wir, gweddill y tîm) yn gefnogol wrth fy ngwarchod drwy'r gêm.

Roedd ambell Sadwrn yn llawn iawn – chwarae i dîm yr ysgol yn y bore ac i'r Llan yn y pnawn, ac yna i'r pictiwrs ym Mangor neu Langefni i gael cramp gyda'r nos, yr hyn a achosai embaras i'r lefran a minnau!

Roeddwn yn dal i berfformio yn y ddrama *Catrin,* a George, wedi iddo gael gwybod pryd oeddwn yn gadael, wedi gofyn i Gwilym Glan Rhyd ddysgu fy rhan.

* * *

Yn ystod y tymor olaf hwnnw fe gafwyd athrawes newydd i ddysgu Saesneg yn yr ysgol. Merch ifanc ryfeddol o dlws, a'r bechgyn i gyd wedi gwirioni'n lân pan gerddodd hi drwy ddrws ystafell y chweched dosbarth am y tro cyntaf. Mae fy nghof yn fyw iawn am ein sylwadau ni'r bechgyn dan ein gwynt yn ystod y gwersi cyntaf hynny, sylwadau canmoliaethus iawn am rinweddau corfforol atyniadol amlwg yr athrawes newydd. Yn wir roedd Ned Carmel wedi symud o gefn y dosbarth ac yn rhyw led orwedd dros un o'r desgiau blaen, wedi'i gyfareddu'n llwyr! Bron nad oedd yn glafoerio ac yn sibrwd yn uchel beth yr hoffai wneud pe bai'n cael cyfle i fynd â hi am dro i'r Dingle.

Parhaodd y sylwadau canmoliaethus hyn am ryw dair wythnos neu well ond ni ddaeth ymateb o gwbl ganddi hi, dim ond canlyn ymlaen â'i gwersi, er i ambell un o'r hogia, Ned yn arbennig, awgrymu ei bod hi'n gwrido weithiau.

'Tasa hi'n dallt Cymraeg mi fasa hi cyn goched â thomato, yn siŵr i chi,' medda rhywun.

'Ew basa!' cytunodd pawb.

Darllen un o ddramâu Shakespeare ar lafar oeddan ni a'r athrawes wedi dewis pwy oedd i ddarllen y gwahanol gymeriadau. Aeth popeth yn weddol ddidramgwydd ond yn anffodus, a minnau'n darllen, daeth gair diarth iawn i'r golwg ac o gongl fy ngheg sibrydais gwestiwn i gyfeiriad Gwilym a Bedwyr oedd o boptu i mi:

'Be gebyst 'di'r gair yma?'

Ar amrantiad, mewn Cymraeg croyw clir, daeth yr ateb: 'Peth-a'r-peth ydi ystyr y gair, John,' meddai'r athrawes dlos dan wenu'n angylaidd.

Mae'n anodd disgrifio'r ymateb. Distawrwydd llethol a phob un ohonom yn gegrwth. Cododd Ned Carmel gaead y ddesg i guddio'i wyneb a'r gweddill ohonom yn eistedd mor isel ag y gallem yn ein desgiau a phob un â'i ben yn ei lyfr. Afraid dweud na fu unrhyw drafferth disgyblaeth yn y gwersi Saesneg wedi hynny. Beryl Mitchell, athrawes ifanc arall, ddywedodd wrth griw ohonom ymhen ychydig ddyddiau, a gwên fawr ar ei hwyneb, mai Cymraes lân loyw o Gaergybi oedd Miss Barbara Hughes, yr athrawes Saesneg.

Wrth edrych yn ôl ar gyfnod Ysgol Ramadeg

Llangefni daw sawl atgof â gwên i'r wyneb o hyd. Pwy all anghofio'r halabalŵ mawr a fu un diwrnod a'r athro Lladin yn gyfrifol am yr holl beth?

Dychwelodd Mr Cameron o'r lluoedd arfog tua'r un pryd â George Fisher, wedi iddo fod yn y Paratroopers neu'r Commandos, os gwir oedd ei honiad. Mae'n siŵr ei bod yn anodd iawn iddo ddygymod â byd athro ysgol yn ceisio gwthio berfau Lladin i bennau rhai fel ni ar ôl cyfnod cyffrous a pheryglus y rhyfel. Beth bynnag am hynny, ychydig wedi iddo ddychwelyd ac ar ddiwrnod ei ddyletswydd ar yr iard a'r caeau chwarae, fe benderfynodd nad oeddem ni'r bechgyn wedi dod i'n rhengoedd yn ddigon cyflym a threfnus wedi i gloch amser chwarae'r bore ganu. Fe ddychwelodd i ddyddiau drilio'r armi ac arthio a gweiddi wrth fynnu cael llinellau syth gan ein troi a'n haildroi wrth drio ufuddhau i 'Halt, Quick March' ac 'About Turn'! Rhoddodd orchymyn i ni ddod yn syth wedi cinio i gael ymarfer pellach, a dyna lle'r oeddan ni, pob dosbarth yn eu llinell yn martsio'n ôl a blaen. Ond Ow! daeth gwaedd pan ddaeth Glyn Sgellog – oedd ar flaen rheng y chweched dosbarth – wyneb yn wyneb â wal y labordy Ffiseg ac fe drodd Glyn i'r dde!

'Halt! Did I command you to turn? Did Iiiii? Did Iiiiii?'

'Nosyr,' meddai Glyn yn gwrtais.

'Well, if I don't tell you to halt, you go *through* the wall! Do you understand?'

'Iessyr.'

'Right then. In single file, with heads up and arms swinging to eyebrow height, to the field – quuuiiiick march!'

Roedd y cae hoci o'n blaenau ac yna dau gae pêl-droed cyn wal derfyn yr ysgol, a phan ddaeth Glyn at y wal derfyn ddaeth dim gwaedd a dyma sylweddoli nad oedd Cameron wrth ein tinau ni, beth bynnag oedd y rheswm am hynny!

Charlie Moreland wnaeth y penderfyniad.

'Hogia, fedrwn ni ddim mynd drwy'r wal derfyn 'ma, ond myn diawl mi fedrwn ni fynd *drosti*. Neb i droi'n ôl!'

Doedd dim angen dweud dim chwaneg. Fel defaid bach wedi eu gollwng o gaethiwed hir mewn cwt, dros y wal â ni a rhedeg nerth ein coesau dros o leia ddau gae arall nes cyrraedd ffiniau'r Ffordd Bost a chloch yr ysgol erbyn hynny'n canu'n ddi-baid.

Llusgo'n araf bach yn ddeuoedd a thrioedd fu'r hanes a phawb yn dyfalu beth fyddai'r adwaith a'r gosb. Yr hen Huws Chemi oedd yn ein disgwyl yn yr iard gyda gorchymyn tawel i ni fynd i'n dosbarthiadau, a bron na thaerwn fod cysgod gwên ar ei wyneb er iddo ymdrechu i edrych yn flin.

Yn rhyfedd iawn does gen i ddim cof fod unrhyw un o'r athrawon wedi sôn am y peth wedyn, er i un o'r bechgyn daeru iddo glywed Huws yn dweud yn dawel wrth John Pierce, yr heddychwr o athro Cymraeg,

'Neith y diawl gwirion ddim campa armi fel'na eto!'

Golwg barhaol flin oedd ar wyneb Cameron wedi hynny ac er iddo weiddi ei ffordd drwy ei wersi Lladin (y rhyfel neu'r lleuad oedd y rheswm, meddai rhai), fu dim drilio armi yr un amser chwarae wedyn a symudodd yn weddol fuan i ddysgu yn Lloegr.

Ond nid dyna ddiwedd y stori. Beth amser yn ôl soniodd Glyn Sgellog, sydd bellach wedi ymddeol ac yn byw yn ôl ym Môn wedi blynyddoedd o ddysgu dros y ffin, am fore cyntaf ei swydd fel athro Gwyddoniaeth yn Lloegr pan aeth prifathro'r ysgol â fo i ystafell yr athrawon i gyfarfod ei gyd-weithwyr a'i gyflwyno'n gyntaf i'r athro Lladin. Ia, coeliwch neu beidio, yr hen Gameron! Yn ôl Glyn, fu neb cleniach na charedicach na fo, a bu'n gymorth mawr iddo gartrefu yn ei swydd gyntaf. Ond soniodd y naill na'r llall yr un gair am y martsio a'r drilio yn Ysgol Llangefni!

A beth am y cyfnod hwnnw pan aeth y bechgyn i gyd ar streic? Newid trefn rhannu'r bwyd yn yr hen gwt cinio pren hir oedd y rheswm. Roedd i'r ystafell rhyw ugain o fyrddau: deg ar y chwith yn eistedd dwsin o ferched yr un, deg o fyrddau i'r bechgyn ar y dde a llwybr llydan i lawr y canol. Byddai tair o ferched yn gweini ar fyrddau'r merched a thair arall ar rai'r bechgyn, ond y drefn newydd oedd cael tair o ferched yn unig (a'r rheiny'n wahanol bob dydd) i weini ar y merched i gyd yn gyntaf ac wedyn y bechgyn. Y canlyniad oedd fod bwyd byrddau olaf y bechgyn yn oer cyn cyrraedd.

Aeth hyn ymlaen o ddydd Llun i ddydd Iau ond galwyd cyfarfod o'r bechgyn i gyd yn syth wedi cinio dydd Iau. Pawb yn unfarn ein bod wedi cael digon ar y drefn newydd. Beth fedrem wneud? Cynigiwyd ein bod yn dod â brechdanau trannoeth; neb i feiddio mynd i'r cwt cinio ar boen ei fywyd; neb chwaith i yngan gair wrth unrhyw un am y trefniant – yn enwedig y genod – rhag gollwng y gath o'r cŵd. Rhaid cyfaddef fod Gwilym Glanrhyd; Harri'r Aber; Ned Carmel; Gwilym Owen (y darlledwr); John Henry Jones (Caerdydd); Edwin

Roberts (prifathro parchus bellach); William Huw Pritchard (y Parchedig) a minnau ymysg yr arweinwyr.

Daeth awr ginio dydd Gwener. Dim golwg o'r bechgyn fyddai fel arfer yn ymryson yn y llinellau tu allan i'r cwt cinio. Aeth y genod i mewn ac yn sydyn daeth George Fisher gan gamu'n fras yn hanner llusgo ei fab hynaf, Martin, i'w ganlyn i mewn. Sut aflwydd oedd Fisher wedi cael gwynt am y cynllwyn? Clywsom wedyn i Martin eistedd ar ei ben ei hun heb gyffwrdd tamaid, er i'r athro ar ddyletswydd geisio'i annog i fwyta ond i ddim pwrpas. Bu'r hen Martin yn arwr gan yr hogia am hynny. Diflannodd y gweddill ohonom fel llygod bach o'r golwg i'r selar. Stafell y boilar oedd y selar, lle caem ein smôc ddyddiol am fod mwg y boilar yn cuddio'n mwg ni.

Dim sôn am gloch i'n galw'n ôl i wersi'r pnawn. Pawb yn stelcian ar y caeau chwarae, y bechgyn i gyd yn edrych fel cŵn lladd defaid a'r genod yn holi ac yn awgrymu, gyda gwên, beth fyddai'n cosb. Fu dim gwersi'r pnawn hwnnw ac adre â ni.

Fore Llun roedd coridorau'r ysgol fel Colditz ac aelodau'r staff yn sefyll fel ceidwaid carchar wrth i ni fynd i'r neuadd am y gwasanaeth boreol a phawb fel llygod eglwys. Beth ddywedai Edgar Thomas, y prifathro? Cafwyd pregeth (a'n henwi) yn y gwasanaeth, a'r staff wedyn yn gweiddi ac yn arthio tan amser chwarae pan ufuddhaom i'r gorchymyn gan ryw bedwar o ddynion y staff inni sefyll mewn llinell fel troseddwyr, i ddisgwyl yn hir am orchymyn y prifathro i fynd i mewn i'w ystafell.

Cysurem ein hunain ei fod wedi anghofio amdanom.

Fasa hynny mo'r tro cyntaf, oherwydd fe fyddai'r prifardd o brifathro yn anghofio nifer o bethau – yr awen yn dod heibio iddo hwyrach. Ond na!

'Dewch i mewn.'

Sefyll yn un rhes o'i flaen, a'r ystafell yn llawn o fwg sigarét, gan edrych yn euog ar flaenau'n sgidia.

'Wel, fechgyn, be sy 'da chi i ddweud?'

Tawelwch llethol.

'Dewch *mlaen*.'

'Wel y . . . y . . . '

Yn ddigon cloff a thawel, ceisiwyd esbonio'r cinio oer a'r newid trefn oedd, i'n tyb ni, nid yn unig yn aneffeithiol ond yn annheg. Wedi saib hir a phregeth arall, cyhoeddodd y diddymid ein swyddi o flaen yr ysgol y bore wedyn i bawb fod yn dyst o'n gwarth. Rhywsut, i'r gwrthwyneb oedd yr adwaith ymysg y rhan fwyaf o'n cyd-ddisgyblion, a dychwelodd hen drefn y gweini a phawb yn cael cinio poeth cyn pen dim o dro.

A be am y cyfnod gwallgo hwnnw o chwarae triciau gwirion, nes i hynny fynd yn rhy bell a pheryglus a dod i ben yn ddisymwth?

Cychwynnodd pethau wrth i Harri'r Aber, wedi cynllunio gofalus, chwarae tric ar Ces Arosfa, Llanachmedd. Wedi iddo falu nifer o dabledi casgara yn fân fel pupur yn ystod gwers Gemeg, llwyddodd Harri i berswadio Megan Llywelyn i daenu'r pupur casgara dros ginio Ces. Sicrhâi Harri hi na fyddai'r pupur yn gwneud unrhyw niwed i Ces. Roedd yr ychydig ohonom oedd yn gwybod am y cynllun yn gwylio'n fanwl pan ddaeth y plât i'r bwrdd a'r pupur casgara wedi'i foddi gan y grefi du. Ar ôl cinio, a ninnau'n mwynhau smôc yn y selar, hanner ffordd drwy'i sigarét rhuthrodd Ces i'r ystafell ddosbarth a rhwygo nifer o dudalennau o bapur o ganol un o'i lyfrau a brasgamu am y tai bach.

Aeth gwers gynta'r pnawn heibio a dim golwg o Ces. Cyn dechrau'r ail wers aeth rhyw dri ohonom i olwg y tai bach a'i glywed yn griddfan.

'Ces, wyt ti'n iawn?'

'O! Arglwydd mawr, wn im be odd yn y cinio diawl na ond ma nhin druan i'n gig noeth ac rydwi'n dal wrthi.'

Yno buo fo yn ystod yr ail wers. Wrth fod gennym wers rydd wedyn allan â ni i weld sut siâp oedd arno, a Harri a ninna'n poeni ei fod wedi cael gormod o ddos o gasgara. Dal i riddfan oedd Ces.

'Ma gin i ofn dod o'ma rhag ofn i mi lenwi'n nhrowsus! Be 'na i?'

Wn i ddim pwy gafodd y syniad o fynd at Miss Jôs Cwcri, na chwaith sut yn union i ni fedru dweud wrthi beth oedd y broblem. Ond chwarae teg iddi fe ddalltodd ac aeth ati i gymysgu rhywbeth fel blawd gwyn gyda dŵr mewn powlen a dweud,

'Arrowroot ydi hwn, deudwch wrtho fo am gymryd dipyn ohono ac mi ddylai hynny helpu pethau.'

Ffwrdd â ni a stwffio'r bowlen a'r llwy dan y drws i Ces, gan ei sicrhau mai rhoi cyngor Miss Jôs Cwcri oeddem ni.

'O'r nefodd, oedd *raid* i chi ddeud wrthi?'

Beth bynnag, llyncodd dipyn o'r griwal gwyn a bu hynny'n llwyddiant, ac ymhen hir a hwyr mentrodd o garchar y geudy a golwg fel llinyn trons arno ac yn wyn fel y galchen.

Wedi deall mai Harri'r Aber oedd yn gyfrifol am ei

anhwylustod, bu Ces yn ddyfal yn ceisio meddwl sut i dalu'r pwyth yn ôl. A'r talu'n ôl hwnnw fu'n ddigon i roi terfyn unwaith ac am byth ar y triciau gwirion.

Ymhen rhai wythnosau, a phawb wedi anghofio am lanast y pupur casgara, roedd criw ohonom yn cael smôc yn ôl ein harfer yng nghynhesrwydd y selar, a Harri'r Aber heb sigarét ac yn gofyn yn daer oedd gan un ohonom un sbâr. Roedd gan Ces un – Craven A 'cork tip'. I dorri stori hir yn fyr, wrth i Harri dynnu'r pwl cyntaf o fwg i'w ysgyfaint dyma glec yn diasbedain dros y selar. Pawb yn meddwl mai'r boilar oedd wedi ffrwydro ond na, roedd wyneb Harri'n ddu ac ychydig flew ei gudyn yn mygu, dim ond y corc tip yn ei geg ac ychydig ddarnau mân o faco yma ac acw ar ei fochau.

Roedd Ces wedi tynnu'r powdwr o getrisen gwn twelf bôr ac wedi'i roi yn lle'r baco, heblaw yr ychydig ar flaen y Craven A. Feddyliodd Ces erioed y byddai cymaint o glec. Bu sylweddoli pa fath drasiedi allasai fod wedi digwydd yn ddigon i ddod â phennod y triciau gwirion i ben.

* * *

Yn ystod misoedd olaf cyfnod ysgol ac wrth inni ddisgwyl trên yn y bore, câi Wil Huw a minnau fynd i'r 'porter's room' yn stesion Llangwyllog i ddarllen tudalennau chwaraeon y *Daily Express* a'r *Daily Herald* (y ddau bapur yn adlewyrchu tueddiadau gwleidyddol gwahanol iawn y ddau borter, John Jones, Tŷ Capel, a John Thomas, Bodffordd). Wrth inni ddarllen, byddai John Jones yn rhoi disgrifiad manwl o'r 'Square Bashing' yn y Welsh Guards yn ei gyfnod o ac yn disgrifio'n flodeuog iawn beth oedd yn fy aros!

Roedd yn hawdd iawn credu disgrifiadau John Jones a minnau'n cofio fel y byddai'n hyfforddi adran Llangwyllog o'r Home Guard a thair streipen ar lewys ei lifrai ym mlynyddoedd y rhyfel. Go brin y byddai'r grŵp anhylaw fyddai'n ceisio ymarfer rhyw lun o 'rifle drill' ar gae Ddreiniog House gyda phicwyrch yn gallu atal unrhyw fath o ymosodiad. Yn wir, roedd picwarch ambell un wrth ymdrechu'r 'slope arms' yn beryg bywyd!

'As iw weeer!'

John Jones, sarjant, yn bloeddio a'r picwyrch ar draws ac ar hyd, a'r criw yn rhyw giledrych ar ei gilydd yn euog, fel cŵn lladd defaid.

'Aaateeenshyyn!'

Wrth geisio sefyll yn syth a llonydd a dal y picwyrch wrth y droed dde a'r pigau at i fyny baglodd Defi Jos, y Neuadd, ar draws coes picwarch William Thomas, Ty'n Ronnen, a syrthio ymlaen nes i bigau ei bicwarch o fynd i din trowsus William Parry, Ddreiniog House, oedd yn sefyll yn union o'i flaen. Rhoes hwnnw wich fel mochyn dan giât a neidio i'r awyr, a'i bicwarch yn hedfan yn syth i gyfeiriad John Jones, oedd yn poeni rhag ofn i Major Roger Lloyd, Plas Tregaian, y 'platoon officer', gyrraedd a gweld y fath olygfa. Ond bu'n rhaid iddo neidio i'r ochr rhag i bicwarch William Parry wneud niwed parhaol iddo a disgynnodd yn ddiseremoni ar ei hyd ar lawr. Collodd ei gap a'i urddas Welsh Guardaidd, a disgyblaeth ei sgwad yn siwrwd! Doedd dim gobaith ailafael yn yr ymarfer a phenderfynwyd ei bod hi'n hen bryd mynd adre.

Dro arall, roedd Ifor Tŷ Capel wedi deall fod William Thomas ar wyliadwriaeth nos ar gyrion y pentref, ac ar ôl cael cwmni Owain Tŷ Gwyn sleifiodd y ddau i gyfeiriad y gwyliwr. Wedi iddynt wneud sŵn yn fwriadol daeth y gorchymyn:

'Halt! Whoo gos dderrr?'

'Hitler,' meddai Ifor.

'Pass, ffrrrend,' meddai William Thomas!

Dyn 'caled' oedd William Thomas; dyna'r disgrifiad a roddid i ddyn oedd yn gallu troi ei law at holl grefftau'r fferm. William Thomas fyddai'n toi teisi ŷd Johnnie Robaits, Ty'n Llan, i'w cadw'n sych a diddos dros dymor y gaeaf. Doedd neb tebyg iddo chwaith am gau adwy gyda cherrig neu dywyrch pan ddeuai'r galw gan ffermwyr y fro, yn ogystal â ffermio'i dyddyn, Ty'n Ronnen. Hen lanc diddan oedd o, yn gwisgo het feddal werdd yn ddieithriad. Go brin ei fod yn ei thynnu hyd yn oed i fynd i'w wely achos roedd ei ben fel cŵyr o wyn.

Roedd o'n hoff o'i beint ac yn mynd i Langefni ar y trên ambell nos Sadwrn a thro arall ar ei feic i Lannerch-y-medd a'r beic yn gymorth iddo gerdded adre. Rhyw gerdded o ochr i ochr ar y lôn y byddai, a'i ddwylo'n dal yn dynn wrth gyrn llyw y beic. Gan John Hughes, Tan Fynwent, Coedanna, y clywais y disgrifiad gorau o'r cerdded hwnnw: 'Mi wel'is yr hen Dy'n Ronnan yn stryffaglio'i ffordd adra nos Sadwrn, ac yn mynd o ochr i ochr fel piso mochyn sionc'!

Roedd o'n olau iawn yn ei Feibl – yn wir fe'i clywais yn adrodd pregeth gyfa' Llywelyn Lloyd, ei arwr, air am air ar ei gof. Ac mi clywais o hefyd yn morio canu'r arall-eiriad hwn o hen emyn cyfarwydd, ac yntau ar ei ffordd adre ar ôl codi gormod ar ei fys bach ac yn gwthio'i feic:

l, – m m r m d l, l, t, d – r r m –
Yn wyneb gorrthrrymderrau *paddling on, paddling on,*

d – m m r m d l, d t, l, –
A duon rragluniaethau *paddling on…*

Gadael Cartref

Pan gyrhaeddodd yr 'alwad' swyddogol, roedd yn cynnwys y dyddiad a'r amser i gyrraedd gwersyll yr RAF yn Padgate ger Warrington, ac ymhen ychydig ddyddiau daeth llythyr gan Ifan yn dweud ei fod yntau wedi derbyn yr un gorchymyn. Roedd hynny'n destun llawenydd i ni'n dau, ac yn wir roedd y pen coch allan o ffenest y trên pan gyrhaeddodd orsaf Llangwyllog ar y bore tyngedfennol. Mae'n anodd disgrifio'r ffarwelio â Mam ar blatfform Llangwyllog, wrth geisio bod yn ddyn ac yr un pryd yn sylweddoli bod cyfnod 'Mam yn gwneud popeth drosta i' wedi dod i ben.

Wythnos yn unig fu'r arhosiad yn Padgate. Wythnos afreal o gasglu offer a dillad, mynychu'r adran feddygol am archwiliad arall a chyfres o bigiadau a gweld ambell un yn syrthio'n llyg cyn i'r nodwydd gyrraedd. Ceisio ymgartrefu mewn cwt gyda rhyw hanner cant o welyau ynddo, a'r ddau Gymro ochr yn ochr. Ym mhen draw'r cwt roedd criw swnllyd o gocnis Llundain yn llawn hunanhyder ac wedi clywed Ifan yn gofyn rhywbeth i mi yn Gymraeg:

'Wot's that ginger 'aired git talkin' about?'

'John, amdana i ma hwnna'n siarad, 'te?' medda Ifan a'i lygaid yn tanio, gan ryw hanner codi'n fygythiol oddi ar ei wely.

'Paid â chymryd sylw ohonyn nhw,' meddwn i gan geisio lleddfu petha.

'Na, os gwna i hynny cha' i ddim llonydd, yldi,' medda fo, gan gychwyn brasgamu i gyfeiriad yr euog a golwg wyllt arno.

'Hei, iw! Iw tôcin ddus ei? *Ei?*' chwyrnodd Ifan, gan afael mewn cudyn o'i wallt coch. 'Red ies! Red y. *Y?*' – a phlygu i wyneb yr euog.

Roedd hwnnw'n edrych yn wirion ar Ifan ac yn amlwg wedi dychryn beth.

'I was only joking Taff, onest. Bit of a joke, that's all!'

Dal i syllu i fyw llygaid yr euog wnaeth Ifan am ychydig eiliadau a gwneud sŵn tebyg i chwyrniad uchel yn ei wddf cyn codi'n syth a throi yn araf a cherdded yn fwriadol araf yn ôl at ei wely. Roedd y pwynt wedi'i wneud, ac yn wir cyn diwedd yr wythnos roedd y ddau'n ddigon cyfeillgar. Fu dim tynnu sylw at y Gymraeg wedyn.

* * *

Ddechrau'r wythnos ddilynol roedd Ifan a minnau'n rhan o fintai o hanner cant, yn ein gwisg newydd o las yr awyrlu ac yn cario 'kitbag' llawn ar drên i wersyll yr RAF yn Wilmslow heb fod ymhell o ddinas Manceinion, a dau fis o lafur caled y 'square bashing' o'n blaenau.

Roedd y gwersyll mewn man hyfryd ond buan y daethom i ddeall nad gwersyll gwyliau oedd o. Hawdd gweld fod y lle'n dwt fel pìn mewn papur a phaent gwyn newydd llachar ymhob man, a lleisiau croch yn drilio tyrrau gwahanol o fechgyn i fartsio yn ôl a blaen ymhob rhan o'r lle.

Bu'r wythnos gyntaf yng ngwersyll Wilmslow yn sioc

i'r system i ni'r newydd ddyfodiaid — aelodau 'Flight 52'. Roedd wynebau'r Sarjant a'i ddau Gorpral yn ddigon i godi ofn ar y dewraf o ddynion, a thybiem fod eu lleisiau'n ddigon cryf i'w clywed yn ôl yn Padgate. Rhif, nid enw, oedd gan bob un ohonom bellach. Sawl gwaith, tybed, y bu'n rhaid gweiddi'r rhif 2471552 A/C2 Roberts yn ystod y dyddiau cyntaf hynny?

Roedd pob dydd yn llawn o weithgareddau: drilio dibaid, ymarfer corff a rhedeg milltiroedd, trin reiffl – a meddwl llawer am y picwyrch ar gaeau Ddreiniog House, Llangwyllog, a champau hogia'r Home Guard! Bob nos roedd rhaid glanhau botymau a darnau pres y beltiau yn ogystal â chael esgidiau'n loyw, a hynny wedi llwyddo i gael gwared â'r patrwm fel croen oren fyddai ar flaen pob esgid gyda chefn coes llwy.

Y peth cyntaf bob bore, roedd rhaid plygu'r dillad gwely ar ffurf blwch sgwâr ar ben y tri darn matres, yna hefo darn o linyn sicrhau bod blwch pob gwely yn llinell syth o un pen i'r cwt i'r llall. Wedyn arddangos y beltiau ag ati fyddai wedi cael eu lliwio'r noson cynt gyda blanco glas (ia – blanco glas!), yn ogystal â gosod cyllell, fforc, llwy a chwpan ar ben y locar a gofalu bod pob dilledyn o fewn hwnnw yn berffaith yn ei blyg. Hyn i gyd cyn i'r Corpral bach dieflig ein bygwth a'n diawlio i 'Stand by your beds!'

Wedi rhai oriau o redeg a ffurfio ac ailffurfio llinellau syth ar y sgwâr a martsio ac ailfartsio yn ôl a blaen mewn gwahanol batrymau nes bod pawb bron a disgyn, yn ôl â ni at y bilet i sefyll wrth droed ein gwelyau i ddisgwyl archwiliad y Sarjant. Hwnnw'n cerdded yn araf â rhyw hanner gwên ddirmygus ar ei wyneb wrth iddo bwnio blwch dillad gwely ambell un anffodus i'r llawr gyda'r ffon ddwybig. Yna rhoi blaen y ffon drwy glust cwpan a'i bwrw i'r llawr yn ddarnau a bloeddio, 'Filthy, airman, filthy!'

Ymlaen â fo dan bwnio a chwalu gêr ac offer nes byddai'r ystafell yn llanast fel pe bai corwynt neu fom wedi'i tharo. Cyn gadael, byddai'n arthio mai ni oedd y casgliad o gyrff mwyaf anobeithiol a'r enghreifftiau gwaethaf o fodau dynol iddo eu cyfarfod erioed ac ychwanegu, 'You must have been brought up in pigsties'.

Roedd yn ddidrugaredd wrth ambell greadur mwy di-lun na'i gilydd, a gwnâi ati i ddymchwel ei ddillad gwely a chwalu'r gêr hyd y llawr yn aml. Bu un truan yn prynu cwpan yn y NAAFI droeon oherwydd diawledigrwydd perchennog y ffon.

Er yr holl arthio, rhedeg, tuthio, ceisio cynefino â thrin reiffl a drilio diderfyn, y syndod oedd i'r mwyafrif blygu i'r drefn a buan y daeth siâp rhyfeddol arnom fel uned. Yn wir, wedi ychydig wythnosau, cawsom drwydded i ymweld â dinas Manceinion a chael rhyddid i fwynhau byd a bywyd normal am ychydig oriau. Wrth gwrs os oedd un ohonom yn syrthio'n fyr o ddisgwyliadau'r sarjant, roedd y pleser chwyslyd o lanhau tuniau seimllyd diderfyn yng nghegin chwilboeth y gwersyll yn ein haros – a gwaeth!

Ymhen deufis daeth yr artaith i ben wedi seremoni'r 'Passing Out Parade' o flaen uchel swyddogion dirifedi, a martsio a chroes-fartsio i seiniau uchel y band. Wedi gorfod dysgu cyd-dynnu a chyd-fyw am y cyfnod gyda bechgyn o wahanol anian ac o rannau gwahanol o

Brydain, daeth y gwahanu a'r ffarwelio â'n gilydd – byth i gyfarfod wedyn – fel tipyn o sioc.

Y Sarjant, erbyn hyn yn llawer mwy dynol, gyhoeddodd i ble roedd pob un ohonom yn mynd:

'2471552 A/C Roberts, your posting is to Flight Planning Operations Room, RAF Fayid, Canal Zone in Egypt'.

Yr Aifft? Nefo'dd drugaradd! Pam i fanno?

A'm meddwl yn gwibio'n ôl yn y fan a'r lle i ddosbarth Ysgol Sul Huw Parry yng Nghapel Gosen, Llangwyllog, gan ddychmygu fy hun yn ôl troed Joseff yn wynebu gwlad y Pharo.

* * *

Wedi ychydig wythnosau o 'wyliau' ('Embarkation Leave') ddiwedd gwanwyn 1950, daeth gwŷs yn gorchymyn i mi gyrchu i wersyll yr RAF yn Hednesford yn Swydd Stafford am wythnos er mwyn cael dillad addas ac amryw bigiadau rhag heintiau'r gwledydd poeth.

Unwaith yn rhagor roeddwn yn cyfarfod â chriw newydd sbon oedd yn wynebu'r anwybod mewn gobaith a ffydd. Ymhen yr wythnos, a minnau'n un o bedwar o ffrindiau newydd, cawsom ein hunain ar drên arbennig yn teithio i borthladd Portsmouth.

Yna, yn y fan honno, fel ŵyn i'r lladdfa â ni dan gyfarwyddyd rhyw gorporal bochgoch, croch ei lais a llawn hiwmor maleisus:

'For those of you oo avent seen the sea before, you see before you a ship! This vessel is a famous troop ship called the *Empire Fowey* and you will board in sections to your designated troop deck.'

Sioc, a dweud y lleiaf, oedd darganfod mai hamog oedd ar ein cyfer yng nghanol cannoedd o rai cyffelyb yn un o ddeciau isaf y llong. Mae'n wir i ni gael caniatâd i fynd i fyny i'r dec i weld y llong yn gadael tir wrth i'r hen *Empire Fowey* adael Portsmouth i lawr y Solent a thir yn prysur fynd o'r golwg. (Fel mae'n digwydd, ymhen blynyddoedd wedyn bûm ar yr un darn o fôr yn union ar fwrdd llong y Capten Owen John Owen, fy nhad-yng-nghyfraith.)

Profiad chwithig oedd ceisio dringo i'r hamog, heb sôn am geisio bod yn gyfforddus ymysg siglo'r holl rai eraill a hongiai o'm cwmpas. Llwyddais i gael rhyw lun o gwsg, beth bynnag, er i mi ddod yn ymwybodol o rywun yn fy ymyl yn ochneidio. Roedd y creadur yn sâl a'i wedd wedi troi'n wyrdd, yn llythrennol felly. Yn wir roedd o mor sâl fel y treuliodd weddill y fordaith yn ysbyty'r llong.

Os oedd y creadur yn sâl ar ddechrau'r daith, Duw a'i helpo pan ddaethom ni i Fae Biscay! Dyna un o'r profiadau mwya 'sgytwol gefais i erioed! Un munud roedd bow y llong yn y nefoedd ag yna, gyda'r twrw gwichian mwya dychrynllyd, roedd hi'n torgladdu am funudau hirion dan y dŵr cyn codi ymhen hir a hwyr, dan gwyno'n uchel, fel rhyw lefiathan o'r dyfnder. Welais i erioed, na chynt na chwedyn, donnau mor enfawr. Weithiau roedd ambell gwch llai i'w weld ar ein pwys a bron nad oeddwn i'n sicr ei bod wedi suddo nes iddo ymddangos yn uchel ar don anferth wrth ein hochr.

Does gen i fawr o gof am faint o amser y parodd y storm honno, ond mi wn ei fod o'n rhyddhad mawr i bob un ohonom i weld craig fawr Gibraltar a chael hwylio i

Fôr y Canoldir. Roedd llonyddwch y môr yn rhyddhad i bawb ond teimladau cymysg oedd hwylio yn agos at y lan wrth i ni agosáu at Tobruk, lle roedd rhai ohonom yn cyrraedd pen ein taith. Anodd esbonio sut deimlad oedd gweld nifer o danciau wedi eu llosgi ar y tywod, a mwy o syndod fyth oedd gweld cymaint o sgerbydau llongau wedi hanner suddo ym Mae Tobruk a hynny'n ei gwneud yn amhosibl i ni lanio yn agos i'r porthladd. Ar gychod bach yr aeth yr ychydig oedd yn gadael i'r lan, a diolchais nad y lle diffaith hwnnw oedd pen y daith i mi. Ychydig wyddwn i beth oedd yn fy aros.

Gwlad y Pharo

Pan angorodd yr *Empire Fowey* yn harbwr Port Said daeth nifer fawr o gychod bach i geisio gwerthu pob math o fân nwyddau. Y dull, wedi arddangos ambell declyn, oedd lluchio rhaff i fyny i'r dec a'r darpar brynwr – wedi bargeinio hir cyn cytuno ar y pris – yn tynnu basged i fyny ac, wedi cael y teclyn, yn rhoi'r arian yn y fasged a'i dychwelyd. O leia, dyna mewn egwyddor oedd i *fod* i ddigwydd! Yn anffodus bu rhai yn ddigon diegwyddor i wagio'r fasged a'i dychwelyd yn wag a'r gwerthwr druan yn myllio ac yn bwrw pob math o fygythion a melltithion ar ben y lladron.

Cawsom ein cludo mewn cychod llai i'r lan cyn sefyll mewn rhengoedd, ac roedd sioc go iawn yn fy aros. Roeddwn wedi gwneud ffrindiau newydd ers y diwrnod cyntaf yn Hednesford ac wedi mwynhau cwmni'n gilydd yn ystod y fordaith ac yn edrych ymlaen am y siwrne trên oedd o'n blaenau. Yn sydyn roedd swyddog yn galw enwau'r gwahanol leoliadau a rhan arbennig ar y trên i bob un, a fi oedd yr unig un oedd yn wynebu mynd i wersyll RAF Fayid. Chefais i ddim amser na chyfle i ffarwelio â neb.

Siwrne ryfedd fu honno o Port Said yr holl ffordd i lawr ochr camlas Suez, hyd at y llynnoedd chwerw a Fayid, a hithau'n tywyllu'n gyflym. Mae'n siŵr i'r trên aros rhyw deirgwaith ac ym mhob arhosiad rwy'n berffaith siŵr mai'r un rhai oedd yn ceisio gwerthu eu nwyddau! Rhaid eu bod yn teithio ar y trên rywsut. Buan roeddwn i ddysgu un mor stimddrwg a phenderfynol oedd yr Eifftiwr. Cyrraedd y gwersyll a chael dillad gwely a'm hebrwng i gwt yn llawn dieithriaid, yna gosod fy ngwely ar y ffrâm haearn heb sylweddoli beth oedd yn llechu mewn cilfachau oddi tan y ffrâm.

Rwy'n cofio'r noson honno fel 'tai hi neithiwr. Fûm i erioed yn teimlo mor unig nac mor hiraethus. Roeddwn yn gwbl argyhoeddedig na welwn i byth mo Sir Fôn eto, ac os bu i mi wylo erioed mi wylais yn hidl y noson honno a does gen i ddim cywilydd o gyfaddef hynny. Y bore wedyn mi ddychrynais am fod gwaed drosof. O weld fy nychryn, mi fu'r bachgen yn y gwely agosaf – Brian Spriggs – yn ddigon caredig i esbonio mai'r llau oedd yn llechu dan y gwely oedd wedi ymosod arnaf. Chwarae teg iddo fe roddodd help llaw i dynnu dillad y gwely a'r tri darn oedd yn ffurfio matres, troi'r ffrâm gwely ben ucha'n isaf ac yna boddi'r ffrâm gyda hylif ar gyfer ei leitar sigarennau a'i rhoi ar dân i ladd y taclau gwancus! Bron na chlywaf y clecian y munud 'ma. Bu'r tro da yn ddigon i Brian a minnau ddod i ddeall ein gilydd a bu ei gyngor ar sawl peth ynglŷn â'r gwersyll yn gymorth ac yn fodd i ymsefydlu o dipyn i beth.

Croesawyd fi i adran 'Flight Planning and Operations' gan Flight Lieutenant Wilkins, gŵr ifanc hynaws heb fod llawer hŷn na mi, a buan y dois i ddeall y gwaith. Canolfan 'Transport Command' oedd RAF Fayid ac yn gartref i sawl sgwadron o awyrennau cario pob math o nwyddau, o'r Hastings enfawr pedwar peiriant i'r Valettas (neu'r 'Flying Pig') dau beiriant a thipyn llai o faint. Cyn cychwyn ar unrhyw daith roedd yn rhaid i'r peilotiaid gofrestru cynllun manwl a nodi pob arhosiad hyd derfyn y daith. Cyn hir roeddwn yn gyfarwydd â phob maes awyr yn y Dwyrain Canol – ar bapur neu ar fap, o leiaf! O dipyn i beth cefais ddyrchafiad a bod yn gyfrifol am yr 'Operations Room', ac am gyfnod roedd yr oriau gwaith yn bedair awr ar hugain ac yna wyth awr a deugain yn rhydd i ddilyn.

Yn gweithio hefo mi oedd un o'r cymeriadau mwyaf lliwgar, yn llythrennol, y bu i mi ei weld erioed. Gŵr o Ganada, un tal a main, digon clên – os oedd o wedi cymryd atoch chi! Roedd llawer yn amau a oedd o'n llawn llathen ond yn gwbl sicr hefyd ei bod yn beryg bywyd i geisio tynnu blewyn o'i drwyn. Roedd rhan uchaf ei gorff a'i ddwy fraich hyd figyrnau'i ddwylo a rhannau helaeth o'i glustiau wedi eu gorchuddio, bob modfedd ohonynt, gan datŵs lliwgar iawn.

Roeddem yn cychwyn gwaith am wyth y bore ac yn gorffen am wyth y bore wedyn. Ond yn ddieithriad byddai'n gofyn tuag wyth o'r gloch y nos,

'Taff, do you mind if I go down to the NAAFI for a bit?' Gwiriondeb fyddai gwrthod ac roedd o'n gwybod hynny'n iawn. Wedi dod yn ôl byddai'n tynnu ei grys a gorwedd yn hanner noeth ar wely oedd yng nghornel yr ystafell, ac ar ôl dweud, 'You sure are a great guy, Taff!' byddai'n chwyrnu cysgu cyn pen dim.

Ond roeddwn i yn ei lyfrau da o am reswm arall hefyd. Bob pythefnos y caem ein talu, a'r hen Ganada'n gofalu nad oedd o ei hun yn gweithio ar ddiwrnod tâl na'r diwrnod wedyn. Byddai'n mynd ar ei sbri ac erbyn diwedd yr wythnos gyntaf byddai'n gofyn am fenthyg –

ac yn cael. Ond, chwarae teg iddo, y peth cyntaf a wnâi fore'r tâl canlynol fyddai talu'n ôl.

Roedd nifer o'r Eifftwyr lleol yn gwneud amrywiol dasgau yn y gwersyll a byddai un ohonynt ar gyfer pob un o'r cytiau yn glanhau ac yn gwneud tasgau amrywiol. Byddai eraill yn cludo negeseuon am hynt a helynt y gwahanol awyrennau i ni, a'r rheiny'n cael eu cofnodi ar fwrdd hir wedi'i orchuddio â perspecs yng nghanol yr ystafell. Digon cwrtais oedd mwyafrif y dynion hynny ond roedd yna un arbennig o uchel ei gloch. Un tal, cryf a chwbl wahanol i'r mwyafrif o weithwyr y gwersyll, ac yn ddieithriad yn clodfori'r brenin Farouk:

'*Effendi, King Farouk, quais tamam oui* (h.y. ardderchog iawn). *King George gatir sifft* (h.y. baw isa'r domen).'

Byddai'r geiriau'n dod fel tiwn gron o hyd ac o hyd. Fodd bynnag, un noson yn weddol hwyr, a Chanada wedi dod o'r NAAFI a thynnu ei grys, wrth orwedd ar y gwely dyma fo'n dweud, 'Taff, if that big bugger starts sounding off tonight I'll have to fix him'.

Rywbryd tua dau o'r gloch y bore daeth y mawr gyda rhyw neges, ac wrth weld yr 'oriel luniau' ar gorff Canada am y tro cyntaf ar y gwely, yn annoeth iawn fe ddechreuodd wneud hwyl fawr am ei ben gan chwerthin yn uchel a phwyntio bys at y gwahanol wrthrychau lliwgar. Lled-gododd Canada gan bwyso ar un benelin a dweud yn dawel, 'Lock the door, Taff'.

Bron nad wyf yn crynu wrth gofio'r hyn ddigwyddodd wedyn. Cododd Canada yn araf a nesu at yr Eifftiwr, oedd yn dal i wneud sbort am ei ben a phwyntio ato. Pan welodd hwnnw lygaid Canada yn llosgi o gynddaredd peidiodd y chwerthin, a'r peth nesaf oedd i ddwrn de

Canada, gyda chyflymder anhygoel, ei drawo dan glicied ei ên nes ei fod yn sglefrio ar wastad ei gefn ar hyd y bwrdd perspecs. Erbyn iddo gyrraedd pen draw'r bwrdd hir hwnnw, roedd Canada yn ei ddisgwyl, ac yn ei godi a rhoi ergyd arall iddo nes oedd y creadur yn sglefrio'n ôl ar hyd y bwrdd. Rhaid cyfaddef fy mod wedi ffoi i gornel bellaf yr ystafell ac yn gweiddi ar Canada i beidio'i ladd o. Ymhen oes wedyn, a'r creadur ar ei hyd ac yn waed drosto, datglodd Canada'r drws a chan afael yn sgrepan a thin trowsus y truan fe'i taflodd allan i'r nos. Roeddwn i wedi dychryn gormod i ddweud dim ac yn crynu yn y gornel. Y cwbl wnaeth Canada oedd troi'n araf am ei wely a chyn gorwedd i gysgu ychwanegu, 'I don' think he'll bother us again, Taff'. Cyn pen dim roedd o'n chwyrnu'n braf. Wn i ddim faint o amser y bûm i'n ceisio dod ataf fy hun wedi profiad mor erchyll, a gorfod ceisio rhoi cofnod o'r 'incident' yn yr adroddiad dyddiol! Welwyd mo'r negesydd yn agos i'r swyddfa wedyn.

Rhaid cydnabod y digwyddodd ambell beth pleserus cyn i mi ffarwelio â'r lle hwnnw (lle a ddisgrifiwyd gan un o'm cyfoedion fel 'dim byd ond tywod a ch**u camel'!). Teimlem falchder y tu hwnt i eiriau pan dderbyniem lythyrau. Byddwn innau'n ysgrifennu nifer fawr o lythyrau bob wythnos, yn arbennig yn ystod oriau hir y shifft nos. Mwya'n byd sgrifennwn i, mwy'n byd o lythyrau a dderbyniwn. Roedd llythyrau aml Mam a Gwynneth yn cofnodi pob dim o bwys oedd yn digwydd yn Llangwyllog a Sir Fôn. Rhyw bwt digon didwyll a byr yng nghwt llythyr Mam fyddai cyfraniad fy nhad. Cawn lawer gan griw o enethod a bechgyn yr ysgol a bu Beryl Mitchell, yr athrawes ifanc oedd yn nrama *Catrin*, yn driw iawn yn llythyru trwy gydol cyfnod yr Aifft. Cawn ambell un gan Mabel hefyd, er i ni gytuno i derfynu'n carwriaeth cyn i mi ymuno â'r awyrlu.

Mae'n anodd cyfleu'n llawn y boddhad a gawn bob tro y dôi cyfle i fynd i nofio yn Lido y llynnoedd chwerw, ac roedd y dŵr mor hallt fel ei bod yn amhosibl i rywun suddo. Lle gwych i unrhyw un ddysgu nofio – yn wahanol iawn i ymdrechion William Huw a finna i nofio ar ôl cau argau ar afon Frogwy, ac yn amlach na pheidio yn cael ein traed mewn baw gwartheg!

Ychydig iawn o ferched oedd i'w gweld yn y gwersyll er siom i ni i gyd, a'r rhai hynny *oedd* yno'n treulio eu horiau hamdden yng nghwmni'r uchel swyddogion. Yn rhyfedd iawn, rai misoedd wedi'r gwrthdaro rhwng yr Eifftiwr druan a Chanada, dros y ffôn y dôi negeseuon yn ystod oriau'r nos. Un noson llais merch glên iawn oedd yn cyflwyno'r neges. Dros yr wythnosau dilynol roedd yn amlwg ein bod yn gweithio'r un oriau ac o dipyn i beth dod i ddeall mai merch ddi-Gymraeg o Abergafenni oedd y WAAF Barbara Phillips. Mewn adran delegyfathrebu ar wersyll cyfagos yr oedd yn gweithio ac wedi dipyn o berswâd, er syndod i mi, cytunodd i'm cyfarfod yn Lido Fayid. Beth pe na bai mor lluniaidd â'i llais? Tybed fyddai hi yno? Yn swil a phetrus y mentrais i glwb y Lido. Digon dweud iddi gyrraedd yno, yn lluniaidd ddeniadol, ond rhyw sgwrs ddigon cloff a ffurfiol gafwyd ar y cychwyn er i ni'n dau fwynhau pnawn o nofio a'r sgwrs yn dod yn haws. Er nad oeddem yn cyfarfod yn aml ar y cychwyn, o dipyn i beth tyfodd ein cyfeillgarwch a chawsom dreulio dipyn o amser yng nghwmni'n gilydd cyn gadael bro'r tywod.

Roedd cyfle weithiau i ymweld â'r sinema awyr agored, lle cyrhaeddech yng ngolau dydd ac o fewn munudau byddai'n nos ddudew – doedd dim cyfnos yno o gwbl; cofio hefyd yr ymrysonau pêl-droed ar gae tywod wedi'i galedu; cael cyfle un tro i dreulio ychydig ddyddiau yn ninas Cairo; teithio ar gefn camel; ymweld â'r pyramidiau ar wastadedd Giza a chael mynd, trwy lwybyr cul, i ganol y pyramid mwyaf – un y brenin Cheops – a gweld y cafn carreg lle dodwyd corff y brenin hwnnw. Gerllaw hefyd roedd palas gorwych y brenin Farouk, er bod teyrnasiad hwnnw ar fin dod i ben a'r Cyrnol Nasser erbyn hynny'n rhedeg y wlad.

Roedd ymweld â'r amgueddfa yng Nghairo yn brofiad arbennig. Dotiwn at drysorau, cyfoeth a chrefftwaith sawl cyfnod yn hanes gwlad yr Aifft. Rhyfeddais at arddangosfa'r Tutankhamen ieuanc, a'i fasg a'i wisg o aur coeth. Anodd cysoni hynny â'r tlodi oedd yn amlwg mewn rhai rhannau o Cairo ac Ismailia ar bwys camlas Suez, a'r camenwi mwya gwrthun – 'sweet water canal' – ar gamlas gul anhygoel o ddrewllyd lle gwelais sawl camel marw yn mynd hefo'r dŵr a godid wedyn fel dŵr yfed. Cefais gyfle hefyd i ymweld â dinas Nicosia ar ynys Cyprus ac aros yno am ddyddiau.

Oherwydd i mi ddod i adnabod y rhan fwya o beilotiaid y gwersyll dôi cyfle'n weddol amal ar fy nyddiau rhydd i hedfan am ddiwrnod neu ddau i leoedd fel Nairobi, Khormakser a Habbanyiah. Roedd yr olaf (oedd tua 45 milltir o Baghdad) yn lle diffaith, ond roedd un lle arall y bûm ynddo'n waeth o lawer – Aquaba ar Gwlff Aden. I'r cwestiwn 'Ble mae Aquaba?' yr ateb yn ddieithriad fyddai 'It's in the blue yonder' – cyfieithiad eironig un hen wag o dwll-tin-byd!

Bu un digwyddiad erchyll yn ystod y cyfnod y manteisiais ar gyfeillgarwch y peilotiaid i gael mynd ar y gwahanol deithiau yn eu cwmni. Un bore daeth 'Ginger' (Davidson oedd ei gyfenw) i mewn i gofnodi ei gynllun hedfan, a holi pryd oeddwn i am ymuno â hwy ar daith arall? Wedi llawer o dynnu coes a chwblhau ei dasg a minnau'n dymuno'n dda iddo, ffarweliodd. O fewn ychydig clywsom sŵn ffrwydrad erchyll a chwmwl o fwg du'n codi ar gyrion y maes awyr. Am ryw reswm roedd y peilot wedi methu cael yr awyren i godi a phlymiodd i'r tywod rhyw hanner canllath tu draw i'r llain glanio swyddogol. Darnau bras a mân, a düwch creulon hyll oedd y cyfan oedd yn weddill o'r awyren a phawb yn syfrdan. Onid oeddwn wedi siarad hefo fo a thynnu'i goes ychydig o amser cyn hynny? Os bu imi sylweddoli erioed peth mor fregus yw bywyd, diwedd erchyll Ginger druan oedd hwnnw.

Ychydig cyn i mi ymadael â Fayid mi synnwyd pawb pan ddaeth awyrennau o bob math yno, cannoedd ohonynt. Roedd yn amlwg fod rhywbeth mawr ar droed a chawsom wybod ymhen rhai dyddiau mai helynt yr olew yn Abadan yng ngwlff Aden oedd y bygythiad – paratoad ar gyfer amddiffyn y lle anial ond cyfoethog mewn olew hwnnw oedd yr holl brysurdeb. Drwy drugaredd, ddaeth dim ymladd. Mae ymhell dros hanner can mlynedd ers hynny ond deil olew i greu gwrthdaro hyd heddiw.

Pan oeddwn i'n gweld fy nghyfnod yno'n dod i ben fe ymestynnwyd y cyfnod gwasanaeth milwrol ym

Mhrydain o ddeunaw mis i ddwy flynedd, fyddai'n golygu fy mod i'n colli dechrau'r flwyddyn golegol ddiwedd Medi 1951. Chwarae teg i Flight Lieutenant Wilkins, mi ymbiliodd ar fy rhan ac fe fu Mam hefyd ar ofyn ein Haelod Seneddol, y Foneddiges Lady Megan Lloyd George. Cefais fy rhyddhau'n gynnar, pwy bynnag fu'n gyfrifol.

Cofiaf yn fyw iawn y noson cyn ffarwelio â Fayid am y tro olaf. Roedd y nifer fechan ohonom oedd yn gadael yn gwylio ffilm Olivia de Havilland, *Snakepit*, ac yn ystod y ffilm roedd rhai o'r cymeriadau'n canu'r geiriau 'Going home, going home', a'n criw bach ni yn neidio ar ein traed i ymuno'n llawen yn y canu! (Ymhen blynyddoedd wedyn y sylweddolais mai ar alaw Dvořák o Simffoni'r 'Byd Newydd' – honno a ddefnyddiwyd ymhen blynyddoedd i hysbysebu bara Hovis ar y teledu – y canem mor frwdfrydig yn Fayid.)

Cawsom daith ddigon pleserus a di-storm yn ôl ar yr *Empress of Canada* – hyd yn oed ym Mae Biscay – a galwyd yn Ynys Malta cyn hwylio i fyny afon Merswy a chawod o law dechrau Awst yn ein croesawu, y glaw cyntaf ers cychwyn cyfnod yr Aifft. Er syndod i mi roedd Mam yn sefyll yng nghanol y dorf ar y lan. 'Mi fynnodd dy fam ddod i Lerpwl, wsti,' medda Nhad pan gyrhaeddais yn ôl i Dy'n Llan. Cefais gyfle i gael gair byr o groeso ganddi cyn dal trên i wersyll Lytham St Annes i gael y de-mob swyddogol.

Buom yno am wythnos – wythnos Eisteddfod T. Glynne Davies yn Llanrwst – ond gan fod Lytham ar bwys Blackpool, yn y Tower Ballroom y buom ni bob nos yn cael ein dogn o ddiwylliant.

John O.

Cyfnod rhyfedd oedd hwnnw rhwng bywyd bod yn lifrai'r awyrlu a dygymod â'r syniad o fod yn fyfyriwr. Roeddwn wedi dechrau amau a oedd wynebu byd llyfrau ac arholiadau unwaith yn rhagor yn rhywbeth roeddwn i wirioneddol eisiau ei wneud, er fy mod yn gwerthfawrogi'r ymdrechion fu i sicrhau 'mod i'n cael cychwyn y flwyddyn golegol mewn pryd. Roeddwn i'n dal mewn cyfyng-gyngor pan ddaeth llythyr o'r Coleg Normal yn dweud ei bod yn ofynnol i mi gael rhai wythnosau o brofiad mewn ysgol gynradd cyn cychwyn cael fy hyfforddi i fod yn athro.

Mae sawl un wedi gofyn ers hynny a oedd y profiad o actio yn yr ysgol dan ddylanwad George Fisher wedi cyfeirio fy meddwl i fyd actio fel galwedigaeth. Tybed ai hynny oedd yn cnoi yn fy meddwl pan ddaeth y llythyr o'r Normal?

Roedd o leia ddau reswm dros i mi benderfynu yn y diwedd i fynd i'r Normal. Y pwysicaf oedd nad oeddwn am siomi fy rhieni – Mam yn enwedig – oherwydd eu bod yn credu'n gryf, fel y mwyafrif o rieni'r cyfnod, fod cael sicrwydd swydd a chyflog cyson yn gwbl angenrheidiol. Onid oedden nhw wedi byw drwy gyfnod prinder a diffyg sicrwydd gwaith parhaol a chyflog pendant blynyddoedd y dau- a'r tridegau?

Yr ail reswm oedd mai actorion rhan amser oedd pawb

yn y cyfnod hwnnw. Gweithio ar ffermydd fel y Frogwy Fawr y bu Charles Williams am flynyddoedd, ac i'r banc yr aeth Huw Griffith ar y cychwyn. Person plwy oedd O. T. Williams (Gari Tryfan) a Wyn Thomas (Alec) yn gynllunydd, a gweinidog – Idwal Jones – oedd creawdwr y cymeriadau poblogaidd hynny. Actorion wedi cael profiad o fywyd cyn mynd i fyd perfformio oedd y mwyafrif llethol o actorion Cymraeg y cyfnod.

At Arthur Owen, Llangefni, i'r ysgol yr oedd o'n brifathro arni – Capel Coch, Llanfihangel Tre'r Beirdd – yr es i i dreulio'r cyfnod angenrheidiol o ddysgu. Mae'n sicr mai digon carbwl oedd f'ymdrechion cyntaf ond chwarae teg i'r plant, buont yn amyneddgar iawn. Wedi cael cyfle i wylio Arthur am y bore cyntaf, cefais fwrw i'r dwfn fy hun yn y pnawn trwy geisio cyflwyno hanes Gelert (yn ddigon di-siâp, mae'n siŵr!). Mi aeth pethau'n ddigon didramgwydd dros yr wythnosau dilynol, a bu Arthur a'i gyd-athrawes yn hynod o garedig wrthyf, yn barod eu cyngor ac yn llawn cydymdeimlad, a mawr yw fy nyled iddynt am roi imi flas ar ddysgu.

⋆ ⋆ ⋆

Roedd pob un ond un o'r trigain o newydd ddyfodiaid i Neuadd Fenai yn Hydref 1951 wedi bod yn y Lluoedd, nid yn syth o'r ysgol fel y merched oedd newydd gyrraedd y neuaddau ym Mangor Uchaf. O'm blaen, roedd cyfnod arall o ddod i adnabod criw o fechgyn o wahanol rannau o Gymru a Lloegr, a chychwyn sawl cyfeillgarwch sydd wedi para hyd heddiw.

Ar un wedd roedd yna debygrwydd i gyfnod ymuno â'r awyrlu, trwy'n bod ni'n rhan o batrwm cyfundrefn newydd, ond teimlad rhyfedd oedd ceisio cynefino â dilyn darlithoedd a gwneud nodiadau fel 'tai rhywun yn ôl yn Ysgol Llangefni. Afreal, a bod yn onest, oedd yr wythnosau cyntaf. Ond buan iawn y daethom yn gyfarwydd â'r cwt pren hwnnw o'r enw 'Jimmy's' oedd yn perthyn i eglwys St James dros y ffordd. Archfarchnad Safeways sydd ar safle'r hen gwt o neuadd ddawns heddiw, a llinell gyntaf yr hen gân golegol yn rhoi proc i'r cof: 'In a sweatbox known as Jimmy's, to a place where . . . ' – ac yn y blaen! Ddwywaith yr wythnos byddai tyrfa o fechgyn yn drwch ar un ochr a thyrfa fwy trwchus fyth o enethod yn ein hwynebu ar yr ochr arall, a dim ond rhyw rimyn gwag yn y canol rhyngom. Rhuthr wyllt ar ddechrau pob dawns i geisio bachu'r eneth oedd wedi dwyn eich ffansi, a methu weithiau – ond roedd digon o rai golygus ar ôl! Y sialens oedd gwneud yn siŵr bod dyn yn bachu'r un iawn ar gyfer y ddawns olaf, yn enwedig dawns olaf nos Sadwrn pryd roedd mwy o amser i ddanfon y ferch yn ôl i'w llety neu hostel.

Ar y cychwyn, roedd hi'n anodd dygymod â'r rheol oedd yn mynnu ein bod yn bresennol yn ystafell gyffredin Neuadd Fenai am hanner awr wedi deg bob nos (un ar ddeg ar nos Sadwrn) a'r tiwtor ar ddyletswydd yn arwain gwasanaeth byr a galw'r gofrestr. Roedd y genethod i fod i mewn hanner awr ynghynt ac yn ôl pob sôn roedd y prifathro Richard Thomas yn tramwyo'r campws i sicrhau nad oedd yr un eneth yn ei g'leuo hi allan drachefn drwy'r ffenestri! Lwyddodd o ddim bob tro, wrth reswm.

Rhaid cyfaddef bod yr hanner awr neu well oedd yn dilyn y gwasanaeth yn gyfnod gwerthfawr iawn i bob un ohonom, er nad oedd pawb ohonom yn mwynhau'r cyfnod bob tro. Os dôi'r awgrym lleiaf bod unrhyw un wedi'i ddal yn torri rheolau neu'n euog o ryw fistimanars, yna byddai'r wybodaeth berthnasol yn cael ei chyhoeddi a gorfodid yr euog i wneud ei ffordd i gyfeiliant pob math o sylwadau at y bwrdd crwn mawr yng nghanol yr ystafell a sefyll arno yn ymwybodol iawn ohono'i hun. Doedd dim modd osgoi'r gosb a rhaid oedd rhoi perfformiad o ryw fath o flaen cynulleidfa – yr un fwyaf beirniadol y gellid ei chael.

Hwyrach nad oedd yr un ohonom yn sylweddoli'n llawn ar y pryd werth y profiad o berfformio o flaen eich cyd-fyfyrwyr ond ar y bwrdd crwn hwnnw y bwriodd y doeth swildod ei brentisiaeth lafar – hynny flynyddoedd lawer cyn i weinyddwyr addysg sylweddoli gwerth llafaredd a chyfraniad drama greadigol i dwf hyder unigolyn. Yr un bwrdd crwn fu'n llwyfan i sawl un o fyfyrwyr y Normal ddaeth i sylw Cymru'n ddiweddarach – caneuon cynnar ac artistri Ryan; arabedd a hiwmor Rhydderch a Gwenlyn; chwerthin heintus Windsor, a mwy, llawer mwy, o'r cyfnod hwnnw.

Robin – R. G. Davies ar gofrestr y coleg – oedd yr un a dyfodd i fod yn ffrind pennaf yn ystod y cyfnod hwn a buom yn rhannu ystafell ac yn ffrindiau agos am flynyddoedd wedi hynny. Preswylfa, Aberdaron, oedd ei gartre ond roedd wedi byw ei flynyddoedd cynnar yn Lerpwl ac wedi dod oddi yno yn ystod blynyddoedd y rhyfel fel finnau. Roedd ei dad yn gapten llong a foddwyd ynghyd â'i holl griw pan suddwyd y llong gan long danfor yr Almaen, a'i fam ac yntau'n dychwelyd i Gymru at ei nain. Treuliodd Robin aml i benwythnos hefo mi yn Llangwyllog, lle bu'n rhaid iddo goelio bod Johnnie Robaits, Ty'n Llan, yn gymeriad go iawn pan aeth yno hefo mi i nôl llefrith un noson, a chlywed yr hen ffermwr yn parablu yn ei ddull unigryw ei hun. Yn fy nhro, cefais innau wyliau haf bythgofiadwy ar aelwyd Preswylfa a chael fy nghyfareddu gan hyfrydwch ac awyrgylch Pen Llŷn; treulio oriau'n dal pen rheswm yn y becws hefo'r pobydd a chymeriadau lliwgar eraill; golchi llestri am bres poced yng nghaffi modrybedd Robin; cael seiadau hyd oriau mân y bore gyda Siôn Caerhos, cymeriad fyddai'n cyrraedd Preswylfa wedi i fam Robin hen fynd i'w gwely. (Mab Siôn ydi Selwyn, perchennog Siop y Siswrn, yr Wyddgrug – yn ei stondin o y byddaf yn sicrhau'r 'Cyfansoddiadau' a thocyn o lyfrau ym mhob Eisteddfod Genedlaethol.)

Islwyn, Llanberis, oedd un arall o'r ffrindiau. Bu'r tri ohonom yn ceisio canu triawd, ond doedd dim rhaid i Merêd, Cledwyn a Robin boeni llawer.

Dyma'r amser y bu newid enw arall eto fyth i mi, o fod yn John Ty'n Llan i John O! Roedd yna fachgen arall o Dal-y-sarn, Dyffryn Nantlle, o'r un enw â mi ond mai Pritchard oedd ei gyfenw fo. Felly John O. P. oedd o! Mae John yn byw yng Nghanada ers blynyddoedd lawer ond yn ymweld â Chymru bob tro mae'r Eisteddfod yn y Gogledd. Fo oedd seren amddiffynnol tîm pêl-droed y coleg, Peritus wedi hynny, ac arwr buddugoliaethau'r Woolie Cup dros dîm y Brifysgol ar gae clwb Dinas Bangor, Farrar Road. Bu sawl brwydr ym Mangor Uchaf ar ddyddiau gêmau a chefnogwyr y ddau dîm yn hyrddio bagiau papur yn llawn blawd at ei gilydd, a'r heddwas PC 23 druan yn ceisio cadw trefn! Yr un math o frwydrau ddigwyddai ar sgwâr y Borth ar ddiwrnod y ffair enwog, ac amryw o drigolion Môn yn wfftio at y myfyrwyr gan leisio'n flin: 'Stiwdants, wir! Ma'n *gwilydd* iddyn nhw. Meddyliwch mewn difri calon, mae'r rhan fwya o'r rhain yn mynd yn bregethwrs ne'n ditshars! Duw a'n helpo ni!'

Mae sylwi ar nifer o luniau o'r cyfnod yn atgoffa dyn o brofiadau ym myd chwaraeon, cerddoriaeth, drama (wrth gwrs) a gweithgarwch llawer o'r cymdeithasau eraill. Mae syllu ar luniau swyddogion y rheiny'n gwneud i ddyn sylweddoli mai ychydig iawn ohonynt sy'n gyfarwydd bellach. Unwaith yn unig ar ôl tynnu'r llun y gwelais i Aldon, y maswr medrus oedd yn trin pêl rygbi mor rhwydd. Yn Toronto yng Nghanada oedd hynny, pan ymwelodd Côr y Traeth â'r ddinas honno ym 1980. Mae'n wir i mi weld ei lun ar y teledu'n ddiweddar iawn pan oedd Dai Jones yng Nghanada gyda'r rhaglen *Rasus*, a Geraint – fy mab-yng-nghyfraith – yn cyfarwyddo. Synnwyd Dai o glywed un yn ei gyfarch yn Gymraeg wrth fynd heibio, a theledwyd sgwrs ddifyr rhwng y ddau.

Aldon, ynghyd â Dai Davies o Nant-y-moel, fu'n gyfrifol mai chwarae i dîm rygbi'r coleg fu fy hanes ac nid i'r tîm pêl-droed. Roedd Arthur Evans o Fachynlleth yn gapten tîm pêl-droed amatur Cymru ac yn hawlio fy safle i! Fe'm perswadiwyd gan y ddau ddeheuwr i ymuno â hwy a chael pleser a mwynhad o'r profiad. Yn ystod munudau agoriadol y gêm gyntaf yn erbyn pymtheg y fyddin ar gae gwersyll Tŷ Croes, roeddwn yn sefyll yng nghwt y llinell a'r bachwr yn taflu'r bêl a minnau'n ei dal hi a rhedeg ychydig lathenni cyn i bentwr o gyrff ddisgyn ar fy mhen. Pan godais, yn drybola o fwd drosof, sylwais fod Aldon yn gosod y bêl i anelu at y pyst. Roedd yn rhaid i Dai fy hysbysu fy mod, hefo'm cyffyrddiad cyntaf â'r bêl, wedi sgorio cais!

'Lwc mwngrel,' oedd sylwadau sych John Lewis, capten y tîm. Fu dim parhad mawr ar sgorio ceisiau ond fe fu'n gyfrwng cymdeithasu gwerthfawr, heb sôn am ddysgu peth o hanfodion y gêm rwyf wedi cael cymaint o fwynhad o'i gwylio dros y blynyddoedd yng nghwmni'r diweddar, ysywaeth, Dafydd Morris Jones (Eic) a llawer o gyfeillion eraill. Arferai Llew Rees, darlithydd Ymarfer Corff y Normal, chwarae rygbi hefo ni hefyd; fo oedd yr unig un welais i erioed oedd yn gallu smocio sigarét yn y gawod heb ei gwlychu! Rhoddodd Llew flynyddoedd o gyfraniad i sylwebaeth radio rygbi gydag Eic Davies.

Llawenydd mawr i mi'r dyddiau hyn yw bod Ifan, fy ŵyr deg oed, wedi'i ddewis i dîm bechgyn dan un ar ddeg Dinas Caerdydd, a'i frawd mawr yn cael prentisiaeth yn sgrymio yn nhimau Ysgol Plas Mawr, Clwb Rygbi Ieuenctid Caerdydd a'r 'Quins'.

* * *

Bu Miss Williams, goch ei gwallt – ' Ging' – pennaeth yr Adran Gerdd, yn crefu'n daer arnom ni'r bechgyn i ymuno â chôr y Coleg, a bu'n ddygn yn ein hyfforddi i berfformio gwaith Handel, Bach a Mozart. Ar wahân i werth cerddorol yr ymarferiadau, roedd yn gyfle i fwynhau cwmni'r merched – yn wir dyna un o'r rhesymau roddodd 'Ging' i ni wrth ein perswadio i ymuno â'i chôr!

Yn y cyfnod hwn hefyd y sefydlwyd Côr Meibion

Bodffordd dan arweiniad Capten Willie Humphreys, Cerrig Duon. Bu Charles Williams, fyddai'n gweithio am gyfnodau ar fferm Cerrig Duon, fel daeargi ar ôl bechgyn ifanc y cylch i geisio'u perswadio i ymuno â'r côr newydd, ac yn sicr ni fu rioed berswadiwr mwy effeithiol na Charles. Roedd Willie'n ewyrth i Alwyn Humphreys, cyn-arweinydd Côr Meibion Treforys, a Hughie (tad Alwyn) yn aelod gwerthfawr o adran y tenoriaid. Gwynneth fy chwaer oedd yn cyfeilio a minnau unwaith yn rhagor yn cael canu bas hefo Huw Price, Edward y Nant, Elwyn Maesllan a Chynfarwy.

Cafodd y côr lawer o lwyddiant yn cadw cyngherddau a chystadlu mewn eisteddfodau. Bu sawl ymryson rhyngom a Chôr Meibion y Llan (Llannerch-y-medd), a Chôr Meibion Bro Goronwy dan arweiniad John Charles Parry, y teiliwr. Daeth llawer ohonynt fel finnau ymhen blynyddoedd yn aelodau o Gôr y Traeth.

* * *

Nid yw'n syndod i mi fwynhau bod yn aelod o Gymdeithas Ddrama'r Coleg a chael un o brif rannau'r ddau gynhyrchiad blynyddol. Y rhan fu'n fwya o sialens ac a roddodd y mwynhad pennaf oedd ceisio portreadu Harpagon, y cybydd, yng nghyfieithiad D. J. Thomas o ddrama Molière. Yn ogystal â nifer o luniau sydd gennyf o'r cynhyrchiad, mae cartŵn mawr ohonof mewn pensil o waith Douglas Williams o Adran Gelf y coleg yn dal yn drysor.

Ar ôl y perfformiad hwn y cefais wahoddiad gan John Gwilym Jones o Adran Ddrama'r BBC ym Mangor i fynd yno am glyweliad. Yn y fan honno y cyfarfûm â Llew, neu R. Llywelyn Thomas, am y tro cyntaf – ei fab, Ewan, yw fy meddyg yma ym Menllech! Daeth Llew a minnau'n llwyddiannus drwy amrywiol brofion llafar a osodwyd i ni gan y panel y diwrnod hwnnw a buan yr oeddem i gydweithio ar raglenni radio amrywiol – dramâu a rhaglenni nodwedd a rhaglenni i blant – ym Mryn Meirion a Neuadd y Penrhyn. Bu'n gyfnod gwerthfawr o fwrw prentisiaeth a dysgu crefft radio dan gyfarwyddyd y gwahanol gynhyrchwyr: John Gwilym Jones, Elwyn Thomas, Ifan O. Williams ac Evelyn Williams. Roedd y pennaeth, Sam Jones, hefyd yn ymwybodol o bob dim a ddigwyddai o fewn ei ymerodraeth.

Buan y cawsom ein rhoi ar ben ffordd sut i ddal sgript a'r ffordd gywir i droi tudalen heb wneud sŵn; agor a chau drysau; sut i ddynesu a phellhau oddi wrth y meicroffon; cynorthwyo gyda'r effeithiau a chael ymarfer pob golygfa yn drwyadl cyn wynebu darlledaid byw. Mae'n syndod sut siâp corff a golwg wyneb oedd ar lawer ohonom wrth geisio cyfleu cymeriad a byw y sefyllfa. Yn wir, pe bai rhywun o'r stryd yn dod i mewn i'r stiwdio ambell waith, rwy'n siŵr y taerai ein bod ychydig fodfeddi'n brin o lathen lawn!

Pwysleisiai John Gwilym mai *siarad* y sgript oedd yn bwysig ac nid cyfleu'r argraff ein bod yn darllen. Bu ef, fel llawer un arall, yn pwysleisio 'cerddoriaeth' y dweud effeithiol, ac fe'i clywais fwy nag unwaith yn ceisio dangos hynny trwy ddefnyddio nodau sol-ffa i brofi ei bwynt. Yr un oedd ei ddull wrth gyfarwyddo drama lwyfan pan fûm mewn cynyrchiadau dan ei gyfarwyddyd, fel *Y Gŵr Llonydd* yn y Theatr Fach a *Gwahoddiad i Ginio* yn Eisteddfod Genedlaethol Caernarfon, 1959. Ymhen blynyddoedd wedyn, a minnau ar gwrs drama yn Lloegr, honnai'r hyfforddwr llais, 'Unless you speak as you sing and sing as you speak, you can't be doing either properly'!

Os iawn y cofiaf, rhyw ddwy gini oedd y ffi cyntaf a dderbyniais (a gododd wedyn i bedair) a bu'n gymorth gwerth ei gael trwy gyfnod coleg. Ond er cymaint y gwerthfawrogwn hynny, bu'r cwmni o actorion y byddwn yn ymarfer gyda nhw yn Neuadd y Penrhyn yn rhywbeth na ellid rhoi pris arno – o blith y dynion, W. H. Roberts, Dic Hughes, Richard Hughes, Idris Gruffudd, Ieuan Rhys Williams, Oswald Gruffudd, Edwin Williams, Llew Thomas, a Charles, wrth gwrs; yna'r merched, Nesta Harris, Sheila Huw Jones, Nel Hodgkins a Megan Rees (i enwi dim ond ychydig ohonynt), ac ambell i fyfyriwr fel Gwilym Owen a minnau'n mwynhau ac yn dysgu oddi wrthynt i gyd.

Roedd Clifford Evans a Meredith Edwards, oedd ill dau â phrofiad ym myd ffilmiau, ynghyd â Sian Phillips yn fyfyrwraig ifanc, yn rhan o'r cast oedd yn paratoi cyfres o gyflwyniadau o ddramâu mawr y byd wedi eu haddasu ar gyfer radio gan yr Athro Caerwyn Williams. Rwy'n cofio un yn arbennig – y ddrama Roegaidd *Agamemnon* – nid yn gymaint oherwydd camp yr addasydd ond am ddireidi Charles! Tynnodd fy sylw at esgidiau Clifford Evans a dweud ei fod mewn 'high heels' – a dyna'r tro cyntaf i mi ddeall fod modd cael esgidiau wedi eu gwneud yn arbennig i gynnwys 'lifts' oedd yn rhoi modfeddi mwy o daldra i'r gwisgwr. Nid yn unig hynny ond roedd Charles hefyd yn nodi ar ei sgript sawl fflyff yr oedd yr actor enwog yn ei wneud wrth ymarfer. Bu cryn ddifyrrwch a thynnu coes yn ein mysg pan aeth

Charles ei hun at y meic i ymarfer golygfa a baglu yn ei frawddeg gyntaf!

Byddai'r ymarferiadau weithiau am benwythnos cyfan cyn y darllediad ar y nos Sul, a'r seiadau yn ystod toriadau am baned yn fendigedig. Pob math o straeon a phawb o'r dynion am y gorau, a sawl un o'r straeon yn gorfod cael eu hadrodd o glyw y merched.

Roedd cael bod yn rhan o'r cyfnod byrlymus hwnnw yn rhywbeth na allaf iawn fynegi ei werth.

* * *

Defod pob nos Sul wrth adael ystafell gyffredin Neuadd Fenai oedd fod pawb yn sefyll ar y grisiau oedd yn arwain i drydydd llawr yr hen adeilad – cyn-westy'r George, fyddai'n croesawu teithwyr y Goets Fawr – ac wedi diffodd pob golau'n canu 'Myfanwy' yn dawel i gofio am gyn-fyfyrwyr a gollwyd yn y rhyfel. Profiad rhyfeddol oedd hwnnw.

Cofiaf hefyd, yn hwyr iawn wedi i'r gwasanaeth orffen ar noson dawel, i griw ohonom ddefodol losgi'r gwerslyfr ar Seicoleg Addysg, gwaith gŵr o'r enw Percy Nunn y melltithiwyd ei enw gan y mwyafrif ohonom. Llosgi tudalen wrth dudalen ar lawnt glannau'r Fenai a phob un yn siantio cymal neu frawddeg o'i eiddo gan orffen gyda chorws yn gofyn y cwestiwn mawr tyngedfennol, 'Why don't gravy flow like water?' Wedi i'r dudalen olaf losgi camodd gŵr mwyn, tal, gosgeiddig o'r cysgodion a dweud yn dawel, 'Gadewch i ni ganu emyn, fechgyn, cyn noswylio.' Cafwyd cyflwyniad hyfryd o'r dôn 'Llef' ac Ambrose Bebb, y gŵr ar ddyletswydd y noson honno, yn mwynhau ymuno yn y canu. Daeth tystiolaeth i effeithiolrwydd y gân fore trannoeth gan y Parchedig

R. H. Hughes, o'r Adran Addysg Grefyddol ac a oedd yn byw yn y Borth, oedd wedi clywed canu nefolaidd bron yn dod dros y tonnau o rywle'r noson cynt!

Roedd o leia dri o fechgyn yn gallu cynganeddu'n rhwydd – Glyn o Garmel, Sir Gaernarfon (awdur geiriau 'Safwn yn y Bwlch'); Llew, y deheuwr fu'n brifathro Tregarth, ac Emrys o Benrhyndeudraeth a enillodd Gadair y Genedlaethol. Byddai'r tri yn eu tro yn lluchio llinell ac un o'r lleill yn ateb yn syth. Rwy'n cofio gweld gŵr o'r enw Tibbit yn nesáu ar gyfer ei ddarlith ddiflas nesaf, a'r prifathro hefyd yn dod yn y pellter pan ddaeth y llinell: 'Tybed ai hwn yw Tibbit?' ac fel bwled, 'A dacw siâp Dic y sh—t!', sef glasenw aflednais ar y prifathro!

Bu seremoni fawr un prynhawn braf ar lawnt y Fenai wedi i Glyn gipio Coron yr Eisteddfod Ryng-golegol a Choron Eisteddfod Lewis's yn Lerpwl. Roedd hi'n seremoni liwgar, diolch i garthenni o ddefnydd Cymreig oddi ar ein gwelyau. Bu bron i long y *St Tudno* fynd i'r lan mewn man answyddogol oherwydd chwilfrydedd y capten a'i deithwyr i weld beth oedd yn digwydd.

* * *

Cyfnod prysur iawn yn ein hanes oedd y paratoi deunydd, yn siartiau a modelau ag ati, i fynd allan ar ymarfer dysgu am y tro cyntaf. Doedd dim modd bellach osgoi'r prawf gwirioneddol cyntaf hwn ar ein gallu i fod yn athrawon ac athrawesau.

Beth oedd yn ein haros? Dyna oedd yn mynd trwy fy meddwl wrth deithio ar y trên o Fangor i Landudno i wynebu plant Ysgol Gynradd Dyffryn Road y dre honno. Ond bu Edgar Jones, y prifathro, a'i staff (y mwyafrif ohonynt yn ferched) yn hynod groesawus i'r tri phrentis oedd yn eistedd yn ddigon swil yn ystafell yr athrawon yn cael y wybodaeth pa ddosbarth oedd ar ein cyfer.

Dosbarth y prifathro – y plant hynaf – gefais i, ac ar ddiwedd y diwrnod cyntaf fe ddywedodd Mr Jones fod ganddo doreth o waith swyddfa i'w wneud ac y byddai'n ddiolchgar pe bawn yn cymryd gofal o'i ddosbarth trwy'r cyfnod o dair wythnos y byddwn yno! Roeddwn yn falch iawn i gytuno â hynny am ddau reswm – cael cyfle i wynebu'r plant heb bresenoldeb y prifathro, a cheisio profi i mi fy hun ac i'r plant y gallwn gadw'u sylw a'u dysgu. Bu'r prifathro'n gymorth aruthrol i mi trwy'r cyfnod mewn gair a gweithred, a bu'r ffaith iddo ymddiried cymaint ynof yn hwb sylweddol i mi.

Mae'n amlwg iddo roi gair da i Thomas Roberts, y tiwtor a alwodd i'm gweld ddechrau'r ail wythnos. Rwy'n cofio'r ymweliad yn dda am fy mod hanner ffordd i fyny'r ddesg dal – desg yr athro – pan gerddodd i'r ystafell a holi be aflwydd oeddwn i'n ei wneud. Am fy nhraed roedd offer dringo polion y GPO – roedd perthynas i mi yn gweithio i Swyddfa'r Post – a minnau'n ceisio dangos i'r plant sut oedd 'the lumberjacks of Canada' yn dringo'r coed wrth eu gwaith bob dydd. Mae'n debyg nad oedd y ffaith bod y plant yn chwerthin wedi helpu'r achos, ac wn i ddim a gafodd y tiwtor ei argyhoeddi o werth yr ymarferiad ai peidio.

Yr un bore galwodd yr un tiwtor yn un o wersi fy nghyd-fyfyriwr, Arthur Sommers, gwers ymarfer corff ar yr iard. Yn anffodus rhoddodd Arthur orchymyn i'r plant – yn unol â'r theori roddwyd iddo yn narlithoedd yr Adran Ymarfer Corff – i wneud beth a fynnent gyda'r cylch oedd yn eu dwylo. Yr hyn wnaeth rhyw dri neu bedwar o wariars y dosbarth oedd lluchio'u cylchoedd dros wal yr iard ac i'r ffordd fawr. Ysgwyd ei ben a thwt-twtio wnaeth y tiwtor cyn ei g'leuo hi oddi yno gyda 'See you later, Mr Sommers' – rhag i bethau waethygu, debyg.

Bu'r ddau ddigwyddiad yn destun difyrrwch i weddill y staff, a phawb yn awgrymu'n gynnil na fuasai gan y tiwtor ei hun ddim syniad beth i'w wneud dan yr un amgylchiadau. Flynyddoedd yn ddiweddarach rwy'n siŵr i sawl athro yn y gwahanol ysgolion ddweud yr un peth amdana i, a minnau bryd hynny'n mynd o gwmpas i geisio cynorthwyo darpar athrawon. (Yn wir ni fu un prifathro yng nghyffiniau 'Stiniog yn fyr o ddweud hynny yn fy wyneb – a fynta heb fod yn ymwybodol i mi fod yn brifathro fy hun. Fûm i ddim yn fyr o'i oleuo o'r ffaith, wrth gwrs!)

Ar ôl y profiad hwnnw yn Llandudno bûm wedi hynny yn Ysgol Gynradd y Bechgyn yng Nghaernarfon a chael pob cymorth eto yno, ac yna'r ymarfer dysgu olaf a'r cyfnod hiraf yn Ysgol Gynradd Llanrug. Ymysg yr athrawon yno roedd John Morris (yr athro ardderchog hwnnw y cyfeiriais ato eisoes); Les Larsen a Garrison Williams, y cerddor welswn yn beirniadu sawl tro yn Eisteddfod Llangwyllog. Roedd hi'n cael ei chyfrif yn batrwm o ysgol ar y pryd a minnau'n cysidro fy hun yn hynod o ffodus i gael treulio amser yno.

Wrth gwrs, mae'n amhosibl cofnodi pob profiad a gefais yn y Coleg Normal – a do, bûm yn ffrind i amryw o enethod glandeg yn ogystal â'r bechgyn rwyf wedi eu crybwyll! Mae eu cyfarfod ar faes Eisteddfod, yng Nghaerdydd a sawl dinas arall – heb sôn am fannau aruchel fel Marcs an' Spendars – yn bleser bob amser, a hwyl i'w gael wrth alw i gof y cyfnod a fu.

Sicrhau swydd oedd ar feddwl pob un ohonom yn y misoedd olaf hynny yn y Normal. Ychydig iawn o siawns oedd i sicrhau swydd yng Nghymru yn haf 1953, blwyddyn coroni'r frenhines, a Hillary a Tensing yn concro Everest. Efallai ei bod yn haws dringo Everest na chael swydd ym Môn y dyddiau hynny! Cysur i ni hwyrach oedd bod awdurdodau dinasoedd Birmingham a Lerpwl yn fodlon iawn derbyn ceisiadau gan ddarpar athrawon o'r Normal – yn wir, roedd cynrychiolydd o'r ddwy ddinas wedi dod i siarad hefo ni ym Mangor.

Does dim rhyfedd mai i Lerpwl yr aeth fy ffurflenni cais i.

Lerpwl yn Ôl

Roedd y tŷ yn Rutland Avenue ger Sefton Park yn ninas Lerpwl yn debyg iawn i un o hostelau'r Coleg Normal gyda chwech o ddarpar athrawon dan yr unto, a Robin a minnau'n rhannu ystafell.

Cymraes oedd gwraig y tŷ â'i gwreiddiau rywle o gwmpas yr Eifl. Am ryw reswm doedd hi ddim yn awyddus i fod yn fwy manwl na hynny a, heb fod yn anniolchgar nac yn angharedig, doedd o ddim yn lle da iawn. Fe'n sicrhawyd fod yna ŵr yn y tŷ er na welodd yr un ohonom olwg ohono yn ystod y cyfnod y buom yn aros yno. Yn ôl pob tebyg byddai gŵr y tŷ yn mynd i Barc Sefton bob dydd 'to feed the dooks'. Ac yn sicr roedd ganddo ddigon o ddeunydd, yn arbennig dydd Mercher a dydd Gwener. Llwyaid fechan o friwgig oedd ar y fwydlen bob nos Fawrth a nos Iau a rhywbeth fel chwarter tafell denau o fara saim gyda haenen denau o jam oedd y pwdin! Penderfyniad rhwydd i'r chwech ohonom oedd mai tymor yn unig fyddai parhad ein harhosiad a phob un ohonom yn ddiolchgar i gymdeithasau'r gwahanol gapeli am baratoi gwleddoedd i groesawu'r newydd ddyfodiaid i'r ddinas.

Bu'r noson o ddathlu ymadael â'r briwgig rhyw wythnos neu ddwy cyn diwedd ein tymor cyntaf yn un y buom yn sôn amdani am flynyddoedd wedyn. Wedi cyrraedd yn ôl i'r tŷ yn yr oriau mân, a ninnau'n ceisio ymlwybro i'n gwelyau mor dawel â phosib, aeth un ohonom i orwedd i'r bath (gwag) yn ei ddillad a rhoi disgrifiad uchel a heb fod yn rhy garedig o wraig y tŷ. Rwy'n siŵr y caf faddeuant am ddweud ei bod yn amhosibl rhoi taw ar Ieuan Ellis, fu'n brifathro Botwnnog wedi hynny! Yn anffodus roedd yn rhaid iddo godi ynghynt na'r gweddill ohonom y bore Sadwrn wedyn i edrych ar ôl tîm pêl-droed ei ysgol. Ceisiodd sleifio'n dawel o'r tŷ heb ei frecwast ond fel roedd yn cyrraedd y drws daeth y llais – 'Hen bitsh ydw i, ia?' A bu'n rhaid iddo wrando ar lith hir cyn iddo ddweud yn dawel, ''Dan ni gyd am fynd o'ma wsnos i ddydd Gwener.' Y syndod yw na chawsom orchymyn i ymadael y diwrnod hwnnw.

Ar fore Llun braf, ddechrau Medi 1953, fe gyrhaeddais adran bechgyn Ysgol Gynradd Matthew Arnold, oedd ar bwys yr Herculaneum Dock yn ardal y Dingle o'r ddinas. Fel llawer iawn o adeiladau Lerpwl, adeilad o friciau coch trawiadol oedd yn fy wynebu, yn fwy na phosib wedi dod o waith briciau 'Klondyke Bill' a adeiladodd dŷ haf yn Llwydiarth Fawr, Llannerch-y-medd. Gyda chalon yn curo'n gyflymach nag arfer y croesais yr iard a dringo'r grisiau hir, a chael fy nhywys gan un o'r bechgyn at ystafell y prifathro.

Gwyddwn cyn ei gyfarfod mai ei enw oedd T. C. P Savage. Ofnwn braidd sut un fuasai gŵr ac iddo enw mor beryglus. Wedi curo'r drws, yn ddigon petrusgar, daeth taran o lais yn fy ngwahodd i mewn. Gŵr trwm corffol yn codi i'm cyfarfod, ei ben yn foel fel pelen fagnel a'i wyneb yn goch a blin yr olwg. Mesurodd ei lygaid fi o'm corun i'm sawdl ac wedi deall pwy oeddwn, rhoddodd law fel shefl allan ac ysgwyd fy llaw nes tynnu'm braich o'i bôn bron. Croesawodd fi'n ffurfiol gan ddweud mai dosbarth o fechgyn deg oed oedd yn fy aros – pump a deugain ohonynt!

Aeth pethau'n weddol foddhaol am yr ychydig ddyddiau cyntaf ond roeddwn yn ymwybodol eu bod yn dal i wylio pob gair a gweithred o'm heiddo'n ofalus iawn, a thybiais imi ddarganfod pwy oedd yr unigolyn fyddai'n fodlon herio awdurdod yr athro newydd. Daeth y prawf mawr tua diwedd bore Iau pan feiddiodd fy ateb yn ôl yn wawdlyd â golwg heriol, sarhaus ar ei wyneb. Gwyddwn fod pob llygad arnaf a 'Be wnaiff o rŵan?' yn amlwg ar y môr o wynebau. Edrychais ar y beiddgar am rai eiliadau heb ddweud dim, wrth i mi'n feddyliol geisio penderfynu beth i'w wneud. Cerddais yn araf i gyfeiriad ei ddesg yng nghefn y dosbarth a'm llygaid wedi'u hoelio arno gan edrych mor flin ag y medrwn. Sefais uwch ei ben am ryw eiliad cyn gafael yng nghefn ei goler â fy llaw chwith ac yn nhin ei drowsus hefo fy llaw dde a'i gario, eto'n araf bach, i flaen y dosbarth a'r tawelwch yn llethol. Wedi eistedd, ac yntau â'i ben ôl i fyny ar fy nglin, gafaelais yn y 'green flash' – esgid ysgafn ymarfer corff – a rhoi blas honno rhyw ddwywaith ar y man tendar hwnnw cyn ei gario yr un mor araf yn ôl i'w ddesg ac, wedi'i roi yn ôl i eistedd, ychwanegu mewn llais bygythiol, tawel, 'Don't you dare speak to me like that ever again!'

Wedi i mi gyrraedd yn ôl i flaen y dosbarth roedd pob llygad ar y llyfr o'u blaen. Mi wn yn iawn pe bawn wedi gwneud peth felly heddiw y byddwn yn wynebu tymor yng Ngharchar Walton! Wrth gwrs fe wellodd pethau'n fawr yn yr ystafell ddosbarth ac, yn rhyfedd iawn, ddiwedd y tymor cyntaf hwnnw a rhieni'n dod i'r ysgol i weld gwaith eu plant, daeth un wraig ataf a dweud, 'Excuse me, Mr Roberts. I'm Robert Sharpe's mother. I don't know what happened during your first week here, but it did him the world of good.' Bu'r bachgen yn gôl-geidwad penigamp yn nhîm pêl-droed yr ysgol tra bu yno, ac yn un hawdd iawn ei drin.

Ardal oedd yn cynnwys nifer fawr o fflatiau uchel neu 'tenements' oedd y Dingle a llawer o dlodi amlwg ymysg teuluoedd rhai o'r plant, ond ardal a fagodd rai dawnus fel Tommy Handley, Richard Starkey (Ringo Starr) a Gerry and the Pacemakers. Roedd hiwmor y Sgowsar hefyd yn y plant ac er i mi fod yn yr awyrlu roedd gan lawer o'r plant dan fy ngofal fwy o brofiad 'caled' o fywyd nag oedd gen i.

Cefais brofiad ysgytwol un bore Mawrth wrth gerdded gyda'r plant trwy'r 'de 'Oly Land, sir' – David Street, Isaac Street a Moses Street – i'r pwll nofio, fel y gwnawn bob wythnos. Roedd un o'r bechgyn yn absennol ac meddai un, 'We pass 'is 'ouse, sir'. Wedi cyrraedd at y tŷ a pheri i'r golofn blant aros, fe gurais ar y drws. Pan sylweddolodd y wraig, wael iawn yr olwg, pwy oeddwn i, gwahoddodd fi i'r tŷ. Yn y gegin roedd y bachgen wedi'i lapio mewn hen flanced, yn rhynnu dan annwyd trwm ac yn eistedd ar focs pren tebyg i focs dal orennau o siop ffrwythau, a dau neu dri o focsys tebyg oedd yr unig bethau eraill oedd yn yr ystafell. 'I'm sorry Rodney isn't in school – 'e's bad. Dey came an' took awer stoof yesdyday.'

Parablais rywbeth am iddi beidio â phoeni – peth hollol wrthun dan y fath amgylchiadau – a gobeithio y byddai'i mab yn well, cyn prysuro o'r tŷ wedi fy syfrdanu fod y fath sefyllfa'n gallu bodoli.

Rhyw ychydig dros ddeg punt ar hugain oedd fy nghyflog am y mis cyntaf, a thalwn ddwy bunt a chweugain yr wythnos am lety. Roedd bywyd yn llawn rhwng gwaith a chymdeithasu, gan gofio bod beth bynnag bump o Aelwydydd yr Urdd ar lannau'r Mersi y dyddiau hynny. Hefo Aelwyd y De, oedd yn cyfarfod yn Ysgoldy Princes Road, yr ymunodd Robin a minnau ac am flynyddoedd buom yn tynnu torch â'r Aelwydydd eraill: Anfield, Bootle, Penbedw a Wallasey, wrth gystadlu yn yr Eisteddfod, yr Ŵyl Ddrama, Noson Lawen ac ar y maes pêl-droed.

Wedi oedfa nos Sul yng Nghapel Heathfield, neu weithiau Park Road, heidiem i Upper Parliament Street i Glwb y Cymry (neu 'Young Wales' fel y'i gelwid), lle byddai ystafell orlawn yn canu emynau am dros awr a phobl fel Hughie John o Lanaelhaearn yn arwain y canu, a chyfle wedyn am sgwrs dros baned. (Yng nghartref Hughie John a Lena y bûm yn aros cyn gadael Lerpwl.) Roedd yn y Clwb ystafell chwaraeon a byrddau snwcer, a'r ganolfan yn agored bob nos o'r wythnos. Bu'n fan cyfarfod i ugeiniau o Gymry o wahanol alwedigaethau. Dim ond adeg gwyliau ysgol y byddai'r athrawon yn mynd yn ôl i Gymru a doedd dim rhyfedd bod y gwahanol gymdeithasau'n llewyrchus.

Yn y 'Crane Theatre', gyda'i llwyfan helaeth a'i hadnoddau penigamp, cynhelid wythnos o ddramâu Cymraeg bob blwyddyn – yn cynnwys cystadleuaeth ddrama un-act rhwng y gwahanol Aelwydydd, a pherfformiad o ddrama hir gan gwmni oedd yn cynrychioli'r holl Aelwydydd a Teddy Thomas yn cyfarwyddo. Fferyllydd ymchwil yng nghwmni enwog Evans oedd Teddy, ac yn ŵr theatr greddfol. Roedd yn uchel ei barch yng nghwmni drama hyna'r dre, The Green Room Players. Yn fy nhro bûm yn Gronw Pebr yno yn *Blodeuwedd*, Saunders Lewis; Ambrose Ellis yn *Awel Gref*; cefais ran yn *Gwyliwch y Paent*, Emlyn Williams; y Gigfran yn *Hen Ŵr y Mynydd*, Cynan, a nifer o rannau amrywiol mewn dramâu un-act.

Un noson daeth Teddy Thomas ataf a dweud fod y gŵr oedd i gymryd y brif ran yng nghynhyrchiad The Green Room Players o *Jini Morgan* gan Howard Spring wedi'i gymryd yn wael, a pherswadiodd fi i gymryd y rhan. Yn un peth, roedd yn ofynnol canu emyn ar y dôn 'Aberystwyth' yn ystod y perfformiad! Bu'n rhaid dysgu'r rhan mewn wythnos, a pherfformio am wythnos. Roedd yn brofiad gwerthfawr i mi ac yn gyfle i weithio gyda chwmni drama oedd yn broffesiynol ym mhob ffordd. Yn wir cefais wneud dau gynhyrchiad mawr arall iddynt: cymryd rhan Leonard Vole yn *Witness for the Prosecution*, Agatha Christie, a chynhyrchiad o'r ddrama Americanaidd *Kiss and Tell*.

* * *

Ar ddiwedd fy mlwyddyn brawf yn Ysgol Mathew Arnold, cyhoeddodd Percy Savage y gallwn f'ystyried fy hun yn athro trwyddedig, ac apwyntiwyd fi'n aelod sefydlog o staff yr ysgol.

Roedd fy nghytundeb yn hawlio bod raid treulio wythnos gyntaf gwyliau'r haf yn mynd gyda rhai o'r plant a'r athrawon eraill i Ynys Manaw. Port St Mary oedd dewis Percy bob blwyddyn – oherwydd ei gysylltiad oes â mudiad y Sgowtiaid – ac mewn neuadd eglwys yn y lle hyfryd hwnnw y bûm i am wythnos bob blwyddyn am y pum mlynedd o ddysgu yn Lerpwl. Rhyfeddwn at drefn a brwdfrydedd y prifathro oedd, yn fy nhyb i, yn hen yn ei bumdegau! Yn ogystal â chasglu arian yn wythnosol drwy'r flwyddyn gan y bechgyn oedd yn dewis mynd – a rhaid cofio mai dyna'r unig wyliau posibl i'r mwyafrif llethol ohonynt – byddai Percy'n paratoi llyfryn bach ar gyfer pawb. Ynddo roedd llawer o wybodaeth am yr ynys; rhaglen o weithgareddau'r wythnos gan gynnwys ymweliadau a chystadlaethau rhwng y timau, ac enwau aelodau'r pedwar tîm yn dwyn enwau arwyr fel Livingstone, Mallory, Grenfell a Scott.

Mawr oedd yr edrych ymlaen at fore'r cychwyn ar longau fel y *King Orry*, ac wedi ffarwelio â'r rhieni a chael cornel i bawb ar y llong, dygymod â'r disgwyl hir i bob un ohonom cyn hwylio. Byddai ambell un wedi cerdded cymaint yn ôl ac ymlaen arni fel y gallent fod wedi cyrraedd yr ynys bron cyn i'r llong gyrraedd ceg afon Merswy! Yna'r cerddwyr yn mynd yn llai o un i un, a chyn gadael golwg tir byddai sawl un wedi ffarwelio â'i frecwast. Matresi yn llawn gwellt oedd y gwelyau a'r rheiny wedi eu gosod o gwmpas yr ystafell wrth fôn y muriau. Percy oedd yn chwysu coginio, a thimau gwahanol yn gweini a golchi'r llestri a sicrhau trefn i bopeth. Pawb yn mwynhau er bod angen cysuro ambell un oedd yn teimlo pwl o hiraeth pan oedd hi'n amser gwely'r noson gyntaf.

Roedd traeth braf yn Port St Mary a chyfle bob dydd i nofio ac amrywiaeth ddyddiol o weithgareddau: taith gerdded, mabolgampau, cystadleuaeth frwd rhwng y timau wrth greu campweithiau ar bedwar darn wedi eu mesur ar y traeth a phanel o ymwelwyr yn beirniadu, a chyn noswylio ceid cyngerdd a chanu cynulleidfaol o'r llawlyfr caneuon, a Percy yn ei afiaith yn arwain. Go brin bod unrhyw ysgol yn Lerpwl y dyddiau hyn yn gwneud rhywbeth tebyg hefo cymaint o bwysau gwaith, heb sôn am y cyhuddiadau di-sail yn erbyn athrawon sydd mor gyffredin bellach.

Dim ond unwaith yn ystod y pum haf y bu trafferth! Yr un oedd trefn y flwyddyn honno ond bod y plant yn cael rhyw hanner awr o ryddid yn syth ar ôl cinio bob dydd. Un gyda'r nos, tua chanol yr wythnos, a'r plant newydd noswylio daeth perchennog un o'r siopau'n betrusgar at ddrws ystafell yr athrawon ac ymddiheuro am darfu arnom. Atgoffodd ni mai siop fawr yn gwerthu pob math o nwyddau gwahanol yn cynnwys melysion ac amrywiaeth o swfenîrs oedd ganddo, a bod cryn nifer o'r plant wedi bod yno tua chanol dydd. Wedi iddynt fynd, sylwodd fod peth wmbreth o nwyddau wedi mynd oddi ar nifer fawr o silffoedd y gwahanol rannau o'r siop. Wrth gwrs, pwysleisiodd nad oedd ganddo unrhyw fath o brawf, ond tybed fasan ni'n gwneud ymholiadau?

Cefais i'r dasg sensitif o geisio bod yn dditectif. Cerddais o gwmpas yr ystafell fel roeddynt yn gorwedd i lawr, ac wedi holi un neu dau oedden nhw'n dal i fwynhau'u hunain a chael atebion brwdfrydig iawn, gofynnais i un, 'Wyt ti wedi meddwl am gael anrheg neu ddau i fynd adre?' Daeth yr ateb diniwed, 'Yes, sir, sumthin' small like y' know, but yer won ty see wot Alex Scott's got, sir!' Y canlyniad fu darganfod cynhaeaf Alex

Scott a phump o'i bartneriaid. Yr oedd y cyfan fel trysor ogof Aladdin. 'Ni cheidw'r diafol mo'i was yn hir!'

Ni fu Percy, y blaenor Methodist, yn hir cyn cael y stori i gyd. Roedd rhai o frodyr hŷn yr euog rai wedi cynllwynio'r cwbl: un neu ddau o'r criw i dynnu sylw gweithwyr y siop tra byddai'r gweddill yn bylchu'r silffoedd. Galwyd ar y siopwr i brisio'r nwyddau a thalodd y prifathro iddo wedi iddo nodi faint oedd cost nwyddau pob unigolyn. Wedi inni gyrraedd yn ôl i Lerpwl, derbyniodd rhieni pob un ohonynt fil am eu hanrhegion. Ar ddechrau'r tymor canlynol daeth arian gan bawb ond un. Wadliodd Mrs Scott ei chorff mawr ar draws yr iard ac i fyny'r grisiau gan weiddi 'ar ei pheth mawr hi nad oedd am dalu'. Os gwnaeth hi! Clywodd pawb lais Percy'n diasbedain. 'Woman! You're trespassing to start with. But most importantly, your son is a THIEF! Get out of my school and if I do not receive the money within the week the police will prosecute you. GO!'

Mae gennyf ddyled fawr i Percy Savage hefyd am iddo wneud ffafr fawr â mi lawer bore Llun, a hynny heb yn wybod i'r Adran Addysg yn Lerpwl. Yn aml byddwn yn cael gwahoddiad i fod yn Neuadd y Penrhyn dros y penwythnosau i ymarfer a darlledu drama neu ddrama gyfres ar y nos Sul. Doedd dim posib cyrraedd yn ôl i Lerpwl felly ar y Sul, a byddwn yn dal y drên gyntaf ben bore Llun i gyrraedd Lerpwl tua naw o'r gloch, a thacsi i Matthew Arnold erbyn tua hanner awr wedi naw. Bob tro y dôi gwahoddiad – gan John Gwilym Jones, cyn iddo fynd i Adran Gymraeg Coleg y Brifysgol ym Mangor ac wedi hynny gan ei olynydd ifanc, Wilbert Lloyd Roberts – byddai Percy'n cymryd yr ysgol i gyd i wers gerddorol ar ddiwedd y gwasanaeth ac ymarfer caneuon ac emyndonau hyd nes y byddwn yn cyrraedd.

Hwn hefyd, yn Lerpwl, oedd yr amser y daeth Sam Wannamaker, yr actor a'r cyfarwyddwr Americanaidd, yno a gweddnewid theatr y Shakespeare oedd wedi bod yn *Music Hall Theatre* am flynyddoedd, tebyg i'r Pavilion yn Lodge Lane. Yn y 'Pivi', chwedl y Sgowsar, y gwelais rai fel Wilson Kepple and Betty a'u tebyg a sawl digrifwr fel Harry Worth, a chlywed eu cyflwyniadau o ganeuon fel 'On Mother Kelly's Doorstep, down Paradise Row'. Llawer ohonynt yn tynnu at oed yr addewid – fel yr enwog Jane oedd yn ymddangos bron yn noeth yng nghwmni ei chi bach! Câi Jane yr un effaith ar y dynion ag a gâi dawnswyr y Tiller Girls yn y sioe deledu *Sunday Night at the London Palladium* ar yr hen William Hughes, Bodffordd, erstalwm, pan ddywedodd wrth Charles:

'Welsoch chi nhw, Cha'ls?'

'Pwy 'dwch?'

'Y merchaid Tilar 'na. Chydig gynddeiriog gynnyn nhw amdanyn, Cha'ls. Tuag igian ohonyn nhw, ac mi fasach yn medru golchi'u dillad nhw i gyd mewn sosban berwi wy!'

Ond yn ôl â ni at Sam Wannamaker. Daeth o i Lerpwl – yn ôl y sôn – oherwydd ei gysylltiad â'r Americanes, Anna Deere Wyman, oedd yn wraig gyfoethog iawn. Roedd eu perthynas yn ddigon agos iddi hi fuddsoddi swm sylweddol o arian i drawsnewid theatr y Shakespeare, a hynny heb golli cymeriad yr hen adeilad. Cyfnod byr o lwyddiant gafwyd yn y New Shakespeare gan i bethau suro rhwng y ddau. Ond bûm i'n ddigon ffodus i fod yno trwy'r cyfnod euraid ar ei hyd a gwelais bob un o'r cynhyrchiadau – fel *A View From the Bridge,* Arthur Millar; *The Iceman Cometh,* Eugene O'Neill; *Tea and Sympathy* a *One More River,* Beverly Cross. Aeth rhai beirniaid mor bell â dweud bod y cynyrchiadau'n tra rhagori ar oreuon y West End yn Llundain. Synnwn i ddim.

Roedd y cyfnod o bum mlynedd y bûm yn dysgu yn Lerpwl yn un hapus iawn ac yn gyfuniad o fagu profiad yn yr ysgol, yng nghymdeithasau'r capel a'r Aelwydydd, yn ogystal â chael digonedd o gyfleon ym myd theatr a radio. Bob cyfle posib, roeddwn hefyd yn chwarae pêl-droed ac yn gofalu am wahanol dimau chwaraeon yr ysgol ac, wrth gwrs, yn mwynhau mynd i faes Goodison i wylio'r gleision.

Rhaid sôn yma am reswm arall dros hapurwydd cyfnod Lerpwl i mi – y pwysicaf o bosib! Roedd Mabel wedi gwneud blwyddyn o'i chwrs tair blynedd yng Ngholeg Gwyddor Tŷ Calder yn y ddinas pan gyrhaeddais i Lerpwl, ond fu dim cysylltiad rhyngom hyd nes ei blwyddyn olaf. Gwyliau'r Pasg y flwyddyn honno roeddwn yn eisteddfod flynyddol y Groglith yng Nghapel Gosen, Llangwyllog. Wedi cael paned yn ystod cyfarfod yr hwyr yn llofft y capel a chael sgwrs ddifyr hefo Charles, mynd yn ôl i gyntedd y capel a phwy oedd yn digwydd canu ar yr her unawd ond Mabel. Mae'n rhaid 'mod i wedi gofyn i Charles faint oedd hi o'r gloch. Rydw i'n cofo ei ateb hyd heddiw, a bu yntau'n sôn am y peth droeon wedi hynny, 'Mae'n amser i chi'ch dau fynd at eich gilydd!'

Ac yn wir, cyn diwedd y cyfarfod, mi ddaeth hi allan a dechrau siarad ac fe aethom am dro bach i roi'r byd yn ei le! Roedd yr eisteddfod wedi hen orffen pan ddaethom yn ôl at y capel a'i brawd yn chwilio ym mhobman amdani am fod y ddau'n cael lifft adre i Benmynydd.

Ymhen amser wedyn mi ddeallais i Alun ddweud wrth ei fam y noson honno: 'Be dach chi'n feddwl, Mam? Ma Mêb wedi bod hefo'r hogyn Llangwyllog 'na eto heno!' Ac o'r heno honno ymlaen mi ddatblygodd ein perthynas er i Mêb fynd i ddysgu i Birmingham yn y mis Medi canlynol, a minnau'n dal yn Lerpwl. Ymhen tair blynedd – yn Awst 1958 – roeddem yn ŵr a gwraig.

Eisteddfota ac ati

Yn ystod y cyfnod dysgu yn Lerpwl y treuliais i wythnos yn yr Eisteddfod Genedlaethol am y tro cyntaf, a hynny yn Ystradgynlais ym 1954. Mae'n wir imi cyn hynny gael ychydig ddyddiau yn Eisteddfod Aberystwyth ym 1952 a chysgu mewn neuadd ysgol, a mynd i'r Rhyl am ddiwrnod o Aberdaron y flwyddyn ganlynol.

Mae'r profiad cyntaf a gefais o wythnos lawn yn y Genedlaethol yn fyw iawn yn y cof am dri rheswm – hwnnw oedd y cyfle cyntaf i mi ymweld â De Cymru a chefais groeso arbennig ar aelwyd teulu o Abercraf; yn anffodus mi fwriodd law trwm yn gyson drwy'r wythnos, a'r trydydd yw y bu canlyniad un digwyddiad ar faes yr Eisteddfod honno yn un pwysig a phell-gyrhaeddol yn fy hanes.

Rwyf eisoes wedi crybwyll i mi gydweithio hefo W. H. Roberts, Niwbwrch, ar nifer o raglenni radio yn Neuadd y Penrhyn, Bangor, cyn y diwrnod hwnnw. Roedd o'n digwydd bod ar banel y beirniaid Adrodd a newydd fod yn traddodi ei feirniadaeth ar y gystadleuaeth i rai dan 25 oed pan ddaeth i'm cyfarfod a golwg flin ar ei wyneb, yn amlwg wedi'i siomi. Pan welodd fi, stopiodd yn stond a dweud:

'Pryd ddiawl wyt *ti*'n mynd i ddweud rhywbeth mewn lle fel hyn?'

A bod yn hollol onest, doeddwn i ddim wedi cystadlu

er pan oeddwn yn hogyn nac wedi ystyried gwneud, er imi gymryd rhan mewn amrywiol gyflwyniadau hefo parti Noson Lawen yr Aelwyd yn Lerpwl. Gan i mi fethu ateb ei gwestiwn, ychwanegodd,

'Yldi, dychangerdd o waith W. S. Jones, "Yr Ymgeisydd Aflwyddiannus", ydi'r darn prawf ym Mhwllheli y flwyddyn nesa. Dysga hi, a'r tro nesa fyddwn ni ym Mangor mi gawn ni sgwrs.'

Mi gawsom fwy na sgwrs! Roedd o wedi dadansoddi'r gerdd yn fanwl ar bapur ac awgrymodd imi sut i'w chyflwyno. Cerdd hollol wahanol i unrhyw un a wobrwywyd mewn eisteddfod cyn hynny oedd hi, yn ôl beirniadaeth John Ellis Williams wrth ei gwobrwyo yn y Rhyl y flwyddyn cynt. Cymru ydi 'ymgeisydd aflwyddiannus' y ddychangerdd, sy'n agor yn afaelgar,

> Llais Cymru a glywaf
> Wrth stelcian yma dan yr ysgaw…
> Mae Cymru'n dychwelyd o ryfel.

'Cyrnol Draig' sy'n dychwelyd, wedi bod yn Lloegr yn gofyn i 'Siôn Tarw' am senedd i Gymru! A dyma ran o'r atebiad gafodd o,

> Senedd, ddywedsoch chi? Druan â chi
> Os cewch un cyn nobliad ag a gefais i.
> Igl ogl, Iwerddon a'r India,
> Go brin medra'i ollwng un eto, ffrindia.

Yna, wrth nesu at y clo, mae'r ddraig yn datgan,

> Os am lwyddo mewn ymdrech, byddwn glaear…

Wedi dysgu'r gerdd yn unol â dadansoddiad W. H. ac ymweld â Thŷ'r Ysgol, Niwbwrch, nifer o weithiau, awgrymodd fy mod yn rhoi cynnig arni mewn cystadleuaeth yn rhywle.

'Yli, mae 'na steddfod yn Clocaenog tua Rhuthun 'na. Fydd hynny ddim yn bell i ti o Lerpwl. Mae 'na feirniad ifanc da yno, Glyndwr Richards, ac mi fyddi'n siŵr o gael beirniadaeth iawn ganddo.'

Mi lwyddais i berswadio'r canwr Hywel Jones, Bryncir, oedd yn dysgu yn Lerpwl fel finna, i ddod i'r eisteddfod hefo mi. Wedi hurio car am y diwrnod a chyrraedd Rhuthun yn hawdd, buom yn chwilio am amser cyn llwyddo i ddod o hyd i bentre Clocaenog. Bu'r ymweliad yn un llwyddiannus i'r ddau ohonom: Hywel yn ennill yr unawd dan bump ar hugain a minnau ar yr adrodd, a'r gwobrau'n gymorth i dalu pris hurio'r car!

Yr eildro i mi gystadlu, eto'n llwyddiannus, oedd yn Llanfairfechan. Yno y clywais y gystadleuaeth Her Unawd orau i mi ei chlywed erioed. Rwy'n cofio'r pedwar cyflwyniad rhyfeddol – y soprano Margaret Lewis Jones, Llanbrynmair, yn canu cân Rwsalka i'r lleuad; Goronwy Hayes â'i Figaro; Gwyn Jones, Llanelwy, yn Iago arbennig, ac Elwyn Hughes, Pen-sarn, yn Eleias ar ben Carmel â'i 'Digon Yw'. Elwyn yn llwyddo i gael y wobr, a'r gynulleidfa wedi cael gwledd i'w chofio.

* * *

Go brin i unrhyw Eisteddfod Genedlaethol fwynhau wythnos mor boeth a braf ag un Pwllheli yn Awst 1955. Roedd y pafiliwn wedi'i leoli lle gwelir Ysgol Glan y Môr heddiw, a doedd ryfedd i lawer o'r eisteddfodwyr rannu'r amser rhwng y maes a'r traeth gerllaw. Cafodd Mabel a minnau lety a chroeso mawr yng nghartre Gwyneth Llywelyn – ffrind Mabel yng Ngholeg Calder, a'n morwyn briodas ymhen amser – Bryn Villa, Llangwnadl, am yr wythnos.

Norah Isaac a William Morris oedd beirniaid y gystadleuaeth adrodd ac wedi'r disgwyl hir a'r chwysu cyn ac ar ôl y rhagbrawf, syndod oedd darllen ar ddarn o bapur tu allan i swyddfa'r ysgrifennydd fod 'J. O.' yn un o dri i ymddangos ar y llwyfan y diwrnod wedyn. Do, bu'n noson hir! Ac mae edrych ar lun yr hen bafiliwn mawr hwnnw heddiw yn f'atgoffa am y cerdded nerfus drannoeth ar draws y cae mawr o lwyfan a sefyll o flaen môr o wynebau. Bu'r beirniaid yn garedig iawn eu sylwadau, a chafwyd gwledd i ddathlu 'mod i'n fuddugol ym Mryn Villa'r noson honno. Ond roedd y newydd i mi lwyddo yn syndod mawr i lawer ym Môn, ac ymateb nid annisgwyl ambell un oedd, 'Wyddwn i ddim fod ganddoch chi ddiddordeb mewn cystadlu'. Doedd ymateb o'r fath ddim yn syndod i mi hyd yn oed bryd hynny, oherwydd, ar yr Ynys, does wiw i lwyddiant o fath yn y byd beri i unrhyw un godi uwch baw sawdl cyn cael ei roi yn ei le!

Ar y pryd nid oedd yn fwriad gennyf barhau i gystadlu ar yr adrodd oherwydd roedd byd y ddrama a dysgu'n ddigon, ond roedd y Genedlaethol yn dod i Fôn ym 1957 a W. H. unwaith eto'n daer.

'Yldi, mae'n *rhaid* i ti gystadlu ar y prif adroddiad yn Llangefni, fedri di ddim peidio. Rwyt ti'n gw'bod sut ma' pobol – mi ddeudan mai ffliwc oedd Pwllheli!'

Yn ôl â mi felly at W. H. Y tro hwn, y dasg inni'n dau oedd perffeithio 'Y Lleidr Penffordd' (addasiad J. T. Jones o gerdd 'The Highwayman' gan Alfred Noyes).

Ychydig o wythnosau cyn yr Eisteddfod derbyniodd

nifer ohonom oedd wedi arfer cymryd rhan yn nramâu radio'r BBC, lythyr gan Wilbert Lloyd Roberts yn esbonio iddo gael gwahoddiad i gyflwyno rhaglen nodwedd yn yr Eisteddfod, gan esbonio mai costau yn unig fyddai ar ein cyfer pe baem yn cytuno i gymryd rhan. Wrthododd neb, a chafodd nifer ohonom lythyrau tebyg iawn ganddo am flynyddoedd hyd nes bod cyflwyno rhaglenni nodwedd o'r fath wedi mynd allan o ffasiwn!

Llyfr y Siaced Faith oedd teitl y rhaglen arfaethedig ar gyfer Eisteddfod Llangefni, o waith y Prifardd G. J. Roberts, rheithor Conwy. Cyfuniad oedd hi o gyflwyniadau o farddoniaeth, rhyddiaith, cerddoriaeth, cerdd dant ac ambell olygfa o ddrama neu nofel. Roedd rhannau i ddau gôr adrodd hefyd – merched Niwbwrch dan hyfforddiant W. H. a bechgyn Bodffordd yn cael eu hyfforddi gan Charles. Ymhlith yr unigolion yn y cwmni roedd y prifeirdd Gwyndaf a Rhydwen, W. H. Roberts, Emrys Cleaver, Ruth Price, Siân Emlyn, Trefor Edwards, Brian Owen, Elis Gwyn Jones, Eluned Ellis Jones a'r delynores Gwenllian Dwyryd – a'r enwog Edith Stanley o Fae Colwyn wedi gofalu am ein gwisgoedd llaes lliwgar.

Roeddwn wedi bod yn rhagbrawf y prif adroddiad ganol dydd y perfformiad cyntaf, a rhuthro i'r ymarfer efo Wilbert cyn i'r rhagbrawf orffen. Rwy'n cofio bod rhai ugeiniau'n cystadlu, a dyna oedd y rheswm nad oedd y wybodaeth am y tri oedd i ymddangos ar y llwyfan y diwrnod canlynol wedi'i gyhoeddi cyn i ni ddechrau'r perfformiad gyda'r nos. Ond mae'r atgof o weld Alun, un o frodyr Charles, yn rhuthro ataf fel roeddwn yn dod oddi ar y llwyfan ar derfyn y rhan gyntaf yn fyw iawn ac yntau'n gafael amdanaf a gweiddi; 'Rwyt ti ar y llwyfan, myn diawl! Rwyt ti ar y llwyfan, wyt ti'n dallt?'

Cassie Davies ac Alun Ogwen Williams oedd yn beirniadu ac Oswald Griffiths, Bangor, a Dei Price, Bodfari, a minnau ar y llwyfan drannoeth. Ychydig amser yn ôl mi ddois ar draws y feirniadaeth yn llawysgrifen Cassie Davies a llofnod Alun Ogwen. Er nad oeddwn yn cofio'i chynnwys, rhaid cyfaddef i mi gael pleser o'i darllen bron i hanner can mlynedd yn ddiweddarach.

Penderfynais beidio cystadlu mwy fel adroddwr. Ond bu'n rhaid torri'r addewid unwaith, ac unwaith yn unig, a hynny pan oedd Eisteddfod Môn yn Niwbwrch ym 1959. Roedd côr adrodd merched Niwbwrch yn cystadlu, a W. H. am i mi lefaru rhyw ddwy linell o ddatganiad rywbryd tua chanol y darn. Cynllun W. H. oedd rhoi sioc i'r gynulleidfa trwy i mi ddod i'r llwyfan tu ôl i'r merched, ac felly'n guddiedig i'r gynulleidfa. Bu agos i ambell un gael gwasgfa o glywed llais dyn anweledig yn dod o ganol y côr merched!

Roedd W. H., fel Cadeirydd Panel Adrodd yr Eisteddfod, wedi dewis gwaith gan Alun Llywelyn Williams, 'Ar Gyfeiliorn', ar gyfer y prif adroddiad a phwysai'n daer arnaf i gystadlu. O barch iddo, ond yn groes i'r graen, cytunais. Cefais gyfle i ddifaru droeon wedyn gan fod y gerdd yn un hynod o anodd i'w dysgu. Rhaid cyfaddef i mi deimlo ar gyfeiliorn fy hun y pnawn hwnnw yn Nhywyn Niwbwrch, yn ceisio sicrhau y medrwn gofio'r darn. Gwn yn iawn y bu bron iddi fynd yn nos arnaf ar y llwyfan ond llwyddais i fynd ymlaen cyn i'r beirniad, W. D. Williams, fedru dod o hyd i'r lle yn ei gopi. Trwy groen fy nannedd yn unig y llwyddais i gadw fy record o beidio colli mewn unrhyw gystadleuaeth adrodd.

* * *

Bûm ar sawl taith i wahanol rannau o Gymru i gyflwyno barddoniaeth a rhyddiaith mewn rhaglenni nodwedd a rhaglenni teyrnged i fawrion y genedl. Un daith a gofiaf yn arbennig oedd honno i berfformio rhaglen gomisiwn John Gwilym Jones, wedi'i seilio ar *Cerddi'r Haf* a *Cerddi'r Gaea*f, R. Williams Parry.

Byddai cyfle ar ddiwedd y perfformiadau i holi awdur y rhaglen. Er bod T. J. Morgan yn werthfawrogol yn Abertawe, cododd Kate Roberts andros o ffrae yn Ninbych ac anghytuno'n ffyrnig â John Gwilym. Roedd y dyn wedi cymryd ato'n ddifrifol ac yn bwrw drwyddi yn y modd mwya yn y car ar y ffordd adra: 'Hyfdra'r ddynas, mewn difri calon. Glywas ti'r fath beth erioed, boi bach?'

Dro arall roedden ni'n rhan o gwmni mwy o ran nifer, a'r rhaglen yn ysgafnach ei deunydd – *Ran Hwyl* oedd ei theitl! Ar wahân i W. H. (oedd hefyd wedi dethol a chynhyrchu'r rhaglen), R. Llewelyn Thomas, Charles a minnau, ymunai Ifan Gruffydd â ni i gyflwyno rhannau o'i hunangofiant, *Y Gŵr o Baradwys*. Fu dim cwmni difyrrach yn y byd na'r cwmni hwnnw. Teithio trwy Gymru (pawb ohonom yn yr un car) a stori ar ôl stori yn cael ei hadrodd. Gan mai fi oedd yn gyrru bob tro, bu bron i mi fynd i'r clawdd droeon wrth chwerthin cymaint. Llew a'i hanesion am gymeriadau Dyffryn Nantlle a Charles yn ffraeth a llawn straeon fel arfer.

Fo ddisgrifiodd daith i'r De hefo Bob Roberts, Tai'r Felin, a hwnnw wedi darganfod yn y llety nad oedd pot o dan y gwely. Fel hyn y gofynnodd o i wraig y tŷ am un, medda Charles, 'Meistres, meistres! Lle ydach chi'n cadw . . . ym . . . partnar y jwg a basin?'

Meistrolgar!

Lle bynnag y byddem yn aros byddai Ifan Gruffydd yn mynd am dro cyn iddi dywyllu, ac ar ôl pob perfformiad yn mynd am dro arall wedyn. Mi ddaethom i ddeall mai pwrpas y tro ddiwedd pnawn oedd chwilio am 'jireniyms', chwedl Ifan. Wedi nodi lle'r oedd rhai da, âi i gymryd toriadau – 'cytins' – wedi iddi dywyllu. Doedd ryfedd yn y byd bod sioe ryfeddol o flodau yng ngardd Tros y Ffordd, Llangristiolus.

Pleser pur fu'r teithiau hynny, ac mae'n anodd derbyn bod tafodau ffraeth y pedwar bellach yn fud.

* * *

Ar wahân i'r blynyddoedd diwethaf hyn, rwyf wedi llwyddo i fwynhau wythnos yn yr Eisteddfod Genedlaethol bob dechrau Awst ers y gyntaf honno ym 1954. Mae gennyf ddwsinau o atgofion am gwmnïaeth ffrindiau a mwynhau dod i adnabod a derbyn croeso sawl ardal yng Nghymru.

Cefais wahoddiad i ddarllen rhannau o waith y buddugol yn seremonïau Tlws y Ddrama a'r Fedal Ryddiaith droeon trwy'r blynyddoedd, ac i feirniadu cystadlaethau Adran Ddrama'r Eisteddfod Genedlaethol (yn gyfansoddi ac yn berfformio) fwy nag unwaith, yn ogystal â bod yn aelod o Bwyllgor Sefydlog Drama ac Adrodd yr Eisteddfod.

Yn y Drenewydd ym 1965 y cefais wahoddiad i

feirniadu'r adrodd am y tro cyntaf. Yr wythnos honno sy'n gyfrifol fy mod wedi dechrau chwarae golff, ac ar Glyn Owen, Pwllheli, mae'r bai! Roedd Glyn a minnau'n cymryd rhan yn y pasiant *Patagonia*, ac yn ystod toriad yn y cyfnod ymarfer mi roddodd Glyn haearn rhif pump yn fy llaw a rhoi fy ngwers golff gyntaf i mi. Gan ei fab-yng-nghyfraith – Dic White, 'pro' Clwb Golff Pwllheli – y prynais fy nghlybiau cyntaf. Dyna pryd yr ymunais â Chlwb Golff Porthllechog, Amlwch, lle rwyf wedi cael blynyddoedd lawer o bleser a chwmni amryw byd o gymeriadau lliwgar. Ond bydd raid dod yn ôl atynt hwy eto!

Bûm yn beirniadu adrodd yn rheolaidd cyn rhoi'r gorau iddi tua diwedd y saithdegau, er i mi gytuno i feirniadu cystadleuaeth Richard Burton nifer o weithiau wedi hynny. Rhaid imi gyfaddef ei bod yn well gennyf berfformio na cheisio pwyso a mesur ymdrechion eraill, nid na wnes i fwynhau a gwerthfawrogi'r llu o dalentau sydd wedi amlygu eu hunain ar lwyfannau'r Urdd a'r Genedlaethol dros y blynyddoedd. Yn un peth, mae cloriannu nifer fawr o gystadleuwyr mewn rhagbrawf yn gallu bod yn dasg anodd iawn. Yn sicr rhaid wrth gynllun pendant, fel rhoi'r nesaf bob tro yn uwch neu'n is na'r un o'i flaen! Ac mae dewis dau i fynd i'r llwyfan yn weddol hawdd – penderfynu ar y trydydd sy'n anodd!

Rwy'n cofio Walter Lucas – Cyfarwyddwr y British Drama Association yn Llundain – pan oedd y ddau ohonom yn cyd-feirniadu Gŵyl Ddrama Myfyrwyr yn Westchester, yn dweud, 'Unless one really enjoys adjudicating and believes that whatever one says is beneficial and stimulating to the competitors, don't do it'.

* * *

Ddechrau'r saithdegau fe gefais yr anrhydedd o gychwyn cyfnod o arwain yn y Genedlaethol. Yn Eisteddfod Hwlffordd, 1972, y gwnes i hynny gyntaf. Yno hefyd y cefais fy urddo'n Dderwydd i'r Wisg Wen wrth ochr fy nghyfaill, Gwyn Erfyl.

Dyna'r tro cyntaf hefyd i mi aros yn Nhudraeth. Rhannu carafán gyda dau roeddwn wedi cyd-letya â nhw droeon ers y Drenewydd ym 1965 – Huw Lloyd Edwards a Victor John. Croesi'r Preselau bob bore i'r 'Steddfod a chael sawl noson lawen yn y General Picton ar y ffordd adre a chroeso mawr gan yr hen wraig, a chyd-ganu (nid am y tro cyntaf) hefo bechgyn Llanuwchllyn, Côr Godre'r Aran.

Profiad rhyfeddol oedd arwain am y tro cyntaf, a hynny pan oedd y bandiau pres ymlaen. Daeth 'siop stiward' Cymdeithas y Bandiau ataf cyn cychwyn a rhoi'r adnod a'r bennod o'r hyn ddisgwylid i mi ei wneud ac, yn bwysicach hwyrach, y pethau *nad* oeddwn i'w gwneud! Rhyfeddais weld swyddog arall yn mynnu gweld cerdyn aelodaeth pob aelod o'r bandiau wrth iddynt fynd i'r llwyfan.

Ond y profiad mwyaf erchyll o'r cwbl oedd arwain ym Mangor pan ddaeth cystadleuaeth yr Unawd Contralto a Mabel yn cystadlu. Roedd hi wedi dechrau canu pan ddaeth hi'n storm o fellt a tharanau, a bu'n rhaid atal y gystadleuaeth a disgwyl i'r sŵn dawelu a ninnau'n dau yn sefyll yno. Fu'r un ohonom erioed yn teimlo mor unig yng nghanol tyrfa. Wrth gwrs roedd nifer o'r gynulleidfa'n gwybod ein bod yn briod ac yn llawn cydymdeimlad. Rhoi cynnig arni'r eildro ond yn ôl y daeth y storm a gorfod aros wedyn. Wn i ddim sut llwyddodd hi i gyflwyno'r gân pan beidiodd y storm. Nid hi enillodd. Roedd hi wedi ennill y flwyddyn cynt yn Rhydaman ond rhwng rhagbrawf a chystadleuaeth yr Unawd Contralto a chanu gyda Chôr Rhiannedd Môn a pherfformio yn y rhaglen *Cofio Cynan* (a minnau gyda hi), doedd ganddi ddim llais i ganu yng nghystadleuaeth y Rhuban Glas ar y dydd Sadwrn olaf. Tenor ifanc enillodd – Dai Jones, Llanilar.

Ar wahân i'r storm ym Mangor, rhaid cyfaddef i mi fwynhau arwain. Difyr oedd gwrando a gwerthfawrogi gwaith y rhan fwyaf o'r beirniaid, a rhyfeddu at ambell un yn gwneud hynny heb ddefnyddio nodiadau. Yr enghraifft fwyaf nodedig o hynny, yn ddi-os, oedd y tro hwnnw â'r Prifardd Dic Jones yn cloriannu beirdd y Gadair. Gorchestol, yng ngeiriau'r hen Lew Llwydiarth.

Unwaith yn unig, os yw'r cof yn iawn, y bu agos iawn, iawn, i mi golli fy limpin. Diwedd pnawn Gwener yn Llangefni ym 1983 oedd hi. Roedd hi wedi bod yn gyfnod prysur tu hwnt – roeddwn yn gadeirydd y pwyllgor drama, a Theatr Fach y Maes yn ymddangos am y tro cyntaf a llawer o ddyletswyddau a chyflwyniadau i'w gwneud. Roeddwn hefyd wedi perfformio fel Llywelyn Fawr yng nghynhyrchiad Cwmni Theatr Cymru o *Siwan* am dair noson ddechrau'r wythnos. Dwy gystadleuaeth ar ôl ar y llwyfan, a dyna'r diwedd yn y golwg – ar wahân i'r Gymanfa ar y nos Sul.

Sylwais ar dri beirniad y gystadleuaeth nesaf – cystadleuaeth gwobr Towyn Roberts – yn trafod y rhai oedd i ymddangos ar y llwyfan, a hynny yn Saesneg! Dau ohonynt yn hyfforddi ac yn arwain corau llwyddiannus iawn, a'r llall yn 'farchog' o unawdydd enwog.

Wrth gyhoeddi'r gystadleuaeth a chroesawu'r beirniaid, gwelwn Towyn Roberts yn cymryd ei sedd a manteisiais ar y cyfle i'w groesawu a gofyn am werthfawrogiad y gynulleidfa, a chael ymateb gwresog. Meddyliais y byddai'n syniad gofyn i Towyn gyflwyno'r wobr, ac ymhen eiliadau wedyn daeth trefnydd yr Eisteddfod at ochr y llwyfan a holi a oedd Towyn Roberts yn y gynulleidfa ac awgrymu y byddai'n weddus gofyn iddo gyflwyno'r wobr. Ein dau o'r un feddwl!

Ar ôl dau gôr madrigal, gelwais am feirniadaeth cystadleuaeth Towyn Roberts gan y marchog ond roedd angen mwy o amser i drafod. Awgrymais i'r gynulleidfa bwysigrwydd y feirniadaeth i'r unawdwyr, a'n bod yn deall pam bod angen mwy o amser. Rhag bod gormod o saib a hithau'n ddiwedd y prynhawn, edrychais i gyfeiriad bwrdd y beirniaid lle roedd Rhys Jones a T. Gwyn Jones yn ystyried eu dyfarniad ar y corau. Chwarae teg i Rhys, pan ddaliodd fy llygaid dangosodd ei fod yn barod i ddyfarnu ac wrth iddo ddod i'r llwyfan awgrymais iddo gymryd ei amser! Gwnaeth hynny ac wedi'r dyfarniad a'r gwobrwyo, galw eilwaith am feirniadaeth yr unawd. Ddim yn barod! Bu cyfnod arall o geisio llenwi'r amser – y peth olaf roeddwn ei eisiau – a nifer o'r gynulleidfa'n gadael y pafiliwn.

O'r diwedd daeth y tri i'r llwyfan. Wedi eu croesawu, rhoddais wahoddiad i Towyn ddod ymlaen i gyflwyno'r wobr a gofyn i'r gynulleifa groesawu'r marchog. Syndod i mi ac i'r gynulleidfa oedd gweld un o'i gyd-feirniaid yn camu ymlaen at y meicroffon, a'r marchog yn sibrwd yn fy nghlust: 'You b*****d, I was going to present the prize'! Aeth hynny â'm gwynt, a phrin fy mod wedi cael amser i'm hadfeddiannu fy hun pan ddaeth y geiriau canlynol, heb y feirniadaeth hirddisgwyliedig, 'Yr enillydd yw…' – a'i henwi!

Wrth fynd o'r llwyfan ar ddiwedd y cyfarfod daeth Cyfarwyddwr yr Eisteddfod ataf a dweud bod y cyhuddwr 'yn grac'. Credaf i mi awgrymu wrth ymadael mai yng nghlai ei draed o yr oedd y crac!

Dwi'n credu mai dyna'r tro olaf i mi arwain.

Yn Ôl i Fôn

Mae'n debyg bod troi cefn ar ddinas Lerpwl am yr eildro yn fy hanes yn haws o dipyn na'r tro cyntaf. Rhaid cyfaddef er hynny i'r cyfnod o bum mlynedd fod yn un pwysig a gwerthfawr yn fy hanes, a minnau wedi bod yn rhan o fwrlwm bywyd cymdeithasol Cymreig y ddinas a chael profiad a chyfrifoldeb yn y byd addysg. Yn fy mlwyddyn olaf, llwyddodd dau o'm dosbarth i ennill ysgoloriaeth Margaret Bryce Smith, oedd yn rhoi arian sylweddol bob blwyddyn i ddwsin yn unig o fechgyn drwy'r ddinas i'w cynnal drwy'r ysgol uwchradd.

Yn y cyfnod yma hefyd roedd Gwynneth, fy chwaer, wedi priodi Glyn – Cymro wedi'i eni a'i fagu yn Lerpwl. Yno y bu'r ddau nes iddynt ymddeol a dod i fyw i'r Benllech. Fe anwyd eu hunig ferch yn gwbl fyddar ac er mor anodd fu blynyddoedd ei magwraeth, mae Eleri yn ferch hynod ar sawl cyfri ac yn glod mawr i'w rhieni.

Wedi priodas Mabel a minnau ym mis Awst 1958 cawsom fyw mewn rhan o'i chartref, Glasfryn, Penmynydd, ac wedi geni Gareth, symud yma i'r Benllech. Gan fod Mabel yn rhan o Adran Gwyddor Tŷ Ysgol Syr Thomas Jones, Amlwch, roeddem yn gallu cyd-deithio i Lannerch-y-medd.

Cyfnod hapus iawn fu'r amser yn Ysgol y Llan, lle bûm yn ddirprwy i Idwal Roberts ac yntau'n gefn i mi drwy'r amser. Gallaf ei weld y munud yma â'i ddwylo'n felyn gan ôl ysmygu. Go brin i mi fod yng nghwmni dau ysmygydd mor drwm erioed ag Idwal a Miss Jones Catherine (i wahaniaethu rhyngddi hi a'r Miss Jones arall fu ar y staff). Does ryfedd i'm hysmygu innau gynyddu! Roedd Catherine yn yr ysgol cyn wyth o'r gloch bob bore ac er i gryd cymalau andwyo'i dwylo byddai'n llenwi dau fwrdd du bob dydd cyn i'r plant gyrraedd – yn ddiarhebion, priod-ddulliau, penillion neu eiriau i'w sillafu. Anodd credu i unrhyw un fynd o'i dosbarth yn methu darllen ac roedd ganddynt lawer o bethau ar gof a chadw.

Sefydlwyd tîm pêl-droed a chefais lawer o hwyl dros y blynyddoedd hynny. Chwaraeem yn erbyn ysgolion Gwalchmai, Amlwch a Llanfechell cyn inni lwyddo i sefydlu cynghrair i ysgolion cynradd Môn, ac Albert Owen yn cyflwyno tarian i enillwyr y gynghrair. Idwal a minnau'n cario'r tîm mewn dau gar wedi oriau ysgol, a gofalu bod pob aelod o'r tîm yn cyrraedd ei gartref yn ddiogel. Mae nifer o'r bechgyn erbyn hyn yn aelodau o Glwb Golff Porthllechog ac yn f'atgoffa yn aml am y 'green flash' – 'y Bympsan' fel y'i gelwid. Yn wir, mewn aduniad flynyddoedd yn ddiweddarach, fe gyflwynwyd imi 'green flash' a honno wedi'i mowntio ar bren i'm hatgoffa o'r cyfnod! (I fod yn deg, fe gyflwynwyd llun imi hefyd – o'r hen ysgol a Stryd Wellington fel yr oedd hi.)

Mae'n debyg y bydd llawer o'r bechgyn hefyd yn dal i gofio dau ddigwyddiad wrth i mi chwarae pêl-droed hefo nhw ar yr iard. (Roedd eu hymateb yn sicr yn ddramatig – gresyn na fuasai lluniau o'r ddau ddigwyddiad ar gael!) Yn y cyntaf o'r ddau, pob un yn sefyll yn hollol lonydd pan yrrais ergyd dros wal yr iard a thrwy ffenest llofft Mrs Owen, dros y ffordd yn Stryd Wellington, gydag andros o glec gan adael twll crwn twt yn y gwydr. Rhoddodd y bechgyn i gyd adroddiad manwl heb sychu'u cegau wedi cyrraedd adre'r noson honno am Mrs Owen yn dod allan gyda'r bêl yn ei llaw yn dweud y drefn a'n hysbysu mai ar ei gwely yng nghanol gwydr mân y daeth o hyd iddi ac yn diolch nad oedd hi yn y gwely ar y pryd! Chwarae teg iddi, roedd hi'n ddigon rhesymol wedi i ni drefnu i drwsio'r difrod – diolch bod ei mab, Glyn, yn ffrind ysgol i mi.

Wedi llanast y torri ffenest, rhyw chwarae yn y gôl o flaen wal uchel y pen arall i'r iard fyddwn i yn ystod amser chwarae. Felly roedd hi fore'r ail ddigwyddiad a Ronnie Gadsby'n cynnig ergyd gref tuag ataf. Rwy'n credu i mi ddal y bêl ond yn anffodus daeth esgid Ronnie i ffwrdd a dod fel bwled a'm taro dan glicied fy ngên nes oeddwn yn anymwybodol bron. Mae'n debyg i mi fynd â'm cefn at y wal a llithro'n araf i'r llawr. Yn ôl pob adroddiad roedd Ronnie druan a'r bechgyn eraill wedi dychryn, ac yn fwy felly pan ddaeth Mrs Owen o'r tŷ, a gwydriad o frandi yn ei llaw, a gweiddi, 'Dach chi wedi'i ladd o!'

Yr oeddwn wedi codi erbyn i rai o'r athrawon ddod i weld beth oedd wedi digwydd, ac wrthi'n ceisio perswadio Ronnie druan, oedd yn ei ddagrau, 'mod i'n iawn. Ychydig iawn o gwsg gafodd o'r noson honno yn ôl ei fam, Pegi. Poeni na fuaswn i'n dal i chwarae pêl-droed hefo nhw, mae'n siŵr! Chwarae teg iddo.

Roedd Idwal yn awyddus i geisio paratoi llyfrau gwaith ar gyfer yr ysgol a bu'r ddau ohonom wrthi'n ddyfal yn casglu deunydd cyn sicrhau offer i brintio a rhwymo amryw o lyfrynnau. *Camau Mewn Cymraeg* oedd yr ymgais gyntaf, oedd yn cynnwys patrymau brawddegau, casgliadau o ddiarhebion, priod-ddulliau, lluosog ansoddeiriau, cymharu ansoddeiriau ac yn y blaen. Go brin i ni'n dau ystyried faint o oriau roedd eu hangen i ddyblygu'r deunydd a llawer i noson roedd mwy o inc ar ein dwylo nag ar y tudalennau. Gyda dyfalbarhad fe lwyddwyd i gwblhau'r dasg. O weld bod gwerth i'r ymdrech (wedi cael ymateb y plant a chael barn rhai o athrawon ysgolion y cylch), sicrhawyd peiriant i dyllu a rhwymo gyda dannedd plastig. Dilynwyd y *Camau* gan *Ymyl y Ddalen* (llyfr o dasgau a'r atebion ar ymyl y ddalen!), *Straeon Gwerin Môn* a *Hanes Llannerch-y-medd*. Yn wir fe welodd un athro gymaint o werth yn y casgliad o'r straeon gwerin nes iddo'i gyfieithu i'r Saesneg a'i gyhoeddi – bu'n ddigon mawrfrydig i anfon copi i ni!

Cawsom gyfle i berfformio rhai o'r straeon, a chafwyd hwyl wrth gyflwyno 'Stori Merch Ifan Gruffydd' a'r 'Cylch Tylwyth Teg'; 'Hanes Lleidr Dyfrydog' hefyd, heb sôn am antur fawr 'Claddu'r Mochyn Du'. Roeddwn wedi prynu camera cine hefo'r enw crand Bell and Howell Super 8, ac mae ambell ymweliad â fferm Pwllgynnau, a drama claddu'r mochyn du, ar gael o hyd! (Prif amcan prynu'r Super 8 oedd i gofnodi hynt a helynt y plant acw pan oeddynt yn fychan; mae rhai o'r campweithiau cynnar wedi eu trosglwyddo i nifer o gasetiau VHS bellach, sy'n rhoi cyfle i'm hwyrion weld eu rhieni'n fychan a gweld bai ar ymdrechion carbwl eu taid fel dyn camera! Y gwir plaen ydi eu bod nhw bellach yn llawer mwy technegol na fi.)

Fel y soniais eisoes, o gofio'r mwynhad gefais i fy hun yn blentyn wrth wrando ar storïau'n cael eu hadrodd, roeddwn yn benderfynol o gyflwyno storïau ar lafar i blant fy nosbarth. Roedd darllen llyfrau fel *Trysor y Môr-ladron*, T. Llew Jones, cymwynaswr mawr plant Cymru, yn bleser ac yn sialens. Bu'n hyfforddiant i mi hefyd. Roedd yn rhaid cymeriadu'r darlleniadau a sefydlu traw lleisiol a throad ymadrodd pob cymeriad – a'u cadw'n gyson – i argyhoeddi'ch cynulleidfa. Buan iawn y gwyddwn p'run a oedd y stori'n gafael ai peidio wrth sylwi ar lygaid a wynebau'r plant. Peth braf ymhen blynyddoedd wedyn oedd cael cyn-ddisgyblion yn f'atgoffa o'r pleser a gawsant wrth wrando ar y straeon hynny yn yr ysgol.

* * *

Roeddwn yn dal i ddarlledu ar y radio ym Mangor ac un diwrnod gofynnodd Emrys Williams, un o beirianwyr y BBC, a fuaswn i'n fodlon cael sgwrs hefo ffrind iddo. Roedd Glynne Jones, oedd yn swyddog Cymdeithas y Deillion yng Ngogledd Cymru, yn awyddus i mi ei helpu yn ei fenter newydd. Roedd Ymddiriedolaeth Nuffield yn gyfrifol am greu cyfres o 'Talking Books' i'r deillion yn Lloegr, a Glynne wedi gwneud cais i sefydlu'r un gwasanaeth i'r deillion yng Nghymru. Wedi cael sêl bendith yr Ymddiriedolaeth gofynnodd Glynne i Emrys greu stiwdio sain uwchben Siop y Deillion oedd ar y pryd yn y Stryd Fawr ym Mangor, dros y ffordd i'r Eglwys Gadeiriol, ac roedd y stiwdio ar fin bod yn barod.

O Law i Law, nofel T. Rowland Hughes, oedd y Llyfr

Llafar cyntaf i mi ei ddarllen. Mae'r copi, wedi'i arwyddo gan Glynne ac Emrys, gennyf o hyd a llinellau o wahanol liwiau ar gyfer y gwahanol gymeriadau yn f'atgoffa o'r profiad cyntaf hwnnw. Rwyf wedi darllen nifer fawr o lyfrau i'r deillion ers hynny, i o leiaf dri o olynwyr Glynne yn y swydd.

* * *

Roeddwn unwaith eto yng ngafael George Fisher a buan y bu'n rhaid ufuddhau i fod yn rhan o'r gweithgarwch anhygoel o gyflwyno tri chynhyrchiad Cymraeg a thri Saesneg bob blwyddyn yn y Theatr Fach.

Rwy'n cofio ambell ddigwyddiad yn y Theatr Fach lle roedd hi'n anodd dal rhag chwerthin oherwydd byddai ambell aelod o'r gynulleidfa yn creu mwy o ddrama na'r hyn oedd yn digwydd ar y llwyfan. Byddai un cymeriad annwyl o Benmynydd yn rhoi math o 'running commentary', gan rag-weld beth oedd i ddigwydd mewn ambell olygfa a dweud yn uchel, 'Mae o *siŵr* o ddeud wrthi rŵan – tydio ddim wedi gweld be sy'n digwydd wchi.' Ac os byddai golygfa go bwerus, mi glywech 'O mam annw'l, be wna i?'

Un arall fyddai'n mynegi barn yn uchel oedd mam i gynghorydd sir nid anenwog fyddai'n actio hefo ni, ac unwaith – mewn comedi, drwy drugaredd – yn ei gymeriad roedd yn sôn am ei blant pan ddaeth llais ei fam o'r gynulleidfa, 'Paid â deud clwydda, do's gin ti ddim plant. Ac yn waeth na dim, rw't ti wedi gwrthod cymyd lesyns!' Bu'n sbelan go lew cyn y bu modd ailafael yn y ddrama.

Dro arall, bu'n rhaid defnyddio dyn cwbl ddibrofiad, sef gŵr i gymanfa o ddynes, mewn golygfa o *The Mad*

Woman Of Chaillot gan Giradeux. Roedd y chwarae'n digwydd ar lawr blaen y theatr; ar lefel y llwyfan roedd rhyw ugain o gymeriadau'n cynrychioli gwehilion y ddinas, tra ar lefel uwch eisteddai dau ddyn wrth fwrdd cafe yn cael sgwrs fud hyd ddiwedd yr olygfa bron, pan oedd y creadur dan sylw i fod i ddweud rhyw ychydig linellau wrth y gwehilion islaw i gloi'r olygfa. Nid yn unig fod y truan wedi anghofio'i eiriau, y peth nesaf glywson ni oedd 'Prompt, please,' mewn llais fel taran. Wedi i hwnnw ddod, 'I beg your pardon?' Cafodd un arall, ac yn lle dweud y geiriau iawn – O na! – 'Thank you!' meddai.

Aeth gweddill y cast a'r gynulleidfa'n siwrwd.

Profiadau Newydd

Yn gynnar yn y chwedegau roedd Wilbert Lloyd Roberts yn paratoi drama gyfres ar gyfer y teledu, y gyntaf yn Gymraeg. Islwyn Ffowc Elis oedd awdur *Rhai yn Fugeiliaid*, oedd yn dilyn hynt a helynt nifer o fyfyrwyr coleg diwinyddol. Roedd o leiaf dri ohonynt â'u llygaid ar ferch y prifathro. Merch ifanc bengoch, dal, ddeniadol iawn oedd ar fin gorffen ei chwrs yng ngholeg drama RADA yn Llundain a ddewiswyd i chwarae'r rhan, Beryl Williams o Ddolgellau. Trist yw gorfod dweud 'y ddiweddar Beryl' amdani erbyn hyn – un a roddodd gyfraniad mor sylweddol i fyd y theatr yng Nghymru trwy fod yn un o sefydlwyr Cwmni Theatr Cymru yn ogystal â'i gwaith teledu a ffilm, a hithau'n gofalu am ei mam trwy gydol y blynyddoedd.

Oherwydd amgylchiadau'r cyfnod, ar fin nosau y cynhelid yr ymarferion ar gyfer *Rhai yn Fugeiliaid* a hynny yn Ysgoldy Capel Horeb ym Mangor. Mae'r cof yn fyw am deithio i Gaerdydd i ddarlledu'r bennod gyntaf mewn hen gapel wedi'i addasu'n stiwdio yn Broadway. Cychwyn ben bore Sadwrn mewn bws o Fangor ac aros yng ngwesty'r Eryrod yn Llwydlo am ginio, cyn cyrraedd stiwdio Broadway ar bwys Ffordd Casnewydd y ddinas tua phump o'r gloch. Ein bwrw i'r dwfn i'r hyn a elwid yn ymarfer technegol a ninnau â'n cegau'n agored wrth gael ein hunain mewn stiwdio deledu am y tro cyntaf. Doedd fawr ryfedd i rai o'r gwŷr camera ymateb fel pe baent yn cyfarfod bodau o blaned arall. Yn sicr roeddynt yn credu bod amser caled ac anodd o'u blaenau i sicrhau unrhyw gynhyrchiad o werth gyda chriw o'r fath.

Ond buan y daeth y criw technegol i weld bod Wilbert, ein cyfarwyddwr, yn deall ei bethau. Nid yn unig roedd y wybodaeth a dderbyniodd pob gŵr camera a sain yn dangos lleoliad pob camera, roedd hefyd yn nodi pryd i ddefnyddio pob camera a maint y lens roedd ei hangen. (Roedd o leia bedair lens ar bob un o hen gamerâu'r cyfnod hwnnw, ac angen i'r gŵr camera droi o un i'r llall – nerth bôn braich – pan nad oedd y cyfarwyddwr yn defnyddio ei gamera fo!) Gwn fod Les Ager, y prif ŵr camera y nos Sadwrn honno, wedi rhyfeddu hefo trylwyredd y wybodaeth a gawsant. Y canlyniad oedd i Wilbert ei sefydlu ei hun ac ennill parch holl weithwyr y stiwdio. Yn sgil hynny, cawsom ninnau'r actorion bob cymorth i ddygymod â'r cyfrwng newydd. Er hynny, profiad ysgytwol oedd perfformio'n fyw am yr hanner awr dyngedfennol honno ddiwedd y pnawn Sul, cyn wynebu taith bws hir yn ôl i'r Gogledd i waith gwahanol fore Llun a dechrau ymarfer yr ail bennod!

Erbyn heddiw mae'n anodd credu sut y llwyddwyd i gynnal cyfres o'r fath, er i bethau wella pan oedd y penodau diweddarach yn cael eu recordio. Ond hyd yn oed wedyn fe bwysleisid maint y gost a'r drafferth o ail-wneud os oedd rhywun wedi anghofio neu gamgymryd. Roedd y straen cymaint ag mewn rhaglen fyw.

Yr un drefn oedd i'r gyfres *Gwanwyn Diweddar*, eto o waith Islwyn Ffowc Elis. Cyfres wedi'i lleoli ar fferm oedd hon. Teulu o dri brawd a chwaer newydd golli eu mam yn wynebu sefyllfa o'r tad yn dod â darpar fam wen, yr un oed â'r mab hynaf, i'r cartref. Sefyllfa ddramatig i gychwyn cyfres – ond roedd un broblem fawr. Nid oedd gennym syniad beth oedd yn digwydd i'n cymeriadau tan y deuai amser ymarfer pob pennod, ac felly y bu hi hyd bennod chwech. Syndod nid bychan i bawb oedd i'r ferch ifanc oedd yn 'promptio' yn y penodau agoriadol ddod yn un o'r prif gymeriadau erbyn y bennod olaf!

O leiaf pan ddechreuwyd ymarfer *Chwalfa*, addasiad i'r teledu o nofel T. Rowland Hughes, roeddwn yn gwybod beth oedd i ddigwydd i 'nghymeriad i, sef Edward Evans. Peth arall oedd yn wahanol oedd ffilmio rhai golygfeydd ar leoliad am y tro cyntaf, ym Methesda a Mynydd Parys – profiad newydd sbon i ni. At hynny, roedd effaith streic fawr Chwarel y Penrhyn – a'r 'bradwyr' – yn dal yn gryf iawn yng nghanol y chwedegau.

Wrth gyrraedd y tŷ oedd i'w ddefnyddio i goluro a gwisgo ar ail fore'r ffilmio, dyma ganfod y gêr i gyd wedi'i luchio allan a chael gwybod bod gan y teulu gysylltiad â'r 'bradwyr'. Yna, mewn tŷ ger hen chwarel Pantddreiniog, cafodd W. H. Roberts a minnau brofiad anghynnes a dweud y lleiaf. Heb or-fanylu, roedd gofyn i'r ddau ohonom agor y drws a dod allan o'r tŷ. Mae'n anodd disgrifio ei gyflwr; roedd y budreddi gweladwy'n anhygoel a'r arogl yn mygu dyn bron. Bu'n rhaid gwneud yr olygfa fer rhyw deirgwaith, a'r gŵr camera – Billy Greenhalgh – yn mynnu gwneud un arall ac yn wfftio at y ddau ohonom am gwyno. Cytunwyd i wneud un arall ar yr amod ei fod ef yn mynd i'r tŷ i weld y sefyllfa. Wedi iddo fynd i mewn, daliodd W. H. a minnau'r drws ar gau i'w rwystro rhag dod allan am gyfnod go hir, a phan ddaeth allan roedd yn wyrdd ei wedd a chafodd wared â'i frecwast. Fu dim rhaid gwneud yr olygfa wedyn a Ken y dirprwy ŵr camera orffennodd waith y bore.

Roedd llawer o chwarelwyr a chyn-chwarelwyr (yn ogystal ag aelodau côr enwog y Penrhyn) yn cymryd rhan yn *Chwalfa*, a chefais gymorth parod i geisio hollti llechi ac ymarfer gwahanol grefftau eraill. Buont yn gwmni da, a bu nifer ohonynt – fel Huw Owen (Champion) ac eraill – yn barod eu cymwynas rai blynyddoedd yn ddiweddarach pan oeddem yn trefnu cynyrchiadau yn y Coleg Normal ym Mangor.

Câi nifer o ddramâu a chyfresi teledu eu recordio yn ninas Birmingham cyn adeiladu stiwdio a chanolfan y BBC yn Llandaf. Yn wir drama Gymraeg oedd y gyntaf i'w recordio yn stiwdio newydd Pebble Mill, Birmingham. Cyn hynny defnyddid hen sinema yn ardal Gosta Green y ddinas. Yno y recordiwyd y ddrama *Lili'r Grog*, trosiad o'r Saesneg gan Cynan, am ddigwyddiadau wythnos y Croeshoeliad. Deil yr atgof am y nifer o wahanol anifeiliaid swnllyd oedd yn y stiwdio heb sôn am y planhigion niferus oedd yn llenwi'r lle.

Penderfynwyd peintio cyrff rhai o'r cast yn euraid ar gyfer dechrau'r ddrama ac yna'u newid i liw arian – rwy'n credu bod Frank Lincoln a Michael Povey ymhlith y rhai y bu'n rhaid iddynt oddef y fath driniaeth. Roedd gŵr oedd yn digwydd bod yn 'Young Mr Universe' ar y pryd yn un o'r ecstras, ac wedi derbyn yr un driniaeth. Daeth actor o Gymro o'r tu ôl iddo a gafael a gwasgu rhan arbennig o'i gorff, gan feddwl mai un o'i gyd-actorion Cymreig oedd o. Afraid dweud iddo gael sioc ei fywyd pan drodd Mr Universe a'i wynebu! Bu bron i bethau fynd yn flêr. Er i'r euog un geisio cymryd y peth yn ysgafn, awgrymwyd wedyn na fu erioed mor agos iddo fod angen trôns glân.

* * *

Credwch neu beidio, roeddwn i'n dal i fod yn ddirprwy brifathro yn ysgol y Llan trwy'r cyfnod yma. Yn wir, gwyddwn fod yr amser wedi dod imi feddwl am geisio cael swydd prifathro.

Wedi ambell gais aflwyddiannus, llwyddais i gael rhestr fer a chael cyfweliad gan Bwyllgor Addysg Môn, niferus iawn o ran rhif ac amrywiol iawn eu hymateb i f'ymdrechion i ateb cwestiynau addysgol a phersonol. Cyn hynny hefyd bu ambell un yn barod â'i farn a'i gyngor (yn gwbl answyddogol, wrth gwrs). Awgrymwyd yn gynnil efallai fy mod yn gwneud ar y mwya o waith yn y Theatr Fach ac ar y radio a'r teledu bellach. Dro arall awgrymwyd nad oedd obaith heb fynd i weld ambell gynghorydd i ofyn am ei gefnogaeth! Syndod i mi oedd sut oedd gwybodaeth am bethau addysgol yn dod yn wybodaeth i unigolion na fuasai neb yn eu cysylltu â byd addysg. Fe'm goleuwyd pan roddwyd ar ddeall i mi eu bod yn aelodau o Gymdeithas arbennig, a bod pwyso a mesur pob math o bethau heblaw anifeiliaid fferm yn cael sylw yn y fan honno!

Er na fu i mi fynd i chwilio am gefnogaeth cynghorydd, wedi rhyw ddwy neu dair rhestr fer fe gollais Ysgol Cemaes o bleidlais y Cadeirydd ond llwyddo i gael Ysgol Bodffordd lle bûm yn hapus iawn am ddwy flynedd. Bu trigolion, rhieni ac yn arbennig pwyllgor rheolwyr yr ysgol yn garedig a gweithgar. Cefais gydweithrediad rhwydd a pharod fy nghyd-athrawon ac ni fu gwell merched y gegin mewn unrhyw ysgol.

Llwyddwyd i gael eisteddfod a diwrnod mabolgampau a chreu tîm pêl-droed – oedd yn gwisgo crysau glas, wrth gwrs. Yn wir mae'n debyg mai fi fu'r cyntaf i fentro gadael i ferch fod yn aelod o dîm pêl-droed yr ysgol. Nid am ein bod yn brin ond am fod Elinor cystal a gwell na llawer o'r bechgyn. Roedd Gwyn Pierce Owen, y reffarî enwog – oedd yn brifathro Llanddona ar y pryd – yn wfftio ataf cyn y gêm ond newidiodd ei gân wedi'r chwarae, a bu'n ddigon mawrfrydig i gydnabod bod Elinor yn haeddu ei lle. Deellais gan Elinor ei hun yn ddiweddar ei bod hi bellach yn hyfforddi tîm pêl-droed merched. Da ferch!

Daeth Olwen Jones atom i'r ysgol a bu'n arloesol wrth gyflwyno cerddoriaeth yn null Carl Orff a rhoi cyfle i blant ymarfer gwahanol offerynnau taro. Bûm yn ffodus iawn hefyd fod merch arbennig wedi ymddeol i fyw dros y ffordd i mi ym Menllech. Roedd Eirwen Hughes, o'r Groeslon yn wreiddiol ac un o ychydig ferched ei chyfnod i gael addysg prifysgol, wedi ymddeol o fod yn Bennaeth Daearyddiaeth a Daeareg mewn ysgol yn ardal y Cotswolds. Cytunodd i ddod unwaith yr wythnos i Ysgol Bodffordd i agor llygaid y plant a minnau i nodweddion tir a hanfodion daeareg a daeaeryddiaeth ymarferol y fro, trwy fynd o gwmpas y pentre i greu modelau a boddio chwilfrydedd y plant am ansawdd tir eu hardal. Hi fu'n gyfrifol am ddysgu i Gareth, fy mab, leoliad daearyddol timau pêl-droed trwy roddi ar fap o Brydain farc coch am dimau'r adran gyntaf a glas am dimau ail adran y cyfnod hwnnw; hi hefyd, gyda llaw, fyddai'n ei godi o'i wely i wylio *Match of the Day* pan fyddai'n ei warchod.

* * *

Yn ystod fy nghyfnod ym Ysgol Bodffordd, daeth Eisteddfod Môn i'r pentre a mawr fu'r pwyllgorau a'r paratoi. Yn wir roedd yr ysgrifennydd gweithgar mor frwdfrydig nes archebu tri band ar gyfer diwrnod y cyhoeddi ac nid oedd sicrwydd hyd y diwrnod ei hun sawl band fyddai'n cyrraedd. Cofiaf yn dda i Tomi, brawd Charles, fy holi'n wamal wrth gerdded yn yr orymdaith tuag at Gerrig yr Orsedd, 'Pa fand 'di hwn 'lly? Wan, Tŵ 'ta Thri?'

Yn ystod y seremoni honno y meiddiodd yr Aelod Seneddol, y Gwir Anrhydeddus Cledwyn Hughes, oedd wedi'i wahodd i annerch o'r Maen Llog, gamu i'r cylch heb fynd drwy'r porth cydnabyddedig. Meddai'r Derwydd Gweinyddol, Llew Llwydiarth, ar ucha'i lais, 'Allan – a dod i mewn i'r cylch DRWY'R PORTH!' Ac allan yn dinfain yr aeth, ac i mewn i'r cylch drwy'r porth swyddogol.

Yn sicr, roedd y Llew yn cymryd ei swydd o ddifri. Rwy'n ei gofio'n iawn pan oeddwn yn hogyn mewn Cyfarfodydd Ysgol yn Llangwyllog a fynta'n cynrychioli Capel Carmel. Byddai'n disgwyl i'r cyfarfod gychwyn ac yna'n gwneud 'entrance' dramatig a cherdded yn drwm i'r sêt fawr; wedi eistedd, byddai'n symud cledr ei law dde fawr o'i dalcen dros ei drwyn at ei ên ac wedi pesychiad yn troi ei olygon at y gynulleidfa cystal â dweud 'Dwi yma'! Roedd yn Henadur yng Nghyngor Sir

Môn ac yn fawr ei barch a'i ddylanwad. Roedd o'n gymeriad unigryw, 'larger than life' chwedl y Sais.

Mae'r straeon amdano'n lleng, a chyn imi ei adael dyma ddau hanesyn nodweddiadol. Roedd is-bwyllgor wedi penodi rhywun i swydd yn y Cyngor Sir ac wedi mynd â fo i'r Bull yn Llangefni am ginio ac i drafod gwaith yr adran, cyn i bwyllgor llawn y Cyngor gadarnhau'r apwyntiad yn y pnawn. Mae'n debyg bod rhyw gingron o gynghorydd wedi clywed am y cinio a gofyn yn y pnawn, 'Mr Cadeirydd, ai gwir yw i'r gŵr sydd i'w apwyntio gael cinio yn y Bull ar gost y Cyngor?' Cyn i'r cadeirydd gael cyfle i ateb, roedd y Llew ar ei draed ac yn bloeddio dweud, 'Mr Cadeirydd, yma rydan ni i wybod beth sydd ym *mhen* y gŵr ifanc yma, nid be sy'n 'i *fol* o!'

Charles oedd yn arwain Eisteddfod Môn un tro, a dwy gystadleuaeth i ddod cyn seremoni'r cadeirio. Roedd y côr adrodd cyntaf ar fin gorffen pan ddaeth Owain Edern, Ceidwad y Cledd, i ochr y llwyfan a gweiddi:

'Cha'ls, Cha'ls!'

'Be sy?'

'Cadeirio nesa, Cha'ls.'

'*Be?*'

'Cadeirio nesa.'

'Ond fedra i ddim, ma gin i un côr a thri tenor cyn hynny.'

'Cadeirio nesa. Raid iti.'

'Ond neno'r nefodd, *pam*?'

'Ma' Llew isio c**u!'

Er iddo gael ei ffordd, bu'n rhaid iddo gael gwneud smonach pan ddaeth hi'n amser i enwi'r bardd cadeiriol.

'Enw'r bardd buddugol yw, hmm, Gwilym R. Tidli!'

Mair Mathafarn, y Cofiadur druan, yn sibrwd yn uchel yn ei glust,

'TILSLEY.'

'Mae'n ddrwg gen i, hmm, enw'r bardd buddugol yw Gwilym R. TILSLEY TIDLI!'

Dywedir y bu bron i John Gwilym Jones, y beirniad, lyncu ei hances boced.

Pan ddaeth yr eisteddfod i Fodffordd, wedi holl frwdfrydedd y cyhoeddi a'r casglu arian, trist yw nodi iddi fwrw glaw trwm yn ddi-stop o'r nos Wener tan y nos Sul!

⋆ ⋆ ⋆

Roedd ysgol newydd yn cael ei chodi ym Menllech ac roedd angen prifathro. Gan fy mod yn byw yn y pentref a'i bod yn fwy ysgol mi benderfynais wneud cais am y swydd. Yr un amser dywedodd fy nghyfaill, Huw Lloyd Edwards, fod swydd oedd i ganolbwyntio ar waith llafar yn Adran Ddrama'r Coleg Normal i'w hysbysebu'n fuan, ac fe'm perswadiodd i wneud cais amdani.

Fe fu'r un wythnos honno, ddechrau Mawrth 1968, yn un dyngedfennol i mi. Ar ddydd Mawrth roeddwn ar restr fer o dri am Ysgol Benllech a llwyddo i'w chael. Brynhawn drannoeth daeth Goronwy Wyn Rowlands, Gweinyddwr Rhaglenni'r BBC yng Nghaerdydd, i Ysgol Bodffordd a chynnig cytundeb blwyddyn i mi gyda'r gorfforaeth, gan ychwanegu y byddai'r cytundeb yn debygol o gael ei ymestyn. Dywedais y byddai'n rhaid imi feddwl dros y cynnig a thrafod y peth hefo Mabel, gan fod gen i ddau o blant ifanc i'w hystyried – roedd Nia wedi cyrraedd erbyn hynny! Roedd gen i hefyd gyfweliad drannoeth yn y Coleg Normal.

Wedi cael cynnig y swydd yn y Normal – fy hen goleg – roedd meddwl am gael gweithio ym maes y ddrama heb fod angen codi'r gwreiddiau teuluol o Fôn yn gwneud y penderfyniad yn un hawdd.

Yn rhyfedd iawn, ar y nos Wener wedyn, roeddwn mewn pwyllgor oedd yn paratoi am ddyfodiad Eisteddfod Môn i'r Benllech y flwyddyn ganlynol. Fel pe bai rhywbeth yn mynnu bod, roedd Cynghorydd oedd yn rhan o'r pwyllgor oedd wedi fy mhenodi'n brifathro Ysgol Benllech ar y dydd Mawrth yno. Ar derfyn pwyllgor yr eisteddfod, ar fy ffordd allan, daeth wyneb yn wyneb â mi. Roeddwn yn gwybod i sicrwydd nad fi oedd wedi cael ei bleidlais (fel roedd ganddo bob hawl). Wrth iddo fy llongyfarch ar gael swydd y prifathro, byddai wedi bod yn ddoethach iddo beidio cymryd arno mai i mi y pleidleisiodd! O edrych yn ôl, mi fuasai wedi bod yn ddoethach i minnau fod heb ddweud dim, ond yn anffodus mi edrychais ym myw ei lygaid a dweud yn fyrbwyll, 'Diolch yn fawr am eich llongyfarchiadau, ond fydda i ddim yn dod i Ysgol Benllech. Felly mi gewch ei rhoi hi i'r un y rhoesoch eich pleidlais iddo!' Mi gefais y drefn yn arw gan Mêb pan ddywedais wrthi wedi cyrraedd adre. Ac fel bob amser, hi oedd yn iawn.

Bu bron i mi gael achos i ddifaru, oherwydd bu ond y dim i mi adael y Normal ar ddiwedd fy mlwyddyn gyntaf yn y swydd.

Taid Corsyreira.

Nain Corsyreira efo'i hŵyr cyntaf – fi!

Y penfelyn yn ddyflwydd oed.

Efo Gwynneth, fy chwaer.

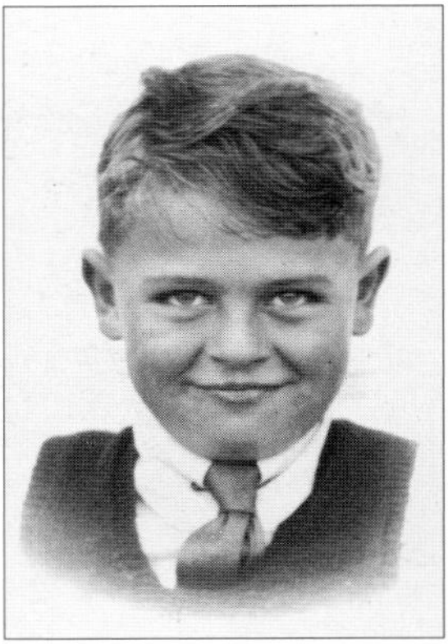

Fi yn Ysgol Anfield Road, Lerpwl.

Nhad a Mam ar ddydd eu priodas.

Car a merlyn yn y Betws, tua 1935. Cefn: Gwynneth, Mam, fi a Taid Betws. Blaen: Fewyrth Bob a Modryb Catherine.

Dosbarth Ysgol Sul Huw Parry, Ddreiniog House, Llangwyllog (fi'n ail o'r chwith yn y cefn, a'm pardnar mewn drygau, Wil Huw, ar y dde eithaf).

Tîm Aelwyd Llannerch-y-medd ym 1946 (fi ydi'r llipryn main talaf yn y cefn; Johnnie Ifans, Alaw House – cariwr y tîm – ar y chwith; Robaits Siop Chips – y rheolwr – ar y dde).

Yn y ddrama Catrin *(George Fisher) ym 1948.*
O'r chwith: Harri Pritchard Jones, fi, Lowri Evans (mam Hywel Gwynfryn), Leslie a Nellie Hodgkins (rhieni Gwenno Hodgkins) ac Ifan Gruffydd (y Gŵr o Baradwys).

Côr Meibion Bodffordd yn y 50au cynnar. Yr arweinydd, Capten Willie Humphreys, efo'r gwpan a Gwynneth wrth ei ochor, a minnau ar y dde eithaf yn y cefn.

Yn yr Aifft, 1950.
Y lladdwr llau gwancus, Brian Spriggs, tu cefn i mi.

Actio'r Cybydd yn y Coleg Normal, Bangor, ym 1953 – cartŵn o waith Douglas Williams, Pennaeth yr Adran Gelf.

Coroni Glyn Roberts (awdur 'Safwn yn y Bwlch') ar lannau'r Fenai. O'r chwith: Robin Lloyd Jones, John O. P., Glyn, Trefor Ty'n Ffynnon, Robin Aberdaron a fi.

A dyma fi'n athro! Yn Ysgol Mathew Arnold, Lerpwl, ym 1953.

Cinio Gŵyl Ddewi un o'r pum Aelwyd yr Urdd oedd yn Lerpwl ar y pryd, tua 1956. Chwith, blaen: Helen Mai (Morfa Nefyn) yn eistedd rhwng fy ffrind, Robin, a fi.

Yn Ddirprwy Brifathro Ysgol Llannerch-y-medd – gydag Idwal Roberts, y Prifathro, a thîm pêl-droed yr ysgol (pedwar ohonynt bellach yn gyd-olffwyr yng Nghlwb Porthllechog).

Rhaglen Nodwedd 'Y Siaced Fraith' yn Eisteddfod Genedlaethol Llangefni, 1957. Côr Adrodd Bodffordd ar y chwith, Merched Niwbwrch ar y dde, a gormod o ddoniau'r genedl i'w henwi yn y canol!

Criw Theatr Fach Llangefni berfformiodd Pros Kairon *yn Dundalk (Iwerddon) ac yn Detroit ym 1975. Huw Lloyd Edwards, yr awdur, ar y chwith eithaf yn y blaen; y Gwyddel, Sean Casey, a Glyn Pensarn (efo'r gwpan) o boptu i mi.*

Fy nghynhyrchiad olaf cyn gadael Adran Ddrama'r Coleg Normal, 1983 – Yr Ymweliad.

Y golurwraig, Mo Sproxton, a minnau wrth ffilmio'r rhaglen deledu Hedd Wyn *ar ddiwrnod cneifio yn yr Ysgwrn, 1966.*

Otto'r Almaenwr (Philip Madoc) a Major John Hughes – dau aelod o MI5 – yn Blumenfeld, *1986.*

Mynd i'r Sowth – *drama deledu, 1979. Hefo Gareth, fy mab, yn actio tad a mab!*

Fel Andrew Wyke yn Sleuth, *cynhyrchiad Saesneg i Gwmni Theatr Gwynedd, tymor haf 1984.*

Yn Congrinero'r Gorllewin. *Ffilmiwyd y cyfan ohoni ar leoliad – yn Nhyddewi – peth newydd yng Nghymru yn y cyfnod hwnnw (y 70au).*

Lisabeth Miles a minnau yn Yr Arth *(cyfieithiad o ddrama Chekhov) ym 1984.*

Merch Gwern Hywel *(1975)*.

Owain Glyndŵr *(1983)*.

Chwalfa *(1966)*.

Madam Wen *(1982)*.

Cysgodion Gdansk *(1987)*.

Hufen a Moch Bach *(1984)*.

Prawf ar hollti llechi i John Ogwen, Eric Roberts (Eric Lynas) a fi. O Law i Law, *1984.*

Stewart Jones yn frawd o ffarmwr yn Ewyllys Da *– Cwmni Teliesyn, 1984.*

Canu'r tro hwn! Tevye yn Fiddler on the Roof *– Cwmni Theatr Gwynedd, tymor haf 1982.*

Efo un o'm ffrindiau pennaf, Cliff Kearns o Ddinbych, ar faes golff yn Sbaen.

Yn y 'buggy' ar Ddiwrnod y Capten ym 1997, efo ffrind cywir arall, Idwal Owen (y 'meatologist'!).

Os dwi'n llai na Bryn Terfel, dwi'n fwy na John Ogwen!

Côr Meibion y Traeth, efo'n cyn-arweinydd, Gwyn L. Williams, a'n cyfeilydd, Grês Pritchard (fi'n drydydd o'r dde yn y blaen).

Ar y Costa del Golff! Yn Sbaen efo'r hogia. Cefn, o'r chwith: Aled Owen, John Gore, Dei Jones, Harold Williams, fi, Meirion Roberts, Alan Dulyn ac Arthur Pen-y-Groes. Blaen: Tony Lewis, Berwyn Owen, Roy Gregson a Richard Cowell.

Dathliad hapus i Mabel a fi – ein priodas arian ym 1983. Efo Gareth a Nia ('yr hogia', fel byddwn ni'n deud yn Sir Fôn!).

Mabel.

Nia a Gareth.

Y genhedlaeth nesa! O'r chwith: Gruff, Ifan, Cesia a Nel.

Y Coleg Normal

Cefais groeso cynnes gan aelodau Adran Ddrama'r Coleg Normal a gwnaeth y tri ohonynt eu gorau i'm gwneud yn gartrefol. Roeddwn wedi cydweithio gydag Edwin Williams, pennaeth yr adran, ar ddramâu radio pan oeddwn yn fyfyriwr, a chyda'r dramodydd Huw Lloyd Edwards o ddyddiau cynnar y Theatr Fach. Roedd Morien Phillips a minnau wedi bod yn gyd-fyfyrwyr gynt yn y Normal.

Wrth gwrs roedd hi'n bleser hefyd cael ymgynefino â chyflwyno ochr lafar maes y ddrama i'r myfyrwyr. Mi gymerodd dipyn o amser i mi ddod i ddygymod â'r gwahaniaeth rhwng ymwneud â phlant cynradd ac â myfyrwyr, ond buan y deuthum i weld bod rhai o'r bobl ifanc yn gallu bod yn fwy hunanymwybodol na phlant, er yn defnyddio amryw o ddulliau i geisio cuddio hynny!

Yn ogystal â sesiynau'r Adran Ddrama, roedd trefniant hefyd i mi gymryd grwpiau eraill o fyfyrwyr ar gyfer gwaith llafar – rhai *nad* oeddynt wedi dewis Drama fel pwnc – ac Adran Addysg y coleg oedd yn gyfrifol am drefnu amser a man cyfarfod y sesiynau hynny. Roedd dwy broblem yn fy wynebu gyda grwpiau'r Adran Addysg. Yr un fwyaf sylfaenol oedd y cynhelid y sesiynau mewn ystafelloedd tiwtorial cyfyng a phawb yn eistedd tu ôl i ddesg, a hynny'n rhwystr i wneud unrhyw fath o symud na gwaith creadigol. Ar ben hynny, myfyrwyr ar eu hail flwyddyn oeddynt ac felly eisoes wedi bod ar gyfnod o Ymarfer Dysgu mewn ysgolion, lle rhoddwyd ar ddeall i rai ohonynt gan amrywiol diwtoriaid y byddai'n syniad iddynt geisio cael hyfforddiant llafar er mwyn gwella'u perfformiad o flaen y dosbarth. Pa ryfedd felly nad bochau bodlon oedd yn fy wynebu tu ôl i resi desgiau'r ystafelloedd tiwtorial! Ond roedd hi'n rhaid i mi geisio addasu rywsut i'r amodau anffafriol, a chwilio am ffyrdd i gynorthwyo criw o fyfyrwyr oedd yn amheus ohonof i ennill mwy o hyder ar lafar.

Rai blynyddoedd cyn hynny roeddwn wedi bod mewn cwrs penwythnos yn Leamington dan nawdd Cymdeithas Theatrau Bychain Prydain, ac un o'r darlithwyr oedd Peter Slade, gŵr oedd wedi cael llwyddiant mawr yn gwneud gwaith creadigol byrfyfyr gyda phlant difreintiedig un o ardaloedd tlotaf dinas Birmingham, cyn datblygu'i syniadau ymhellach yn ei lyfr, *Child Drama.* Cefais innau f'argyhoeddi ganddo.

Roedd dull Peter Slade, ac eraill a rannai ei weledigaeth, o greu sefyllfaoedd a chwarae'n fyrfyfyr (yn cynnwys chwarae rôl) yn un ardderchog i gael pobl ifanc i fwrw'u swildod a bod yn hunanhyderus ar lafar. Caent eu hysgogi i fynd i mewn i'r cymeriad a chwaraeid ganddynt – *bod* yn rhywun arall, mewn geiriau eraill – a hynny'n gymorth i goncro'u diffyg hyder. Credwn innau'n gryf y byddai profiadau o'r fath nid yn unig o werth iddynt yn bersonol, ond y gallent hwythau wedyn fel athrawon ddefnyddio'r dull hwn mewn sefyllfa ddosbarth i ysgogi eu disgyblion. Y dasg fawr oedd cael awdurdodau addysg (gan gynnwys Adran Addysg y Coleg Normal) i weld ei werth. Roedd hi'n gwbl amlwg i mi nad yr amser gorau i roi hyder i ddarpar athrawon oedd *ar ôl* iddynt fod ar gyfnod o ymarfer dysgu!

Oherwydd cymhlethdodau'r daflen amser a phrinder ystafelloedd methwyd â newid y trefniadau, ac awgrymodd Edwin imi adael pethau fel yr oeddynt hyd ddiwedd y flwyddyn o leiaf. Ond roeddwn yn dal i fod yn hynod o anhapus. Deuthum i'r casgliad y byddai'n rhaid i mi ystyried ceisio mynd yn ôl i fyd plant, a hynny'n fuan, ond roedd Huw Lloyd yn daer am imi beidio â gwneud dim byd yn fyrbwyll.

Aeth Huw ac Edwin i drafod fy syniadau gyda Phennaeth yr Adran Addysg a maes o law fe'm galwyd innau i mewn i'r trafodaethau. O'r diwedd, cafwyd cytundeb mewn egwyddor a phawb o'r farn mai doeth fyddai i bob myfyriwr wneud un sesiwn o ddrama greadigol yr wythnos yn ystod eu blwyddyn gyntaf. (Cyd-ddigwyddiad amserol i mi oedd i Peter Slade gyhoeddi addasiad a thalfyriad symlach o'i lyfr, dan y teitl *An Introduction to Child Drama*, yr union flwyddyn honno!) Prin bod rhaid dweud cymaint o ryddhad i mi fu derbyn fy nghytundeb newydd ar derfyn y flwyddyn.

* * *

Hyd heddiw, gallaf ddweud yn onest na phallodd fy edmygedd o'r myfyrwyr talentog a gefais i a'm cyd-weithwyr yn y Coleg Normal yn y cyfnod hwnnw. Ymfalchïaf hefyd yn eu llwyddiant a'u cyfraniad dros y blynyddoedd ar ôl hynny – i faes addysg, y ddrama a'r gwahanol gyfryngau. Mi allwn gael fy nghyhuddo o fod yn rhagfarnllyd ond rwy'n sicr bod nifer helaeth o'r athrawon gorau i adael y Normal yr adeg honno wedi dod i gysylltiad â'r ddrama rywbryd yn ystod eu cwrs! Mae'n drist meddwl nad yw y Coleg Normal mwy.

Braf iawn fu cael y cyfle i weithio yno ar amrywiol gynyrchiadau. Dewisem ddramâu oedd yn gofyn am gast niferus er mwyn ceisio cynnwys cymaint â phosibl o'r myfyrwyr, a chafwyd llawer o gyflwyniadau oedd yn cynnwys corawdau a chyfle i ddawns a cherddoriaeth. Daw dwy'n arbennig – *Y Chwarelwr* a'r *Môr* – i'r cof. Perfformiwyd *Y Chwarelwr* yn Eisteddfod Genedlaethol Bangor ym 1971. Yn y cyflwyniad cyntaf ohoni yn Neuadd John Phillips, trefnwyd i brif ofalwr y Coleg, Huw Owen (Champion) ynghyd â Gwilym, ei gyd-weithiwr (dau gyn-chwarelwr y soniais eisoes amdanynt), fod yng nghyntedd y neuadd yn hollti llechi wrth i'r gynulleidfa fynd i mewn. Hyfryd yw nodi bod un o neuaddau preswyl safle'r Normal bellach yn dwyn yr enw Neuadd Huw Owen.

Yr adeg yma, hefyd, roedd Wilbert Lloyd Roberts newydd sefydlu Cwmni Theatr Cymru wedi blyn-yddoedd o gyflwyno dilyniant o berfformiadau yn yr Eisteddfod Genedlaethol. Cychwynnwyd menter y Cwmni Theatr gyda chnewyllyn o chwe actor craidd ym Mangor, a Wilbert ei hun yn dod yn weinyddwr llawn amser i'r cwmni maes o law. Bu cydweithio agos rhwng Adran Ddrama'r Coleg Normal a'r Cwmni Theatr o'r cychwyn cyntaf, yn arbennig hefo aelodau ifanc y Cwmni a aeth ati i sefydlu cwmni newydd ac arbrofol a'i fedyddio'n Cwmni Bara Caws. Bu rhai adeiladau ar gampws y Normal yn fan ymarfer iddynt dros y blynyddoedd.

Profiad gwerthfawr a gefais i'n bersonol yn y cyfnod

hwn oedd cael mynychu'r cyrsiau drama drefnid bob gwyliau haf gan Undeb Darlithwyr mewn Colegau Addysg, a hynny mewn gwahanol fannau ym Mhrydain. Cydweithiem yn ymarferol drwy gyfnod y cwrs mewn grwpiau dan hyfforddiant arbenigwyr amrywiol, a rhoi perfformiad ar y diwedd. Roedd y cymdeithasu'n felys a chafwyd sawl noson lawen gofiadwy fin nos. Un ddaeth yn ffrind agos dros y blynyddoedd o ganlyniad i'r cyrsiau blynyddol oedd Eddie Gordon, Pennaeth Adran Ddrama Coleg Stranmillis ym Melffast – cymeriad gwreiddiol, perfformiwr a storïwr wrth reddf. Y fo sefydlodd gymdeithas y 'Celtic Fringe' yn y cyrsiau. Celtiaid yn unig fyddai'n bresennol yn noson gyntaf pob cwrs ac Eddie'n rhoi potel fawr o wisgi Bushmills Black Bush ar y bwrdd i iro a llacio tafodau, ond o noson i noson rhoddid gwahoddiad i chwaneg o bobl hyd nes byddai'r holl gwrs yn aelodau erbyn y noson olaf!

Fel pob adran arall yn y Coleg byddem ninnau'n cael cyfarfod adran o dro i dro, ond go brin bod unrhyw adran yn cael cyfarfodydd difyrrach na rhai'r Adran Ddrama. Roedd pob busnes o bwys wedi'i drafod o fewn hanner awr cyntaf y pwyllgor, oherwydd byddai Huw Lloyd Edwards – yr arbenigwr ar y ddrama Roegaidd – bob tro yn mynnu cadw at y ddefod o dalu gwrogaeth Roegaidd i'r duw Dionysos. Gan fod Huw'n arbenigwr ar wneud gwin cartref fe ofalai fod rhyw ddwy botel o'i gynnyrch diweddaraf ar y bwrdd ymhob cyfarfod adran i gyfarch gwell i dduw y gwin! (Mantais fawr oedd bod y cyfarfod mewn ystafell yng nghefn llwyfan Neuadd John Phillips ymhell o olwg a chlyw pawb.) Bu sawl seiat ddifyr a storïau oedd yn codi gwên, a fu dim chwerthwr gwell mewn cwmni nag Edwin. Roeddem yn cymdeithasu tu allan i ffiniau'r coleg hefyd drwy'r blynyddoedd, ac nid y gwin oedd i gyfrif ein bod yn cael ein hystyried (gan y myfyrwyr yn ogystal) yn adran hapus a chytûn.

* * *

Wrth deithio hefo'n gilydd i Eisteddfod Genedlaethol Hwlffordd yn 1972 y dywedodd Huw wrthyf ei fod wedi sgwennu darn i gorws o fyfyrwyr, a gofyn fy marn arno. Nid yn unig roedd yn ddarn fyddai'n sialens ac yn her i'w gyflwyno ond roedd hefyd yn ddarn o farddoniaeth nodedig. Effaith rhyfel yn cael ei fynegi gan gorawd o ferched yn y traddodiad Groegaidd oedd ganddo, ac wrth ei ddarllen gwelwn fod yr agoriad yn llawn awyrgylch,

> Mae tawelwch yn ein pentre ni heddiw,
> Mudandod galar rhy ddwfn i ddagrau;
> Nid oes, bellach, ochenaid i liniaru gwewyr y galon.

Yna, mynd rhagddo i fynegi'r profiadau erchyll sydd mor adnabyddus i ni heddiw trwy lygaid y camerâu teledu cyfoes, a'r llinellau ysgytiol canlynol yn cloi'r corawd,

> Bellach, nid oes gennym ddim ar ôl
> Ond diymadferthwch ac anobaith du,
> Ac eto, rhywfodd, rhaid stryffaglio ymlaen,
> Heb wybod dim ond mai fel hyn
> Mae pethau wedi bod erioed,
> A bod ein gwaed yn staenio'r canrifoedd.

Cyfaddefodd yn ystod yr wythnos yn Hwlffordd ei fod wedi bod yn gweithio ar ddrama fyddai'n ddefnydd addas i nifer fawr o fyfyrwyr, a bod y darn a ddarllenais i'n rhan ohoni. *Y Llyffantod,* drama Aristoffanes, prif gomedïwr Athen yn ystod Oes Aur y ddrama yng Ngroeg bum canrif cyn Crist, fu'r symbyliad i Huw. Y cwbl a fenthycodd o oedd y teitl a'r fframwaith – er mai yn Athen ac yn Hades y digwydd ei ddrama yntau, mae'n gwbl amlwg mai agweddau ar bobl a sefydliadau Cymru ar y pryd gaiff eu dychanu ganddo.

Wedi clywed ein bod am ei llwyfannu daeth awgrym gan Wilbert y gellid cael nawdd i'w chyflwyno dan gynllun y Theatr Ifanc, a sicrhawyd grantiau amrywiol i wireddu hynny. Bu'r Dr J. A. Davies, Prifathro'r Coleg, yn hynod gefnogol i'r fenter hefyd. Gwahoddwyd nifer o actorion gwadd at yr ugeiniau o fyfyrwyr a bu'r fenter yn llwyddiant ysgubol yn y perfformiadau yn Eisteddfod Genedlaethol Rhuthun yn 1973, ac ar daith lwyddiannus trwy Gymru'r mis Rhagfyr canlynol.

Wedi llwyddiant *Y Llyffantod*, aeth Huw ati i greu drama arall debyg o ran ffurf, un oedd unwaith yn rhagor yn rhoi cyfle i nifer fawr o fyfyrwyr fel corawdau ac unigolion. Y tro hwn, stori Jona fu ym mol y morfil o'r Hen Destament oedd ei ddewis. Y bwriad oedd cyflwyno *Y Lefiathan* fel y ddrama gomisiwn yn Eisteddfod Genedlaethol Bro Dwyfor 1975, ond gwrthododd Cyngor y Celfyddydau roi'r nawdd angenrheidiol. Nid oeddynt i wybod cymaint o ymdrech fu cwblhau'r gwaith i Huw. Er nad oedd ei iechyd wedi bod yn dda ers rhai blynyddoedd, roedd ei ffrindiau agos wedi sylwi ar y dirywiad amlwg yn ei gyflwr. Bu'n gryn ymdrech iddo ddod i weld perfformiad o'i ddrama *Pros Kairon* yng Ngŵyl Ddrama Ryngwladol Dundalk yn Iwerddon ym mis Mai y flwyddyn honno (caf sôn am hynny eto). Bu

Huw – y cenedlaetholwr diedifar – farw ym mis Hydref yr un flwyddyn yn 59 mlwydd oed.

Llwyfannwyd *Y Lefiathan* gyda chast o ddeugain ar daith o gwmpas Cymru ym Medi a Hydref 1976. Fel yn y cyflwyniad o'r *Llyffantod*, cafwyd nawdd oedd yn fodd i gyfuno cwmni o actorion proffesiynol, myfyrwyr y Normal a phump o actorion ifanc oedd yn ymuno â'r Cwmni Theatr ar ôl cwblhau eu cwrs yng Ngholeg Cerdd a Drama, Caerdydd. Profiad rhyfeddol oedd y daith trwy Gymru gyda chwmni mor niferus. Yn wir, go brin i gwmni gyda mwy o rif fentro ar unrhyw daith o'r fath! Ond bu'n gyfle i werthfawrogi ymroddiad nifer o unigolion a dysgais gryn dipyn am y natur ddynol a dawn gymdeithasol ac ynni sawl aelod o'r criw. Cefais gymorth gwerthfawr gan y cynllunydd, Martin Morley; Mike Thomas gyda'r goleuo; Glyn Richards ac Alan Jones, y seiri llwyfan; a Dewi Huws, y rheolwr llwyfan. Dyma rai y bûm yn falch o gael y cyfle i gydweithio â hwy droeon wedyn dros y blynyddoedd.

Erbyn hynny roedd Hazel Eames (Slade yn ddiweddarach) wedi ymuno â ni yn yr Adran Ddrama – merch olygus, llawn egni, hynod o dalentog a mawr ei chyfraniad i faes y ddrama yn llenyddol ac ymarferol. Roeddem ni'n dau wedi cydweithio hefo'n gilydd dros y blynyddoedd – wedi cyd-actio droeon a chynhyrchu'n gilydd amryw o weithiau, a'r ddau ohonom hefyd wedi cael cyfnod fel cyfarwyddwyr y Theatr Fach yn Llangefni. Roeddwn i'n falch o'i chroesawu i'r adran.

Tua'r amser hwn, daeth y Bwrdd Ffilmiau i gartrefu ar gampws y Normal, a'r Prifathro'n aelod brwdfrydig ohono. Dyna pryd y dois innau i adnabod y cyfarwyddwr

Gareth Wynn Jones, un oedd wedi gweithio i'r BBC ar raglenni nodwedd yn y Dwyrain Pell – a dod i ddeall mai ei dad oedd Edgar Jones, prifathro Ysgol Dyffryn Road, Llandudno, lle gwnes i f'ymarfer dysgu cyntaf! Gan Gareth y cefais y profiad cyntaf o weithio ar ffilm – *Teisennau Mair*, un o gynyrchiadau cynnar y Bwrdd Ffilmiau – cyn gweithio gyda Wil Aaron ar ffilm o waith yr Athro Gwyn Thomas, ac yna gyda Pennant Roberts a'i gwmni niferus o Lundain a gyfarwyddodd y ffilm (nid anenwog) *Madam Wen*. Ar y pryd roedd Gwilym Owen, fy ffrind o ddyddiau ysgol, yn weinyddwr y Bwrdd, cyn iddo ddychwelyd ar ôl cyfnod byr i fyd newyddiaduraeth teledu a radio (mae'n manylu ar ei amser gyda'r Bwrdd yn ei hunangofiant, *Crych Dros Dro*). Gwilym Glanrhyd fuodd o i mi trwy'r blynyddoedd.

* * *

Maes o law, ychwanegwyd Cyfathrebu at yr Adran Ddrama, ac yn fuan gofynnwyd i mi fod yn gyfrifol amdani.

Tri o fyfyrwyr oedd am ganolbwyntio ar y maes y flwyddyn gyntaf honno a phedwar y flwyddyn wedyn. A bod yn onest, gyda rhif mor fychan, roedd hi'n hawdd i mi ofyn ffafr gan hwn a'r llall yr oeddwn i'n gyfarwydd â nhw yn y byd cyfryngol, a'u cael i gytuno i dderbyn unigolion i gael profiad gwaith yn adrannau radio a theledu'r BBC a Theledu Harlech. Rwy'n siŵr bod y myfyrwyr cynnar hynny'n barod i gytuno iddynt gael pob cymorth a chyfle i brofi eu gallu yn ymarferol – a llwyddo, ar ddiwedd eu cwrs, i gael swydd. Gwnaeth un neu ddau gymaint o argraff yn y ddau sefydliad nes iddynt gael cynnig swydd yn syth! (Yn wir, mae nifer o fyfyrwyr cynnar y cwrs Cyfathrebu'n dal i roi cyfraniad yn y byd hwnnw heddiw.) Mwynhawn innau weld ymroddiad cynifer o bobl ifanc oedd yn fodlon treulio oriau tu allan i'w taflen waith swyddogol i ymarfer pob math o ddisgyblaethau. Wedi bod o gwmpas ysgolion uwchradd trwy Gymru'n disgrifio cynnwys y cwrs, cynyddwyd nifer y myfyrwyr yn sylweddol erbyn diwedd fy nghyfnod i yno.

Daeth y newydd bod angen cwtogi rhif y darlithwyr yn y Coleg Normal (fel yn y colegau hyfforddi yn gyffredinol), a thrwy Undeb y Darlithwyr daeth yn hysbys bod cynllun ymddeoliad cynnar gwirfoddol yn cael ei gynnig gyda sicrwydd ariannol ffafriol iawn a phensiwn sicr. Fel sawl un arall gwirfoddolais i fanteisio ar y cynllun ond fe'm gwrthodwyd, a'r prifathro'n esbonio mai'r rheswm oedd bod yr Adran Gyfathrebu'n cynyddu! Wrth roi cais drachefn, holais tybed a oedd ganddynt hawl foesol i'm gwrthod gan mai gofyn am wirfoddolwyr a wnaed.

Cyn i'r cais hwnnw gael ei ystyried roeddwn mewn cyngerdd yn Sir Drefaldwyn ac yn cael sgwrs dros baned gyda gŵr yr oeddwn yn gyfarwydd ag o ers rhai blynyddoedd – Francis Thomas, Carno – cymeriad annwyl oedd yn gynghorydd sir ac yn un y gwyddwn ei fod yn cynrychioli Maldwyn ar Fwrdd Llywodraethol y Coleg Normal. Fel arfer ei gyfarchiad cwbl nodweddiadol oedd, 'Ffordd ma'i? Ffordd ma'i?' Wedi bod yn sgwrsio am ychydig soniais wrtho 'mod i'n siomedig i'm cais am gael fy rhyddhau gael ei wrthod, gan bwysleisio mai gofyn am wirfoddolwyr a wnaethpwyd. Roedd ei ymateb yn gwbl nodweddiadol ohono, 'Dach chi eisio mynd o ddifri? Gadewch o i mi!'

Wn i ddim hyd heddiw a fu iddo bledio ar fy rhan, ond cyn i mi gael gwybod yn swyddogol bod fy nghais wedi'i dderbyn, ar y ffordd i ginio fore'r pwyllgor daeth y prifathro ataf a gofyn, 'Sut ydych chi'n adnabod Francis Thomas, Carno?'

* * *

Yn ystod fy mlynyddoedd olaf yn y Normal bûm yn cydweithio gyda Graham Laker, gŵr ifanc talentog iawn ym maes y ddrama, oedd yn ddarlithydd yng Ngholeg y Brifysgol ym Mangor. Y pryd hwnnw hefyd roedd Elwyn Hughes, cyn-aelod o'r Black and White Minstrels, yn gyfarwyddwr Theatr Gwynedd ac yn awyddus i Graham gyfarwyddo sioe haf iddo. Dewiswyd y sioe gerdd *Fiddler on the Roof* a threfnwyd gwrandawiadau i ddewis y gwahanol rannau. Ceisiodd Graham fy mherswadio i fynd am wrandawiad, ond gan fod rhaid cyflwyno cân neu ddwy o'r sioe roeddwn yn amheus a fyddwn i'n ufuddhau i'w berswâd. Mae'n wir 'mod i'n aelod o Gôr Meibion y Traeth ers rhai blynyddoedd ond doeddwn i ddim wedi canu fel unigolyn er pan oeddwn yn hogyn. Ar yr un pryd, gwyddwn fod rhannau actio da o fewn stori gref yn y sioe.

Pan ddaeth bore Sadwrn y gwrandawiadau a minnau i fod i gyrraedd erbyn un ar ddeg o'r gloch, penderfynais beidio mynd. Erbyn canol y pnawn mae'n debyg fy mod yn ddigon anniddig o gwmpas y tŷ, a Mêb yn gweld hynny. 'Difaru wnei di. *Dos*.' A mynd wnes i! Llithro i mewn yn ddigon tinfain; gweld nad oedd pethau wedi gorffen, ymddiheuro, ac wedi cael cyfle i roi cynnig ar bethau, gwneud hynny'n ddigon nerfus.

Dangosodd Graham gryn ffydd ynof drwy gynnig y prif ran i mi – Tevye, y gwerthwr llefrith oedd yn siarad yn aml â'i Waredwr. Bu'r cyfarwyddwr cerdd a'r hyfforddwraig symud a dawns yn amyneddgar iawn a gweddill y cast talentog yn gymorth mawr wrth i'r ymarferiadau fynd rhagddynt. I'r sawl welodd y sioe honno roedd gwreiddioldeb a gweledigaeth cynhyrchiad Graham yn brawf o'i dalent arbennig – ymhen ychydig flynyddoedd wedyn, câi cynulleidfaoedd Cymru gyfan y cyfle i'w gwerthfawrogi.

Er y chwysu a'r nosweithiau di-gwsg, mae'n rhaid cyfaddef i mi fwynhau'n aruthrol yr wythnosau o berfformio'r sioe honno, ac rwy'n diolch hyd heddiw fod Mêb wedi 'mherswadio i fynd i'r gwrandawiad. Gan fod cymaint o amrywiaeth teimlad a sefyllfaoedd yn y chwarae, Tevye yw un o'r hoff gymeriadau gen i o blith y rhai y cefais y fraint o wisgo'u hesgidiau.

* * *

Y cynhyrchiad olaf i mi ei wneud cyn gadael y Normal oedd addasiad o *The Visit*, gwaith y dramodydd o'r Swistir, Friedrich Dürrenmatt. Unwaith eto roedd *Yr Ymweliad* yn ddrama oedd yn gofyn am gast sylweddol o ran nifer. Comedi ddu ydi hi am dre oedd wedi mynd â'i phen iddi, fel mae'r enw Tredomen yn ei awgrymu. Mae'r dilyniant yn ddramatig ac yn llawn tensiwn, gwrthdaro a gwrthgyferbyniadau wrth i'r trigolion ddisgwyl i Claire Zachanassian, gwraig gyfoethoca'r byd, ddychwelyd ar ôl pum mlynedd a deugain i'r dre lle treuliodd ei hieuenctid, cyn ei gadael heb geiniog i'w helw. Mae'n cael 'croeso adre' arbennig, a'r trigolion yn hyderus y daw arian sylweddol yn rhodd ganddi i godi'r dre o'r baw! Mae'r datblygiad yn ddramatig gynhyrfus wrth i'w haddewid am arian ddechrau profi moesoldeb a chryfder cymeriad y trigolion.

Roedd y dasg o'n blaenau'n anferth o her. Unwaith yn rhagor bu Martin Morley'n ddyfeisgar yn y ffordd y cynlluniodd yr amrywiaeth o olygfeydd angenrheidiol a llwyddo i symud o'r naill i'r llall mewn modd syml ond hynod o effeithiol. Ychwanegodd Gareth Jones, y cynllunydd goleuo (oedd wedi cael profiad eang yn theatrau Llundain) at yr effaith gyda'i oleuo rhyfeddol o addas. Llwyddodd y cast enfawr i weithio'n ddiflino dros gyfnod yr ymarferion, a bu tîm o fyfyrwyr yn weithgar tu hwnt ar yr ochr weinyddol yn sicrhau bod Theatr Gwynedd ar gael am ddau berfformiad, ac yn cynllunio a chynhyrchu posteri a rhaglenni llawn lluniau.

Mae edrych ar lun y criw i gyd ar lwyfan Theatr Gwynedd nid yn unig yn dwyn i gof atgofion hapus am gyfnod paratoi'r ddrama honno, ond yn dod â chymaint o atgofion cyfoethog eraill yn ôl i mi o 'gyfnod y Normal'.

Dundalk a'r Unol Daleithiau

Ym 1973, yn ystod cynhadledd y Little Theatre Guild yn Leamington Spa (a minnau yno i gynrychioli Theatr Fach, Llangefni) y gwelais i gyntaf y cymeriad byrlymus, lliwgar, llawn ynni oedd yn cyfarwyddo Gŵyl Dundalk.

'My name's Casey, Sean Casey. *O*'Casey really, but I dropped the "O" because too many stupid buggers kept asking me whether I wrote *Juno and the Peacock*!'

Gŵr hoffus tu hwnt oedd Sean, fyddai bob amser yn brwdfrydig argyhoeddi pawb a welai o werth a phwysigrwydd Gŵyl Ddrama Ryngwladol Dundalk yn Iwerddon, gŵyl ddaeth i fodolaeth trwy gyfrwng nawdd aruthrol gan y cwmni sigarennau Carrolls.

Sean Casey ofynnodd i Theatr Fach, Llangefni, fynd ag *Un Briodas*, John Gwilym Jones (wedi'i chyfieithu gan yr awdur yn *One Wedding*) – y gyntaf o dair drama fer dan y teitl *Rhyfedd y'n Gwnaed* – i'w pherfformio yn Dundalk.

Cafodd y perfformiad dderbyniad gwresog ac adolygiad ffafriol iawn gan y wasg, a chyd-ddigwyddiad ffodus i ni oedd fod George Malvious, gŵr o'r Iseldiroedd ac Ysgrifennydd IATA (The International Amateur Theatre Association) yn y gynulleidfa. Canlyniad hynny oedd inni gael gwahoddiad i fynd i'r Unol Daleithiau'r flwyddyn ganlynol i berfformio *Pros*

Kairon, Huw Lloyd Edwards. Ond, cyn hynny, roedd angen ei chyfieithu!

Er i mi ddweud wrth Huw mai mis yn unig oedd ganddo i gyflawni'r dasg, mi dderbyniodd yr her ac o fewn tair wythnos roedd wedi creu drama oedd yn addasiad yn hytrach na chyfieithiad, a bron na chredai'r awdur ei bod yn rhagori ar y *Pros Kairon* gwreiddiol! Anfonwyd copi o'r ddrama i'r Iseldiroedd ac i Dundalk.

Yn y cyfamser, diolch i frwdfrydedd Sean Casey eto, daeth gwahoddiad swyddogol i fynd i berfformio i'r Carrol's Theatre International yn Dundalk ym Mai 1975. Yn fuan wedi i'r criw gytuno i fynd i'r Iwerddon daeth llythyr gan George Malvious yn gwahodd Theatr Fach, Llangefni, i'r International Theatre Olympiad yn Detroit, Michigan, ym Mehefin 1975.

Afraid dweud bod syndod, llawenydd a balchder yn gymysg pan dorrodd y newydd. Galwyd pwyllgor arbennig i geisio penderfynu a aem ai peidio. Y bwgan mwyaf oedd bod yn rhaid i ni dalu'r costau teithio. Yn naturiol ddigon roedd aelodau cast gwreiddiol *Pros Kairo*n yn awyddus iawn i fynd, er mai cwestiwn cyntaf Glyn Pensarn wedi clywed y newydd oedd, 'Lle ddiawl ma' Detroit?'

Bu'r cyfnod rhwng mis Mawrth a mis Mai yn gyfnod gwallgo' bron o ymarfer a chodi arian o bob ffynhonnell bosibl yn dilyn y penderfyniad i dderbyn y gwahoddiad. Cafwyd cefnogaeth frwd gan unigolion, cymdeithasau a byd busnes, yn gwmnïau bach a mawr. Cynnal nosweithiau llawen, boreau coffi, stondinau gwerthu cynnyrch – ac ymlaen ac ymlaen!

Yn naturiol ddigon y dasg anoddaf oedd sicrhau'r

ffordd rataf a'r fwyaf ymarferol i deithio o Fôn i Detroit. Ni chafwyd cymorth na gweledigaeth gan Fwrdd Twristiaeth Cymru, dim ond awgrymu y byddai'r gost yn aruthrol! Yn wir roedd pethau'n ymddangos yn dywyll iawn hyd nes i Sean Casey ddod ar y ffôn i holi sut oedd ymarferiadau *Pros Kairon* yn dod ymlaen, a minnau'n dweud mai ymarfer y ddrama oedd y broblem leiaf. Wedi deall ein trafferthion ynglŷn â theithio i'r America, ymateb nodweddiadol Sean oedd, 'I think I may be able to help you, John.'

Yn ei ffordd fyrlymus aeth ati i ddweud fod ganddo gyfaill yn gweithio i Fwrdd Twristiaeth Iwerddon, un oedd wedi'i gynorthwyo droeon i sicrhau bod cwmnïau drama o wahanol rannau o'r byd wedi llwyddo i deithio i Ŵyl Ddrama Ryngwladol Dundalk. 'Sure he comes across the "Ditch" [Môr Iwerddon] quite often, I'll ask him to give you a call.' Pan ddaeth yr alwad gan hwnnw, cefais sioc o'i glywed yn dweud y byddai'n galw heibio'r tŷ acw pan ddeuai drosodd yr wythnos ganlynol, ac fe wnaeth!

Mewn dim o dro roedd Brendan, yn ei ffordd Wyddelig nodweddiadol, wedi dileu pob problem ac wedi llwyddo i'm sicrhau y byddai modd trefnu rhywbeth am gost resymol ar ochr y teithio, ac y byddai'n anfon y manylion o fewn yr wythnos. Bu'n unol â'i air, a llawenydd i'r criw oedd sylweddoli bod y daith yn awr yn bosibl.

Wrth edrych yn ol, mae'n anodd dirnad yn iawn holl lafur ac ymroddiad y criw gweithgar ar a thu ôl i'r llwyfan: Glyn Pensarn; Hulena Eryri Jones; Linda Williams; Howard Slade; Rory Hale a Sean Keagan (dau fyfyriwr o'r Coleg Normal); Owain Parry; Marion Wynne-Parry; Albert Owen; Selwyn Jones; Dilys Russell; John Gruffudd – a minnau!

* * *

Ond yn gyntaf, roedd yn rhaid cadw'r addewid i Sean Casey a pherfformio *Pros Kairon* ddiwedd mis Mai yn yr Ŵyl Ddrama yn Dundalk, i'r gogledd o Ddulyn.

Hwyliwyd yno dros nos ar yr *Hibernia*. Cyrraedd Dun Laoghaire ben bore Iau a Casey wedi trefnu bws i'n cludo i Dundalk, a gwesty'r Imperial. Ymhen rhai blynyddoedd wedyn y dois i ddeall mai'r Imperial oedd man aros a phwyllgora Cyngor yr IRA!

Cyn cael ymarfer roedd Sean yn awyddus i mi gyfarfod aelodau pwyllgor yr Ŵyl, yn enwedig y 'Duchess' (fel y cyfeiriai o at eu llywydd gweithgar a phrif noddwyr yr Ŵyl – y weddw Quinn). Merch fer, gron, lond ei chroen oedd hi, ac yn gymeriad. Cefais fy nghyflwyno iddi a dweud wrthi, 'It's a pleasure to meet you, Duchess. Sean has told me so much about you'. Sylwais fod aelodau'r pwyllgor wedi troi eu cefnau fel un gŵr, ac meddai hi a gwên fawr ar ei hwyneb wrth fy nhywys i gyfeiriad y bar, 'John, you're the first to call me "Duchess" to my face! What'll you have?' Cyn diwedd ein hymweliad cafodd y Cwmni wahoddiad ganddi i de pnawn yn ei gwesty drudfawr, Ballymascanlon, yng nghanol y wlad.

Ond yn ôl at brif bwrpas ein hymweliad â Dundalk. Gwyddai pawb ohonom fod diwrnod hir a phrysur o'n blaenau drannoeth. Crybwyllais eisoes i Huw, yr awdur, fentro dod gyda ni i'r Iwerddon er bod ei iechyd yn ddigon bregus. Ar y pnawn Gwener cyrhaeddodd Edwin, gydag Eic (Dafydd Morris Jones – un o gyfeillion gorau Adran Ddrama'r Normal) yn gwmni iddo.

Roedd cymeradwyaeth wresog y gynulleidfa ar ddiwedd ein perfformiad y noson honno yn arwydd i'r criw bod popeth wedi mynd yn dda – a chofiwch mai cystadleuaeth oedd hi! Roeddem wrth ein bodd hefyd pan roddodd Llywydd yr Ŵyl groeso arbennig i Huw, ac yntau'n codi i gymeradwyaeth theatr orlawn. Pan ddaeth sylwadau'r beirniad (o West Virginia bell), codwyd ein calonnau fwyfwy.

Wedi noson ddifyr o seiadu a noson lawen anffurfiol hyd yr oriau mân wedi dychwelyd i'r gwesty, a diwrnod i'r brenin drannoeth, cwmni digon blinedig a hwyliodd yn ôl i Gaergybi ar y dydd Sul, a chael y newydd i ni ennill gwobr y cynhyrchiad gorau! O gofio bod cwmnïau o'r Iwerddon, yr Alban, Lloegr, yr Unol Daleithiau a Hwngari yn cystadlu, roedd pawb yn fodlon iawn.

Ymhen yr wythnos cawsom wledd yng Ngwesty Glantraeth i ddathlu, a Sean Casey wedi dod yr holl ffordd i gyflwyno'r 'Ardoyne Chalice' gwydr hardd – y wobr swyddogol – i ni.

A dim ond ychydig dros bythefnos oedd i fynd cyn cychwyn am Detroit.

* * *

Dydd Iau, 19 Mehefin (i fod yn fanwl!) oedd y dyddiad. Hyd yn oed petawn heb gadw cofnod o gwbl o'r daith, byddai'r ymweliad â Detroit yn fyw iawn yn fy nghof o hyd, rwy'n siŵr. 'Toedd pob un wan jac ohonon ni'n mynd i'r Mericia bell am y tro cynta rioed?

Hedfan yn griw llawen o Lerpwl; galw ym maes awyr Shannon yn yr Ynys Werdd am fwy o deithwyr; i lawr wedyn yn Efrog Newydd a chodi oddi yno (mewn storm enbyd) – a dyna ni yno! Mae'n swnio'n ddigon syml o'i roi o fel'na, ond fel y gellwch ddychmygu roedd yr oriau hirfaith hynny o deithio o Fôn i Detroit yn ddrama ynddynt eu hunain.

Yn fflat moethus Brian Smith, Cyfarwyddwr Canolfan y Celfyddydau, y gosodwyd fi yn Detroit, a rhaid oedd dal pen rheswm ac ateb cwestiynau am y cwmni ac am Gymru a'r Gymraeg mor gwrtais ag y gallwn i a minnau erbyn hynny mor llipa â llinyn trôns. Gorfod cymryd rhan am ddeg fore trannoeth mewn rhaglen fyw am yr Ŵyl; cysgu fel mochyn wedyn trwy'r pnawn, a deffro gyda'r nos i weld fy nghês – a fuasai'n golledig, fel bagiau gweddill y criw – yn f'ystafell. Diolch i'r drefn am hynny.

O nos Sul hyd ddiwedd ein harhosiad, hostelau Prifysgol Detroit oedd ein cartref, ond un noson daeth y criw a'u lletywyr ynghyd i gael barbaciw yng ngardd John a Rene Vanderwater, oedd yn lletya hanner dwsin! Cwpwl rhyfeddol o garedig yn hanu o'r Iseldiroedd oedd John a Rene, ac wedi agor eu cartref a'u calonnau i'r Cymry. Cafwyd gwledd i ryfeddu ati a noson lawen i'w chofio gyda Chuck a Marty – lletywyr Howard, hoywon hollol agored – yn gymeriadau hoffus, lliwgar a charedig, ac yn gerddorol fedrus wrth ymuno yn yr hwyl. Oherwydd bod Marty'n golygu cylchgrawn wythnosol ar y celfyddydau roedd yn awyddus i gynnwys ein hanes dros gyfnod yr ŵyl, ac fe wnaeth hynny'n ardderchog hefyd.

Fore trannoeth daeth cyfle i ymweld â theatr y Music Hall, man cynnal y ddau berfformiad o *Pros Kairon*, i drafod ein gofynion gyda gweithwyr llwyfan y theatr. Cawsom sioc fawr o weld cae o lwyfan a theatr oedd yn dal 1,500!

'Arglwydd mawr, ma 'na ddwy galeri 'ma! Ac mi fydd raid i mi gael beic i fynd o un ochr y llwyfan i'r llall,' meddai Glyn.

Wedi dangos cynllun yr olygfa a rhestr gofynion llwyfan i'r rheolwr llwyfan, yn ôl â ni i gartre'r Vanderwaters i bendroni sut i wynebu'n problemau ac i gael ymarfer ein geiriau yn eu lolfa eang.

Wedi treulio'r pnawn ym mhwll nofio un o gymdogion y Vanderwaters, dyma hel ein pac i berfformiad gan y Paddy Players, Detroit. Mewn derbyniad yn dilyn y perfformiad, cyflwynwyd cwmnïau'r 35 gwlad a wahoddwyd i'r Ŵyl i'r gynulleidfa o wahoddedigion, pwysigion Detroit a gwahanol noddwyr yr Ŵyl. Ni oedd yr unig gwmni yno o Brydain. Hyfryd oedd clywed banllefau o gymeradwyaeth pan gyflwynwyd y Cymry o Fôn!

Yn fore ar y dydd Llun, i theatr y Music Hall â ni unwaith eto i geisio trefnu'r llwyfan, a chael golygfa at ei gilydd ar gyfer y perfformiad drannoeth. Roedd y criw cefn llwyfan, dan ofal Tom ac Abe, yn ymddangos yn amheus, am mai amaturiaid oedd i berfformio drwy'r wythnos a chrybwyllent y gallai fod problemau undeb! Fodd bynnag, wedi iddynt glywed gofynion goleuo John Gruffydd a'i gwestiynau technegol am allu'r gwahanol lampau a chlywed am ein hanghenion manwl, amhosibl fyddai bod wedi cael eu gwell.

Ond ow! – fore trannoeth daeth y newydd fod Hulena yn sâl. Rhyw aflwydd stumog. Dweud wrthi am aros yn ei gwely a gobeithio y gallai ddod draw yn y pnawn! Ymlaen â ninnau â'n paratoadau am weddill y dydd.

Mae'n anodd disgrifio'r tyndra oedd yn bodoli wrth i fysedd y cloc nesáu at hanner awr wedi wyth y noson honno. Pawb ar binnau a Hulena ddewr yn ceisio'n sicrhau ei bod yn well o lawer! Er rhyddhad i bawb fe aeth y perfformiad yn iawn, yn llawer rhwyddach nag oeddem wedi'i ofni. Cawsom dderbyniad caredig tu hwnt gan y gynulleidfa a phawb yn canmol – yn wir roedd un dyn yn y rhes flaen ar ei draed yn curo dwylo a'i ddagrau'n llifo.

Yn y derbyniad yn dilyn y perfformiad, daeth Yehudi Levi at bob un ohonom yn unigol i ddiolch inni a holi am yr awdur, a gofynnodd uchel swyddogion IATA (trwy'n cyfaill George Malvious) tybed fuasen ni'n fodlon rhoi perfformiad ychwanegol y Sadwrn canlynol a chytunwyd i wneud hynny.

Ond geiriau Tom ac Abe ar derfyn y perfformiad roddodd fwyaf o foddhad i ni.

'Hey, you guys, don' you ever call yerselves amateurs agen, O.K? Yer should see some of the perfessional rubbish [nid dyna'u union air!] we git in this theatre at times!'

Am weddill yr wythnos lawn, ar wahân i roi ail berfformiad o *Pros Kairon,* fe gawsom gyfle i weld nifer o berfformiadau amrywiol a diddorol gan y gwahanol grwpiau ac ymweld â Windsor, Canada, sydd dros bont yr Ambassador o Detroit, a phentref Greenwich sydd yn gofadail i Henry Ford ac yn debyg i batrwm Sain Ffagan ond ar raddfa fwy o lawer, a hanes America'n dod yn weledol fyw yn y cannoedd aceri yno. Yn y fan honno y gwelodd Glyn aderyn mawr tebyg i Sgrech y Coed a brest goch ganddo, a dweud, 'Hei hogia, ylwch Robin Goch Merica, myn diawl!' Buom hefyd gyda grŵp o gantorion o Fecsico yn mwynhau'r Mardi Gras yn ardal Fecsicanaidd Detroit. A mwy, llawer mwy.

Criw blinedig iawn, iawn ond balch o'n profiad a'n menter lwyddiannus gyrhaeddodd yn ôl i Fôn.

Yn anffodus, roedd yn rhaid i mi gychwyn am Gaerdydd ymhen diwrnod neu ddau i ymarferion cyflwyniad teledu o *Merch Gwern Hywel*, oedd wedi dechrau'r diwrnod cynt. Does dim rhyfedd nad wyf yn cofio dim oll am yr ymarfer cyntaf hwnnw. Chwarae teg i George Owen, y cyfarwyddwr, am ei amynedd – ac am ddeall!

* * *

Derbyniais wahoddiad gan Sean Casey i ddychwelyd i Ŵyl Dundalk y flwyddyn ganlynol – y tro hwn i gyfrannu i'r rhaglen o ddarlithoedd fyddai'n rhan o'r gweithgareddau yno bob blwyddyn. O wybod mai trwy gyfrwng y Gymraeg yr oedd y rhan fwyaf o 'ngwaith i ym maes y ddrama, awgrymodd fy mod yn cyfeirio at weithgarwch theatr yn y Gymraeg, fel enghraifft o gyflwyno gweithiau yn yr ieithoedd lleiafrifol.

Cefais wythnos ddifyr iawn o fwynhau amrywiaeth o berfformiadau gan gwmnïau o wahanol wledydd a chael treulio amser yng nghwmni dau gyd-ddarlithydd hynod ddiddorol. Mort Clark, Pennaeth Adran y Celfyddydau Perfformio yng Ngholeg Westchester, White Plains, yn Nhalaith Efrog Newydd oedd un, cymeriad lliwgar ei wisg ac uchel ei gloch oedd yn darlithio (gyda chymorth rhai o'i fyfyrwyr) ar werth arbennig chwarae byrfyfyr wrth baratoi drama lwyfan. Gŵr hŷn a mwy syber ei ymarweddiad oedd Walter Lucas, prif weinyddwr y British Theatre Association yn Llundain, yn fonheddig a chwrtais wrth gyflwyno'i ddarlith ar gyfraniad ei gymdeithas i fyd theatr broffesiynol ac amatur. Roedd ei wybodaeth am ddramâu'n rhyfeddol; roedd o hefyd yn gwmni difyr dros ben.

Un min nos cyn diwedd yr wythnos, gofynnodd Mort Clarke i Walter a minnau a fyddem yn fodlon mynd i feirniadu mewn gŵyl ddrama oedd i'w chynnal ar gampws ei goleg yn Westchester y flwyddyn ganlynol. Cytunodd y ddau ohonom ond, a bod yn berffaith onest, heb ei gymryd o ddifri! Yr oeddwn eisoes wedi rhyw hanner addo i Sean Casey y buaswn yn ystyried mynd ag addasiad Saesneg o ddrama Gymraeg i Dundalk y flwyddyn wedyn. Digwyddais sôn am yr hanner addewid hwnnw wrth Rhydderch Jones ymhen rhai misoedd wedyn, a chyn hir clywed gan Rhydderch ei fod wrthi'n addasu drama Gwenlyn Parry, *Tŷ ar y Tywod*, i'r Saesneg ac yntau'n gofyn a fyddai gennyf ddiddordeb ynddi ar gyfer Iwerddon.

Fel roedd pethau'n mynnu bod, roedd aelod o'r Theatr Fach a fwriadai gynhyrchu drama Saesneg yn Llangefni y flwyddyn wedyn – Victor Tudor – wedi bod yn fy holi a allwn awgrymu drama addas. Soniais wrtho am *Tŷ ar y Tywod*. Pan gyrhaeddodd copi o'r addasiad Saesneg ohoni gan Rhydderch, cytunai Victor ei fod yn addasiad campus a dweud ei fod yn awyddus i'w chynhyrchu – wedi i mi addo cymryd rhan 'Gŵr y Tŷ'.

Rywbryd yn ystod misoedd cyntaf y flwyddyn ganlynol daeth Walter Lucas ar y ffôn a gofyn a oeddwn wedi derbyn gwahoddiad gan Mort Clarke i feirniadu yn Westchester. Pan atebais nad oeddwn, 'You *will* be invited – Mort says so in his letter'!

Awgrymais wrtho na fuasai'n bosib i mi dderbyn hyd yn oed pe bawn yn cael y gwahoddiad, gan y byddai yn ystod tymor coleg (oeddwn, roeddwn i'n dal heb adael y Normal!) a'i ymateb oedd bod yn *rhaid* imi fynd. I dorri stori hir yn fyr, trodd Walter bob carreg ei hun i'm galluogi i fynd i'r Unol Daleithiau i feirniadu – ac mi es!

Bu'r ymweliad hwnnw'n brofiad oedd yn gyfuniad o bleser ac o gyfrifoldeb, wrth werthfawrogi a cheisio cloriannu cyflwyniadau o safon aruthrol o uchel. Roedd amrywiaeth y dewis o ddefnydd theatrig yn eang, a safon yr actio a'r cynhyrchu'n arbennig. Bu croeso Mort Clarke hefyd yn aruthrol, er na wyddwn cyn mynd bod Walter wedi mynnu ein bod yn cael tridiau yn Efrog Newydd cyn symud i Westchester ac i waith.

Yn Efrog Newydd, trefnwyd i ni aros yng Ngwesty'r Taft ar Broadway. Oherwydd bod Walter wedi'i eni a'i fagu yno, cefais fy nhywys o gwmpas prif atyniadau'r 'Big Apple' a mwynhau nifer o berfformiadau theatrau Broadway, oedd yn cynnwys perfformiad o *Chicago*, y cynhyrchiad a'r cast gwreiddiol gyda Chita Rivera, Gwen Verdon a Jerry Orbach, a'r anfarwol Bob Fosse yn cyfarwyddo ac yn drefnydd y coreograffi. Mae recordiad o'r cast gwreiddiol hwnnw'n dal yn fy meddiant.

Daeth Mort atom i fwynhau perfformiad y noson olaf – *Side by Side by Sondheim* a Millicent Martin yn seren. Roedd Mort wedi gwirioni'n lân (fel finnau a bod yn onest!) pan aeth Walter â ni i Sardi's, y clwb nos a fynychir gan y sêr wedi perfformiad. Bu'r tri ohonom yn rhannu bwrdd gyda Millicent Martin a Ned Sherrin, dau yr oedd Walter, mae'n ymddangos, yn eu hadnabod yn dda. Bu Mort yn utganu am y profiad wrth bawb dros y dyddiau canlynol yn Westchester, a'r hen Walter yn lled-wenu wrth wrando arno'n bwrw drwyddi! Er i mi ymweld ag Efrog Newydd wedi hynny fwy nag unwaith, y tro cyntaf hwnnw yn sawru bywyd y ddinas sy'n aros yn y cof.

Bu mynd i Ŵyl Dundalk am y tro olaf yn brofiad pleserus hefyd. Ar wahân i aelodau'r cwmni fu'n perfformio *The House on The Sand*, daeth nifer o gyfeillion, gan gynnwys Rhydderch a Gwenlyn, gyda ni i fwynhau'r croeso Gwyddelig arferol. Sicrhaodd Sean – yn ôl ei arfer – fod y ddau awdur yn derbyn y gwerthfawrogiad a'r sylw haeddiannol yn ystod yr ymweliad.

A do, daeth yr *House on the Sand* yn fuddugol mewn cystadleuaeth hynod o safonol. Mae'r plât arian sydd gennyf heddiw yn f'atgoffa o'r llwyddiant hwnnw, ac o'r hwyl a'r cymdeithasu a fu.

Wedi'r Normal

Er na allaf gofio'n glir heddiw mai felly roedd hi, mae'n bur debyg fy mod yn ei gweld hi'n ddigon od ym mis Medi 1983 i beidio bod yn gweithio ym myd addysg, a hynny am y tro cyntaf ers deng mlynedd ar hugain – pymtheg ohonynt mewn ysgolion cynradd a phymtheg arall mewn coleg hyfforddi athrawon. Y gwir oedd, wrth gwrs, nad mynd i gyfeiriad newydd a diarth yr oeddwn wrth fynd yn actor llawn amser ond mentro i faes fy niddordeb ers dyddiau ysgol. Pe bai'r amgylchiadau wedi bod yn wahanol, mae'n sicr y buaswn wedi bod wrth fy modd yn cael gwneud hynny o'r cychwyn. Beth bynnag, derbyniodd y newid ym 1983 sêl bendith fy nheulu, er 'mod i bron yn siŵr fod gan fy mam ei hamheuon – ond os oedd, ddywedodd hi ddim!

Hyd yma, dim ond ambell gyfeiriad yr wyf wedi'i wneud at Mabel, fy ngwraig. Yn sicr fyddwn i ddim wedi cyflawni chwarter yr hyn yr wyf wedi gallu ei wneud heb ei chariad, ei chymorth a'i chefnogaeth hi trwy'r blynyddoedd. Ar wahân i'w natur wastad, roedd ei gwên a'i hiwmor yn amlwg i bawb ac yn gyfrwng ennyn cyfeillgarwch mewn cylchoedd gwaith ac wrth iddi ymwneud â'i gwahanol ddiddordebau. A hithau'n athrawes Gwyddor Tŷ, yn unawdydd Contralto ac yn aelod o wythawd y BBC ym Mangor, llwyddodd Mabel i fod yn fam oedd yn ffrind ac yn gynghorydd doeth tra'n cynnal swydd a chartref – a dal i ganu a gwenu. Os oedd problem yn ein hwynebu, fel sy'n dod i ran bob teulu, byddai trafod a cheisio'n gorau i'w datrys. Fachludodd yr haul erioed ar anghytuno o bwys. Ar y pryd, ychydig ddychmygais i pa brawf mawr oedd i'n hwynebu ni fel teulu o fewn ychydig flynyddoedd.

Mae'n sicr fy mod yn mynegi teimlad pob rhiant wrth ddweud mor sydyn y peidia plant â bod yn blant, ac mor braf oedd hi pan oeddynt yn fach. Y rhyfeddod yw fel y dônt i ddatblygu eu personoliaeth a'u cymeriad unigryw eu hunain, beth bynnag a faint bynnag yw cyfraniad y rhieni.

Mwy fyth o ryfeddod ydi nad oes hyd heddiw na phrentisiaeth na llawlyfr i wir gyfeirio'r ffordd i fod yn rhiant! Rwy'n cofio'n iawn un digwyddiad, pan oedd Gareth a Nia reit ifanc, a ffrind i mi'n synnu eu bod yn dangos y fath ddiffyg parch at eu rhieni wrth eu clywed yn defnyddio 'ti' neu 'chdi' wrth siarad â mi.

'Be fydd y plant yn ddeud wrthat *ti*, felly?' gofynnais.

'O, "chi",' meddai'n falch.

Erbyn heddiw rydw innau'n falch iawn mai 'ti' a 'chdi' oedd ein dewis ni acw – ac yn falch hefyd bod y ddau'n dal i gefnogi Everton!

Cafodd y ddau ohonynt ddyddiau ysgol digon hapus yn Ysgol Gynradd y Benllech (er i Gareth gael cyfnod byr hefyd yn Llanallgo) – ac ar ôl hynny pan aeth y ddau i'r ysgol uwchradd, Ysgol Syr Thomas Jones, Amlwch.

Roedd pêl-droed yn bwysig iawn yn hanes Gareth. Bu'n cynrychioli'i ysgol ac ysgolion Môn yn ifanc iawn, a dod yn ymwybodol o bwysigrwydd elfennau cymdeithasol a'r ddisgyblaeth sydd mor bwysig wrth fod yn aelod o dîm. Fe'i dewiswyd i gynrychioli tîm dan 18 Cymru yn erbyn Lloegr, Iwerddon a'r Alban, yn ogystal â thimau prifysgolion Bangor, Cymru a Phrydain. Nid yw'n syndod bod chwaraeon yn dal yn bwysig yn ei fywyd hyd heddiw.

Pan oedd Nia'n ifanc iawn, dangosodd fod ganddi ddawn actio – rhywbeth a blesiai ei thad yn fawr, wrth gwrs! Mae un digwyddiad yn dal yn fyw iawn yn fy nghof hyd heddiw. Roeddwn newydd gyrraedd adre'n flinedig wedi taith o Gaerdydd pan gefais f'atgoffa fod Nia mewn perfformiad yn yr ysgol yn Amlwch, oedd yn rhagbrawf ar gyfer Eisteddfod Genedlaethol yr Urdd ym Mhwllheli. Rwy'n cyfaddef nad oedd gennyf yr awydd lleiaf i fynd, ac yn eithaf anfoddog, fel merthyr dyletswydd, yr es i yno.

Roedd tair drama'n cael eu perfformio'r noson honno. Cefais fy syfrdanu pan welais mai un ohonynt oedd *Adar Mewn Cawell*, addasiad Richard T. Jones (y cynhyrchydd ac athro Ffrangeg yr ysgol) o *The Cage Birds*, David Storey. Roedd yn rhyfeddol sut llwyddodd y cynhyrchydd i gael y cwmni o ferched ifanc i gynnal tensiwn y chwarae hyd y diweddglo gafaelgar mewn drama ag iddi gymaint o ddyfnder. Chysgais i ddim winc bron y noson honno. Pan holodd Mêb beth oedd yn bod arnaf, rwy'n cofio hyd heddiw beth oedd f'atebiad: 'Yr hyn sy'n 'y mhoeni i ydi, os penderfynith yr hogan 'ma ei bod am fynd i actio, *fedrwn* i ddim ar gydwybod ei rhwystro!'

Bu'r genod yn llwyddianus ym Mhwllheli ac mewn sawl gŵyl ddrama arall y tymor hwnnw, a chafodd Nia (fel Gareth o'i blaen) gynnig gwaith yn y cyfryngau ar ddiwedd ei chwrs yng Ngholeg y Brifysgol ym Mangor.

⋆ ⋆ ⋆

Ym Medi 1983, yn dilyn perfformiad o *Siwan* gyda Chwmni Theatr Cymru yn y Genedlaethol yn Llangefni, roeddwn yn ailafael yn rhan Llywelyn Fawr yng nghynhyrchiad Emily Davies ar gyfer teithio'r ddrama drwy Gymru. Yr un adeg yn union cefais gynnig rhan George Borrow mewn cyfres i Gwmni Ffilmiau Sgan, ac wedi trafod y goblygiadau hefo Emily Davies, derbyniais y cynnig.

Gwae fi! Er bod popeth yn ymddangos yn berffaith, doedd yr un ohonom wedi rhag-weld bod gweinyddwr – cymharol newydd i'w swydd – y Cwmni Theatr, oedd yn gwybod am y trefniant, yn mynd i gawlio pethau. Efallai mai'r rheswm oedd fod y gŵr wedi bod yn was sifil am gyfnod yn un o fannau pell a di-nod y gyn-ymerodraeth Brydeinig. Beth bynnag am hynny, am ryw reswm na allai'r gŵr esbonio pam, fe gytunodd i newid trefn y theatrau am ran o'r daith ac ychwanegu un perfformiad pnawn heb sôn wrth y cyfarwyddwr na'r actorion nes bod y daith wedi dechrau. Y canlyniad fu i'r ddrama fod yn Aberystwyth pan ddylem fod yn y Sherman, ac yng Nghaerdydd a Theatr Clwyd pan ddylem fod yn Aberystwyth. Bu Geoff Thomas o Gwmni Sgan yn hynod o amyneddgar: trefnodd fy mod yn cael fy ngyrru'n ôl a blaen mewn car i gyrraedd y gwahanol theatrau mewn pryd, ond methwyd â threfnu pethau fel y gallwn fod yn y perfformiad pnawn ychwanegol yn Theatr Felin-fach.

Mawredd! Bu llythyru dygn yn y wasg, ac un papur

bro – ymhell o Felin-fach, gyda llaw – yn honni fy mod yn amlwg wedi dechrau mynd yn dipyn o ŵr mawr, yn dewis peidio presenoli fy hun yn y perfformiad pnawn. Dechrau anffodus, a dweud y lleiaf, i gyfnod o berfformio'n llawn amser!

Tra'n sôn am lythyrau, a chydnabod fy mod wedi gwerthfawrogi'r nifer fawr o rai calonogol a dderbyniais dros y blynyddoedd, mae'n werth crybwyll un piwis arall a anfonwyd at S4C, oedd newydd ddod i fodolaeth. Ar y pryd roedd lleoliadau'r gyfres am George Borrow ym Môn ac yn Arfon, a Gwesty'r Bulkeley ym Miwmaris oedd pencadlys y cwmni am y cyfnod hwnnw (a'r lleoliad i adran y gwisgoedd a'r coluro). Roedd y cyfarwyddwr, er hwylustod, yn awyddus i bawb aros yn y gwesty, minnau'n eu plith er fy mod yn byw ar yr ynys.

Holi roedd y llythyrwr at S4C tybed oedd yr awdurdod yn ymwybodol fy mod i'n ychwanegu at gostau'r cynhyrchiad wrth aros a gloddesta mewn gwesty, a hynny'n gwbl ddiangen a minnau'n byw mor agos. Hysbyswyd fi o fodolaeth a chynnwys y llythyr ac mai bwriad S4C oedd ei anwybyddu, a chynghorwyd finnau i anghofio'i fodolaeth.

Ond fel y dywedodd y cyn-arlywydd John F. Kennedy, 'Always forgive your enemies, but never forget their names'!

* * *

Profiad hyfryd ddechrau haf 1984 oedd gweithio i Graham Laker unwaith yn rhagor. Gwahoddodd John Ogwen a minnau i gydweithio ar gynhyrchiad o *Sleuth*, Anthony Shaffer, ar gyfer tymor haf yn Theatr Gwynedd. Drama oedd yn gampwaith o 'who done it', a thipyn o sialens i ddau actor allu cynnal y chwarae oedd yn eiriol grefftus ac yn cynnwys llawer o effeithiau.

Bu'n gyfnod caled o ymarfer a Graham yn llawn dychymyg ac yn ddigyfaddawd wrth roi sialens ar ôl sialens i'r ddau ohonom, gan ein hatgoffa mai Laurence Olivier a Michael Caine oedd yn chwarae'r rhannau yn y ffilm! Mae John a minnau wedi cydweithio droeon dros y blynyddoedd ond go brin i'r un ohonom gael mwy o fwynhad nag yn y rhediad llwyddiannus o berfformiadau i dai llawn gawsom y tymor haf hwnnw – a do, bu sawl tro trwstan!

Mewn un rhan, roedd fy nghymeriad i'n gorfodi John i wisgo dillad clown oedd mewn basged wiail ar y llwyfan, a thra oedd John wrthi'n newid roeddwn innau'n dringo grisiau ac edrych i lawr arno o'r ail lawr. Y noson arbennig honno roedd y gweithwyr llwyfan, o fwriad neu'n ddamweiniol, wedi anghofio rhoi trowsus y siwt yn y fasged. Yn arferol byddai John yn troi ataf yn ei gôt laes a'i gefn at y gynulleidfa, yna'n codi'i law ac yn gweiddi rhywbeth fel 'Bravo, Milo!' Y tro hwn, wedi iddo droi, agorodd y gôt laes yn llydan gan arddangos – i mi yn unig, wrth gwrs – drôns bach lliwgar Marks & Spencers a gwên lydan, bryfoclyd ar wyneb John. Fu hi erioed mor anodd arna i. I wneud pethau'n waeth, roedd yn rhaid i mi ddod i lawr y grisiau gan ddweud nifer o linellau odledig wrth ddisgyn o ris i ris.

Ymhen ychydig amser wedyn bu'r ddau ohonom mewn drama dros Theatr Gwynedd *oddi ar* y llwyfan. Roedd bygythiad o gyfeiriad Cyngor Gwynedd i beidio parhau â'r grant ariannol blynyddol, fyddai'n golygu cau'r Theatr. Gofynnwyd i John a minnau fod yn rhan o ddirprwyaeth i gyfarfod aelodau'r Cyngor i geisio'u cael i newid eu meddyliau. Cawsom groeso cwrtais gan y Cadeirydd, y Cynghorydd I. B. Griffith, oedd yn gefnogol, a rhoddwyd cyfle inni annerch yr aelodau.

Un o brif ddadleuon ein hapêl oedd y byddai cau'r Theatr yn amddifadu ieuenctid Môn a Gwynedd o'r cyfle i weld perfformiadau byw yn eu bro, a hynny'n anfantais addysgol ac ieithyddol. Ychwanegwyd mai go brin yr ystyrid amddifadu ieuenctid Lloegr, ac ardal Stratford yn benodol, trwy gau Theatr Goffa Shakespeare yn Stratford.

Cawsom wahoddiad i gyfarfod is-bwyllgor i drafod ymhellach, ac ar derfyn y cyfarfod hwnnw rhoddwyd John a minnau mewn sefyllfa anodd. Dywedodd I. B. Griffith, a gwên fawr ar ei wyneb, y byddai'r Cyngor yn cytuno i'n cais pe bai'r ddau ohonom yn fodlon bod yn rhan o weithgareddau'r Theatr am o leiaf bum mlynedd! Wedi inni bledio'n hachos mor daer, i gadw'n hygrededd doedd ganddon ni ddim llawer o ddewis ond cytuno i wneud ein gorau. Dyna sut y daeth y ddau ohonom – a Graham Laker – yn aelodau o banel artistig y Cwmni Theatr Gwynedd newydd.

Menter gyntaf y trefniant newydd oedd Graham Laker yn cynhyrchu addasiad llwyfan John Ogwen o nofel T. Rowland Hughes, *O Law i Law*. Gwerthwyd pob tocyn ar gyfer rhediad y cynhyrchiad yn Theatr Gwynedd a bu'r daith trwy Gymru'n rhyfeddol o lwyddiannus, a llawer oedd wedi methu'r cyflwyniad ym Mangor yn teithio mor bell ag Aberystwyth i'n gweld.

Mae cofio cyfnod y cynhyrchiad hwnnw yn dod â llu o atgofion hapus yn ôl. Mae edrych ar luniau ohono yn f'atgoffa o'r daith beryglus yr oedd yn rhaid imi ei gwneud yn y ferfa bob nos i ben y clogwyn, ac o'r olygfa lle dangoswn mor anhylaw oedd y chwarelwr, Robert Davies, wrth geisio torri bara. Dyna'r tro cyntaf erioed i mi chwerthin gyda chynulleidfa. Mae'n debyg fod y dorth y noson honno tua phythefnos oed ac wrth geisio torri tafell hynod o drwchus (mor anhylaw ag y medrwn i), hedfanodd y dafell i'r awyr a John Ogwen yn neidio fel gôl-geidwad a llwyddo i'w dal cyn iddi syrthio i'r llawr. Y munud wedyn, yn gwbl ddamweiniol, hedfanodd wy wedi'i ferwi drwy'r awyr a John yn dal hwnnw wedyn yn gwbl orchestol. Aeth y gynulleidfa'n horlics glân, a ninnau'n dau yn glanna' chwerthin hefo nhw.

Cawsom gyfres o wersi gan gyn-chwarelwr ac mi gawsom brawf go iawn ar ein medr yn ystod un perfformiad. Yn ystod yr hollti roedd chwarelwr gwael ei iechyd i fod i ddod atom i ddweud bod yn rhaid iddo fynd adre. Y noson honno doedd dim golwg ohono, a bu'n rhaid i John a minnau nid yn unig hollti beth wmbredd o lechi ond creu sgwrs gwbl newydd i'n cymeriadau nes i'r creadur gyrraedd. 'Methu dod o hyd i 'nhrowsus' oedd y rheswm gafwyd ganddo, a bu cryn dynnu coes wedi hynny. (Fo hefyd ddywedodd ryw fore wrth gerdded y prom yn Aberystwyth, wedi cael ar y mwya o ffrwyth yr heidden y noson cynt, 'Hogia bach, dwi'n teimlo fel *Brych y Prif Oesoedd* bora 'ma'!)

Er i'r cynulleidfaoedd ymateb gyda brwdfrydedd i gynyrchiadau Graham, dewisodd rhai carfanau yn y byd theatrig feirniadu rhaglen waith y flwyddyn gyntaf oherwydd ei bod yn rhy glasurol – beth bynnag oedd ystyr datganiad o'r fath. Ninnau'n ystyried ein bod wedi cynnwys dramâu o safon cydnabyddedig, gwaith gwreiddiol yn ogystal â'r addasiad o nofel T. Rowland Hughes. Yn sicr, y bwriad oedd parchu'n cynulleidfa trwy geisio rhoi amrywiaeth yn yr arlwy. Rhyfeddol o anodd hefyd, o edrych yn ôl, oedd deall y newid gofynion aml ar ran panel drama Cyngor y Celfyddydau dros gyfnod bodolaeth y cwmni.

Ddoe Yn Ôl, addasiad ardderchog Gruffudd Parry o ddrama Henrik Ibsen, *Ghosts*, oedd y tro olaf i mi weithio i Gwmni Theatr Gwynedd ac, yn ddigon addas, Graham Laker oedd y cynhyrchydd. Colled enfawr i'r ddrama yng Nghymru oedd ei farwolaeth gynamserol.

Golffio a Chanu

Rwyf eisoes wedi crybwyll i mi ddechrau chwarae golff dan ddylanwad Glyn Owen, Pwllheli, yn haf 1965. Byth ers hynny rwyf wedi gwario oriau – afradu, medd rhai – ar amrywiol feysydd golff yng Nghymru a thramor. Buan y sylweddolais nad oes goncro ar y gêm, sy'n brawf sicr ar amynedd dyn ac yn dod â'i gymeriad i'r amlwg yn fuan iawn.

Cyngor pur athronyddol Walter Hagen, y pencampwr o'r Unol Daleithiau, oedd hwn: 'Never hurry, never worry and make sure you smell the flowers on the way.' Yn sicr, os bydd dyn yn ymylu ar golli ei dymer wrth drin y bêl fach wen sy'n aros yn llonydd i gael ei tharo, mae o'n debygol iawn o golli llawer o beli hefyd heb sôn am gyfeillgarwch ei gyd-waldiwrs.

O sôn am y rheiny, bûm yn rhyfeddol o ffodus o gael mwynhau cymdeithas dda gyda'r amrywiaeth eang o ffrindiau ddaeth i'm rhan trwy chwarae golff. Mae Clwb Porthllechog wedi bod yn gyfrwng mwynhad eithriadol dros y blynyddoedd a sawl seiat felys wedi'r chwarae – cyfrwng rhannu stori, tynnu blewyn o drwyn, pryfocio a thynnu coes. Weithiau ambell un yn fwy pigog na'i gilydd – y wraig yn edliw, hwyrach – ond yn cael ei roi yn ei le yn ddigon buan! Hiwmor a chwerthin yn teyrnasu ond criw hefyd yn barod i gydymdeimlo a rhannu gofid.

Gan y cyfaill Idwal Owen y cefais ffrwyth awen un o gyn-gapteiniaid clwb Nefyn, sy'n crynhoi f'athroniaeth innau ynglŷn â'r gêm,

I baradwys y brodyr – a yrr bêl
Leia'r byd ar grwydr,
I gêl dwll â bagal dur
Ac yna am y gwydr.

Idwal yw'r un, gyda llaw, wedi cystadleuaeth golff ryw dro, a gafodd ei hun yng nghanol cwmni mawr o arbenigwyr o'r byd meddygol. Ar ôl clywed cyflwyno amrywiol enwau ar arbenigedd y cwmni a phob un yn swnio i Idwal fel pe bai'n diweddu hefo 'ologist', pan holwyd y cigydd o Amlwch beth oedd ei arbenigedd o, ei ateb parod oedd 'meatologist'!

Ers nifer o flynyddoedd, mae 'na gystadleuaeth golff yn ystod wythnos yr Eisteddfod Genedlaethol. Pan gynhaliwyd yr Eisteddfod yn yr Wyddgrug roedd Dewi Jones, Dolgellau, yn frwd am sefydlu cymdeithas o olffwyr o glybiau Dolgellau, Porthllechog, Bala, Porthmadog a Chaernarfon i gyfarfod ym mis Mawrth a Hydref ym mhob clwb yn eu tro. Mae 'Cymdeithas y Ceibwyr' yn dal i fynd hyd heddiw, a chymdeithas frwd arall yn teithio clybiau'r Gogledd ar ddyddiau Mawrth i chwarae a chodi arian at wahanol achosion da.

Bydd rhyw ddwsin ohonom sy'n aelodau ym Mhorthllechog yn mynd i Sbaen (y Costa del Golff!) am wythnos tua diwedd mis Medi bob blwyddyn. Chwarae golff bob dydd am yr wythnos ar yr amrywiol gyrsiau safonol llawn her sydd ar arfordir deheuol Sbaen, a'r 'buggies' yn gymorth i gadw nerth ac ysbryd hyd y diwedd. Hefyd, bu'n arferiad blynyddol gan griw ohonom i fynd i Iwerddon yn ystod yr Ŵyl Ban-Geltaidd. Wythnos o chwarae golff yn ddyddiol ar feysydd ysblennydd yr Ynys Werdd megis Killeen a Mahoney's Point yn Killarney, Ballybunion, Waterville, Dooks, Lahinch a Tralee, ac yna mwynhau cymdeithas yr Ŵyl bob min nos!

Pan gynhaliwyd yr Ŵyl yn ninas Galway sefydlwyd cysylltiad rhwng y clwb golff yno â chlwb Porthllechog a roddodd gychwyn ar gyfeillgarwch sy'n parhau hyd heddiw. Daeth un o'r criw yno'n ffrind annwyl iawn i mi a thros y blynyddoedd rwyf wedi aros yn ei gartref droeon. Cigydd yw George Herterich wrth ei alwedigaeth, a chanddo fusnes llwyddiannus iawn. Gallai fod wedi gwneud bywoliaeth fel canwr neu ddigrifwr, ac mae'n debyg mai fo yw'r siaradwr mwyaf byrlymus i mi ei gyfarfod erioed.

Mae'n wir dweud y medrwch gyfri'ch gwir gyfeillion ar ychydig fysedd un llaw. Yn sicr, un o'r rheiny yw Cliff Kearns o Ddinbych, fu'n gyd-weithwr yn y Coleg Normal. Rai blynyddoedd yn ôl cyfaddefodd nad oedd erioed wedi bod yn yr Ynys Werdd, er bod gwreiddiau teulu ei dad yn Galway. Gwyddwn y byddai George ac yntau'n sicr o fwynhau cwmni ei gilydd a threfnwyd y daith ac aros yng nghartre George. Wythnos i'w chofio oedd honno. Wythnos o groeso rhyfeddol gan Carmel, ei wraig, a theithio'r wlad o gwmpas Swydd Galway a Connemara a'n cyflwyno gan George i fannau diddorol ac i gymeriadau tebyg iddo ef ei hun.

Wrth i ni deithio erwau anial Connemara sylwodd Cliff ar ambell gwt bychan unig yng nghanol gwacter y tirwedd a holodd beth oeddynt. 'Oh!' meddai George, yn ddifeddwl, 'Sure they're hermits' huts. Yes, hermits' huts. Sure there are *millions* of them!' Bu tawelwch am eiliad, cyn i'r tri ohonom sylweddoli beth roedd wedi'i ddweud a ffrwydro chwerthin, ac ni bu diwedd sôn am y miloedd o feudwyaid am weddill yr wythnos ac am flynyddoedd wedyn!

Daeth tristwch mawr i fywyd George a Carmel yn ddiweddar pan gawsant ddeall bod eu hunig fab, tair ar ddeg ar hugain oed, yn dioddef o gancr a'r ddau'n gorfod wynebu'r straen enfawr o'i wylio yn dihoeni dros gyfnod o fisoedd. Gorchwyl amhosibl yw ceisio ffordd o gydymdeimlo â rhieni yn colli unig blentyn mor ifanc. Roedd yr angladd yn un o'r rhai mwyaf a welwyd yn ninas Galway ac yn sicr y mwyaf i mi fod ynddo erioed. Eglwys Gatholig yn dal dwy fil o bobl yn orlawn, a thyrfa yn sefyll yn y cyntedd ac ar y ffordd y tu allan.

Yn rhyfeddol, mae ambell adeg mewn bywyd pan mae eiliadau ysgafn ryfeddol yn gallu digwydd yng nghanol sefyllfa lawn tristwch. Ar derfyn y gwasanaeth roeddwn yn siarad yng nghanol y dyrfa gyda John Mulholland, un o olffwyr Galway, pan ddaeth brawd George – y meddyg Billie Herterich – atom. A ninnau'n mynegi ein cydymdeimlad, torrodd hen wraig ar draws ein sgwrs a dweud, 'Doctor Billie, tis a terrible shame about your young nephew, a terrible shame! Tell me, Doctor Billie, when will you be coming back to the practice? For I feel a heavy cold comin' on.' Roedd wyneb Billie'n bictiwr! Methodd ddweud dim am funud cyn llwyddo i yngan, 'Soon.' Ac wedi i'r hen wraig droi i fynd, a hanner gwên ar ei wyneb, 'Now lads, you wouldn't be after believin' *that*, would you?'

Wedi'r angladd, profiad rhyfeddol oedd cael ymuno gyda'r cannoedd yn y cinio i ddathlu bywyd yr ymadawedig – y 'Wake' Gwyddelig traddodiadol. Yn ystod y pryd bwyd atgoffais John Mulholland (oedd yn gyn-Faer Galway ac yn berchennog rhyw ddwsin o siopau betio'r ddinas) am y tro cyntaf i glybiau golff Galway a Phorthllechog ymryson ar gwrs Galway. Meirion Roberts oedd ei wrthwynebydd, un sy'n honni arbenigrwydd ar rasio ceffylau. Unwaith y deallodd Meirion mai bwci oedd John aeth ei golff yn rhacs a thrafod ceffylau fu'r ddau am weddill y gêm, a Meirion yn cael tips hynod o broffidiol gan y bwci am geffyl o'r enw Vintage Crop a aeth yn ei flaen i ennill y Melbourne Cup yn Awstralia. ('Don't back him first time out but put your house on it after that!') A chyn diwedd y 'Wake', roeddwn innau wedi cael enw ceffyl arall i Meirion gadw golwg arno!

* * *

Rwyf yn ffodus iawn fod gennyf gymdeithas arall lle bûm yn treulio oriau hamdden dros y blynyddoedd, a derbyn o'i mewn hithau hefyd – fel gyda'r golff – gwmnïaeth rhai sy'n barod i rannu llawenydd a gofid.

Doeddwn i ddim yn un o'r rhai ymunodd â Chôr Meibion y Traeth pan ffurfiwyd o ym 1969, er i mi gyflwyno llawer o'r cyngherddau o'r cychwyn cyntaf. Tua diwedd 1977 roeddwn wedi treulio rhai misoedd yn Ysbyty Gobowen ac yn methu â cherdded am gyfnod. Ar ôl dod yn ôl adre, cawn fod wynebu pobl yn anodd, a cheisiodd ffrind i mi o ddyddiau ysgol – Cledwyn, a fyddai'n ymweld â mi'n aml – fy mherswadio i fynd i wrando ar y côr yn ymarfer. Cledwyn oedd yr un fu'n gyfrifol am sefydlu'r côr ac wedi sawl ymdrech ganddo a chynnig dod i'm nôl, cytunais i fynd. Rwy'n canu gyda'r côr byth oddi ar hynny ac wedi dilyn yr ymarferiadau a'r cyngherddau mor ffyddlon ag y gallwn.

Bu llawer o gystadlu a graddau helaeth o lwyddiant ym mhrif gystadlaethau'r Genedlaethol. Yn ogystal â rhannu llwyfan gydag unawdwyr disglair dros y blynyddoedd mewn cyngherddau trwy Brydain, buom yn ddigon ffodus i deithio dramor nifer o weithiau. Mae llu o atgofion am ymweliadau'r côr â mannau mor amrywiol â Hong Kong, Toronto, Vienna, Athen, Denmark, Georgia, Llydaw, yr Eidal, De Ffrainc a Milwaukee ag ati. Yn sicr mae defnydd llyfr cyfan am ein profiadau yn y gwahanol wledydd, a maint gwerthfawrogiad y cynulleidfaoedd heb sôn am groeso a dagrau'r Cymry alltud. Bodlonaf ar un enghraifft yn unig: ymuno mewn ymarfer gyda chôr un o winllannoedd Esslingen yn yr Almaen, a'u harweinydd yn ei ddagrau wrth arwain y ddau gôr yn canu'r Drydedd Salm ar Hugain mewn dwy iaith, a gwin coch y gwindy'n llifo o groeso i'r hogia o Fôn!

Rhyfeddol ydi galw i gof yr ugeiniau os nad cannoedd o wahanol gorawdau y mae'r côr wedi eu canu mewn cyngherddau, eisteddfodau ac ar amryw recordiau dros gyfnod o ddeng mlynedd ar hugain bron. Rwy'n cydnabod hefyd bod chwithdod nad ydi'r hen ffefrynnau fel y 'Pysgotwyr', 'Nidaros', 'Comrades in Arms', 'Croesi'r Anial' a'u tebyg i'w clywed fel buon nhw, dim ond rhyw ddarn bach weithiau'n answyddogol pan fo criw yn cael seiat i ddilyn ambell ymarfer. Rhyw dueddu i ddiweddu'n ddigon amhersain fydd pethau'r troeon hynny gan amlaf, wrth i'r cof am eiriau a nodau ballu, heb sôn am ychwanegu at y tristwch am yr hyn a fu a llawer o hen gyfoedion, ysywaeth, wedi mynd. Mae'n anodd credu y byddai darnau o'r hen gorawdau i'w clywed yn atseinio'n gyson cyn gêmau rygbi rhyngwladol yn rhai o 'arcades' Caerdydd yn y chwe- a'r saithdegau!

Heddiw mae cyfartaledd oed aelodau Côr y Traeth – fel llawer o gorau meibion eraill – yn y chwedegau, a phennau gwynion yn y mwyafrif. Er bod yr aelodaeth o ran nifer tua phump a thrigain, mae'n mynd yn anoddach o hyd cael aelodau ifanc. Wedi dweud hynny, mae'n hyfryd cydnabod yr ymroddiad a'r ddisgyblaeth sy'n amlwg yng ngwaith corawl llawer o bobl ifanc cyfoes, sydd yn ernes am barhad y traddodiad corawl yng Nghymru, ac mae'n dyled fel cenedl yn fawr i hyfforddwyr fel Islwyn Evans, Cefin a Rhian Roberts, Eilir Owen Griffiths a'u tebyg.

Ac yn ddi-os, mae 'nyled innau'n fawr i Cledwyn am gyfoethogi cymaint ar fy mywyd trwy ei berswâd yn ôl ym 1977.

Colli a Cheisio Addasu

Ddechrau 1990, ychydig feddyliwn beth oedd yn ein haros fel teulu yn ystod misoedd y flwyddyn honno. Mi wn o'r gorau fod pob unigolyn a theulu'n gorfod wynebu argyfwng o ryw fath droeon yn ystod eu bywydau, ond byddai fy stori'n anghyflawn heb imi geisio cyfleu o leiaf beth o hanes y cyfnod anodd hwnnw.

Yn ystod yr wythnos gyntaf ym mis Mai roedd cangen Benllech o Ferched y Wawr yn dathlu ei phen-blwydd yn un ar hugain oed. Fel llywydd, roedd Mabel wedi cael cyfnod prysur yn ystod y paratoi, a Llywydd Cenedlaethol y mudiad a'i ffrind yn aros yma dros y dathliad. Bu'r achlysur yn llwyddiant mawr, ond yn ystod y penwythnos dilynol roedd yn amlwg nad oedd Mêb yn teimlo'n dda, ac yn gwbl nodweddiadol ohoni ceisiodd ddweud mai'r achos oedd blinder o ganlyniad i'r dathliad.

Erbyn dechrau'r wythnos bu'n rhaid galw'r meddyg ac ar ei gyngor trefnwyd i weld arbenigwr yn syth. Cytunodd Mr William Lloyd Jones i'w gweld yn Lerpwl. Cyd-ddigwyddiad ffodus i ni oedd ei fod yn ddisgybl yn Ysgol Syr Thomas Jones pan oedd Mêb yn athrawes yno, a minnau'n gyfarwydd â'i rieni ac yntau er pan oedd yn fachgen bach. Bu'n drylwyr ac annwyl iawn yn ei archwiliad a mynnodd ei bod yn aros yn Ysbyty Broadgreen am brofion ychwanegol. Ar derfyn y drydedd wythnos o brofion penderfynwyd ar lawdriniaeth. Wrth gyrraedd drws y ward fore'r driniaeth, daeth nyrs ataf i ddweud fod Mêb newydd gyrraedd yn ôl o'r theatr a bod Mr Lloyd Jones am fy ngweld yn syth. Cefais fy nhywys ganddi i ystafell aros fechan gerllaw'r theatr a dywedodd na fyddai raid i mi ddisgwyl yn hir. Mae'n anodd iawn cyfleu fy meddyliau yn ystod yr arhosiad yn yr ystafell fach honno. Gwyddwn mai newydd drwg oedd i ddod. Daeth William, y Deri, yn ei lifrai gwaith ac eistedd wrth fy ochr a chydio yn fy llaw cyn datgan ei ofid fod y cancr wedi cael gormod o afael iddo allu gwneud dim.

Wedi i'r eiliadau o syfrdandod a'r gwirionedd creulon gerdded pob gewyn o'm bodolaeth, aeth ymlaen i amlinellu'r hyn yr oedd am i mi ei wneud. Gan na fyddai hi wedi dod ati ei hun yn iawn ar ôl y driniaeth erbyn i mi ymweld â hi'r noson honno, roedd am i mi beidio cymryd arnaf fy mod wedi'i weld. Mae'r hyn ddywedodd wedyn wedi'i serio ar fy nghof am byth: 'Mae yna frwydr o'ch blaen, brwydr lle mae'n rhaid i'r ddau ohonoch fod yn gymorth i'ch gilydd. Bod yn gryf i gynnal y naill a'r llall. Byddwch yma bore yfory am un ar ddeg o'r gloch pan fyddaf yn torri'r newydd iddi hi fel y medrwch ei gweld yn syth wedyn.'

Go brin bod modd cyfleu'r hunllef o gerdded ar hyd coridorau'r ysbyty wedi i mi adael y llawfeddyg. Rwyf wedi diolch llawer bod Tom, gŵr fy nghyfnither Enid, wedi mynnu dod hefo mi y bore hwnnw – roeddwn yn aros yn eu cartref ym Mae Colwyn yn ystod cyfnod Mêb yn yr ysbyty. Sylweddolodd Tom yn syth fy mod wedi cael newydd drwg ac aeth â fi yn y car ar daith rai oriau o gwmpas Sir Gaerhirfryn i ddisgwyl cyfnod ymweld ddiwedd y pnawn. Roedd yn anodd iawn dygymod â'r normalrwydd oedd ym mhopeth o'm cwmpas a minnau'n methu, neu ddim am dderbyn y gwir creulon. Does dim angen dweud pa mor anodd oedd mynd at ei gwely'r noson honno na chymaint y dasg o dorri'r newydd i Gareth a Nia y pnawn hwnnw.

Yn nodweddiadol o'r ddau, fe ddaethant i fyny o'r De yn syth. Ym Mae Colwyn y noson honno gadawyd y tri ohonom ar ein pennau'n hunain am gyfnod, i gael bod yn gysur i'n gilydd. Mae'n dyled yn aruthrol i Tom ac Enid am fod yn gymaint o gymorth i ni wrth wynebu'r cyfnod anodd oedd o'n blaenau.

Y bore wedyn, a'r llenni o gwmpas ei gwely ar gau, roeddwn yn disgwyl tra oedd y llawfeddyg yn torri'r newydd iddi. Pan ddaeth o i'r golwg, dywedodd mai ei chwestiwn cyntaf hi oedd, 'Ydi John yn gwybod?'

Nid oes geiriau i gyfleu'r cyfarfyddiad hwnnw na mesur ar yr amser y buom ym mreichiau'n gilydd, na'r dagrau a gollwyd chwaith. Mae rhai profiadau na ellir eu rhannu hyd yn oed pe bai eu mynegi'n bosibl. Digon yw dweud i ni addo cynnal ein gilydd yn y frwydr oedd yn ein hwynebu.

Patrwm y misoedd dilynol oedd ymdrechu i gael bywyd mor normal â phosibl o ddydd i ddydd, a daeth ymweld â Ward Alaw yn Ysbyty Gwynedd am ddiwrnod neu ddau ar y tro yn beth arferol. Yn ogystal ag anwyldeb a gofal arbennig y gweinyddesau a'r meddygon ymroddgar, roedd cyfarfod â nifer o deuluoedd oedd yn yr un sefyllfa yn brofiad o'r ddynoliaeth ar ei gorau yn yr ymdrech i fod yn gadarnhaol.

Bu'r elfen gadarnhaol yn nodweddiadol amlwg drwy'r cyfnod hyd ychydig ddyddiau cyn gwyliau'r Nadolig. Cafwyd cyfnod o grwydro o gwmpas Cymru ac aros ambell noson yma ac acw fel pe baem yn gwneud yn fawr o'r amser, ac anodd esbonio pam na sut yr oedd y ddau ohonom yn credu'n gydwybodol ei bod am wella. Wrth ymweld â rhai o'n hoff fannau ar yr Ynys a thu hwnt, roeddwn yn falch iawn hefyd ein bod wedi llwyddo i gael gwyliau dramor dros y blynyddoedd ac yn awr, a Mêb newydd ymddeol, roedd gennym gynlluniau mawr i grwydro ymhellach. Ond ychydig cyn y Nadolig daeth hyd yn oed crwydro Môn i ben. Roedd newid amlwg yn ei chyflwr. Dim o'r hwyl arferol o baratoi am yr Ŵyl a'r pentwr cardiau Dolig heb eu hysgrifennu.

Yn wyrthiol, ac rwy'n dewis y gair yn fwriadol, bu newid syfrdanol yn ei chyflwr pan ddaeth 'yr hogia' adre. Roedd fel pe bai hi wedi cael rhyw nerth cwbl anesboniadwy yng nghwmni Gareth a Nia. Gofynnodd i Nia ddod â'r cardiau iddi at y gwely a'r ddwy'n mynd ati i gwblhau'r dasg yr oeddwn yn credu y byddem yn ei hepgor y flwyddyn honno. Fel pe bai dim yn bod, bu'n goruchwylio'r paratoadau yn ôl ei harfer a chawsom Nadolig rhyfeddol, a'r ddwy fam yn ymuno fel pob amser i gyd-fwynhau. Ddiwedd yr wythnos dychwelodd Gareth a Nia i Gaerdydd, a'r prynhawn hwnnw bron nad oeddwn yn gweld ei hynni'n diflannu. Y bore canlynol roedd hi yn Ward Alaw yr ysbyty. Rydw i'n dal i edrych yn ôl ar gyfnod y Nadolig hwnnw ac yn cydnabod ei fod yn amhosibl ei esbonio na'i ddeall, ond wedi diolch llawer amdano.

Yr ystafell fechan ar bwys Ward Alaw oedd maint ein byd am chwe wythnos gyntaf y flwyddyn. Roedd gofal cwbl arbennig y meddygon a'r gweinyddesau dros y cyfnod yn gyfryw fel na allaf fynegi'n ddigonol fy ngwerthfawrogiad a'm diolchgarwch iddynt. Daeth y frwydr i ben a hithau'n rhydd o'i phoen yn oriau mân dydd Mercher, y chweched o Chwefror.

Mae'n anodd cyfleu maint y cydymdeimlad ddaeth i'n rhan, nid yn unig ddiwrnod yr angladd a'r gwasanaeth arbennig a gafwyd ym Mharadwys, Llanallgo, ond hefyd yr ymweliadau a'r llythyrau a'r cardiau a dderbyniodd y tri ohonom. Roedd llawer o'r llythyrau'n cynnwys amrywiaeth o eiriau cysur o wahanol ffynonellau, ac o'r cyfnod hwnnw rwyf innau wedi ceisio gofalu cynnwys geiriau o'r fath pan fyddaf yn anfon gair at gydnabod ar achlysur profedigaeth. Nid ymddiheuraf am gynnwys enghreifftiau ohonynt yma, o wybod cymaint o gysur fu geiriau fel y rhain i mi. Rwy'n arbennig o hoff o gerdd ddi-deitl dyner Waldo:

Nid oes yng ngwreiddyn Bod un wywedigaeth,
Yno mae'n rhuddin yn parhau.
Yno mae'r dewrder sy'n dynerwch,
Bywyd pob bywyd brau.

Yno wedi'r ystorom y cilia'r galon.
Mae'r byd yn chwâl,
Ond yn yr isel gaer mae gwiwer gwynfyd
Heno yn gwneud ei gwâl.

Bu geiriau cysurlon y Canon Scott Holland o gymorth i mi hefyd sawl tro:

> Death is nothing at all. I have only slipped away into the next room. I am I, and you are you: whatever we were to each other, that we are still... Pray, smile, think of me, pray for me. Let my name be ever the household word that it always was. I am but waiting for you just round the corner...

Ond hwyrach mai esgyll un o englynion Dic Jones sy'n cyfleu orau yr hyn a olyga cael a cholli Mabel i mi:

Mae'r nos yn aros yn hir
Ond yr haul a gostrelir.

Trwy Ddŵr a Thân a Phethau Eraill

Mae galw i gof fyrdd o brofiadau a gefais ym myd theatr, teledu a ffilm dros y blynyddoedd yn rhoi digon o gyfle i mi heddiw – yn fy henaint! – i wenu a chwerthin, ond bydd ambell atgof arall yn gwneud i mi arswydo wrth feddwl beth all'sai fod wedi digwydd wrth i gynhyrchwyr ofyn imi (fel i bawb o actorion y cyfnod hwnnw) gyflawni rhyw gampau anhygoel.

Rhaid cofio mai ychydig iawn o ddefnyddio styntwyr proffesiynol a wneid yn nyddiau cynnar y Bwrdd Ffilmiau Cymraeg ac S4C, er bod James Hill, cyfarwyddwr y ffilm *Owain Glyndŵr*, wedi defnyddio tîm arbennig o dda. Cefais innau yn fy nhro wersi defnyddiol gan y gwŷr hynny, yn ogystal â chael cyfle i ryfeddu at eu paratoadau gofalus a'u dewrder.

Huw Taylor, aelod o MI5 a saethwr trwyddedig, oedd fy nghymeriad yn y ddrama gyfres deledu *Cysgodion Gdansk* gan Ffilmiau'r Tŷ Gwyn – gwaith Ifor Wyn Williams a Dafydd Huw Williams, a Gareth Wynn Jones yn cynhyrchu. Roedd y gyfres ar lawer cyfrif yn newydd ac o flaen ei hamser i S4C.

Roeddwn yn hen gyfarwydd â gwahanol adrannau coluro yn newid fy ymddangosiad, ond y tro hwn roedd fy ngwallt yn dywyll, dywyll ac angen ei gadw felly am naw mis y saethu. Bu i lawer o'm cydnabod naill ai fethu f'adnabod – fel Vaughan Hughes un tro – neu'm hanwybyddu'n fwriadol gan feddwl fy mod yn dechrau gwirioni neu'n mynd trwy'r 'male menopause'!

Cefais gyfnod o hyfforddiant i baratoi fy ffitrwydd ar gyfer wynebu'r campau oedd o'm blaen, megis tri o'm gwrthwynebwyr yn fy ngorfodi i lyncu potelaid o wisgi (wel, te oer) cyn fy lluchio i'r dŵr oedd i lifo dros y Rhaeadr Ewynnol ym Metws-y-coed. Roeddwn i fod i fynd efo'r llif i gyfeiriad y rhaeadr fel pe bawn yn anymwybodol, gan fawr obeithio y byddai'r tri gŵr a ddaliai raff ar draws yr afon yn fy nal cyn i mi fynd drosodd. Yna trannoeth, tynnu fy hun ar hyd y rhaff – oedd yn ymestyn o waelod y llwybr lle mae'r ymwelwyr yn gallu rhyfeddu at ogoniant y rhaeadr i'w gwaelod ac oddi tani; gollwng fy hun i fynd ar wastad fy nghefn hefo'r llif, a tharo ambell ddarn o garreg oedd yn brigo wyneb y dŵr. Gwneud hynny ddwywaith neu dair cyn llenwi fy ngheg gyda llond tun o gawl minestroni oer, ac wedi cyrraedd glan, cyfogi i gael gwared ohono. Yn olaf, a'r gŵr camera ar waelod y pwll dyfnaf, cael fy nhaflu i'r dŵr i gyfateb i'r olygfa wrth ben y rhaeadr. Hawdd!

Digwyddodd hynny rhyw deirgwaith neu bedair nes i'r gŵr camera deimlo'n fodlon. Ar y terfyn, a'm dillad yn drwm gan ddŵr (a 'wet suit' dan y rheiny), roedd golwg fel spangi arnaf yn ceisio llusgo fy hun i fyny'r llwybr i'r ffordd fawr i gael diod boeth a newid. Daeth yn amlwg bod llond bws o ymwelwyr o Swydd Efrog wedi bod yn gwylio'r gweithrediadau am amser go hir, ac meddai un gŵr wrth i mi ymlwybro heibio iddo: 'Ee lad, that were 'ard work! You stunt lads do all th'ard work, and some bloody actor will get th'praise!'

Yn ddiweddarach roedd fy nghymeriad i ddianc

mewn canŵ, a rhwyfo o gilfach ar arfordir Môn yn Rhoscolyn allan i'r môr mawr. O olwg y camera, roedd 'na gwch modur gerllaw rhag i mi fynd i drafferthion. Yn wir, fe gefais dipyn o drafferth i rwyfo trwy nifer o drobyllau bychain ar y cychwyn ond llwyddais i fynd i'r cyfeiriad cywir ac allan gryn bellter o'r lan cyn i'r cyfarwyddwr weiddi 'Digon'. Wrth droi'r canŵ i ddychwelyd i'r lan trawodd ton anferth fi a'm troi nes oedd y canŵ ben-ucha'n-isa, a minnau'n dod yn ymwybodol o wyrddni clir y dyfnder mawr oddi tanaf.

Fy nhasg gyntaf oedd ceisio'm rhyddhau fy hun, gan wybod y byddai'r cwch modur yn fy nghyrraedd mewn byr o dro. Roedd y dillad gwlyb a'r esgidiau trwm oedd am fy nhraed yn ei gwneud hi'n anodd symud o gwbl. Rywsut, a hyd heddiw wn i ddim pam, wnes i ddim cynhyrfu a llwyddais wedi peth amser i gael fy nhrwyn i'r wyneb i lenwi f'ysgyfaint cyn mynd i lawr yn ôl i geisio gwthio fy nghorff allan. Bu'n rhaid mynd â'm trwyn i'r wyneb ddwywaith neu dair wedyn cyn llwyddo i ddod yn rhydd a chyrraedd yr wyneb. Ond ble roedd y cwch modur oedd i fod i f'achub? Yn drifftio'n braf i gyfeiriad Iwerddon, oherwydd i'r peiriant wrthod tanio! Mae'n wir i un neu ddau neidio i'r môr o'r creigiau i geisio nofio tuag ataf ond roeddynt yn rhy bell i ffwrdd. Mi lwyddais rywfodd i gicio fy ffordd i'r lan ymhen amser a dringo dros y creigiau llithrig i ddiogelwch.

Wedi gorwedd am ychydig, dechreuais grynu'n hollol ddilywodraeth – o sioc, medden nhw. Ymhen amser, wedi newid dillad a chael crongiad o wisgi poeth i gynhesu, dois ataf fy hun. Rhaid cyfaddef i mi freuddwydio am fyd y môr gwyrddlas dan donnau Bae

Rhoscolyn aml i noson wedi hynny! Ond nid dyna ddiwedd y stori. Ymhen rhai wythnosau, penderfynwyd ail-wneud yr olygfa gyfan – felly bu'r holl antur enbyd yn ofer. Y tro hwn, diolch i'r drefn, nid canŵ oedd gen i ond cwch â pheiriant.

Profiad arall ges i yn nŵr y môr oedd gweithio ar y ffilm *Maria* un Ionawr oer, ac eira ar lawr yn Aberdaron. Ddyliwn i ddim cwyno chwaith, achos roedd yn rhaid i Morfudd Hughes (a chwaraeai ran Maria) redeg i mewn i'r môr un noson mewn gwisg nos denau iawn. Fedrwn i ddim llai na rhyfeddu at ei dewrder wrth sylwi arni'n cyflyru'i hun i wynebu'r dasg. Y drwg oedd fod yn rhaid i minnau, fel ei thad, geisio'i hefelychu wrth ruthro i'r dwfn ar ei hôl a'i chodi yn fy mreichiau a'i chario i'r lan. Roeddwn yn argyhoeddedig fod Kevin Duggan, y gŵr camera, yn hollol sadistig wrth ofyn inni wneud yr olygfa am yr eildro. Y tro hwnnw'n sicr y teimlais i wir oerni'r môr mawr.

Cymeriadau rhyfeddol ydi'r dynion effeithiau arbennig, ac roedd hi'n brofiad gweld nifer ohonynt wrth eu gwaith. Ond rhaid imi gyfeirio at yr unig un a welais *nad* oedd yn cyrraedd safon uchel y gweddill. Go brin fod gweld ei ddwylo, i gychwyn, yn ennyn ein hyder – roedd wedi colli rhai bysedd o'i ddwy law! Anghofia i byth yr olygfa mewn lolfa eang, foethus, gwyn ei muriau a'i dodrefn mewn tŷ uwchben y môr yn Rhoscolyn lle roeddym yn ffilmio golygfa o *Cysgodion Gdansk.* Yn honno roedd hi'n ofynnol i mi saethu bwled i belen pen-glin un o'r cymeriadau oedd wedi fy lluchio i ddŵr Rhaeadr Ewynnol, ac yn actio'r cymeriad hwnnw roedd John Pierce Jones.

Roedd gŵr y bysedd coll wedi rhoi pwys o friwgig amrwd ar ben-glin John a'i orchuddio gyda chroen swigen mochyn o dan ei drowsus. Yn y briwgig roedd pelen fach ffrwydrol a phiben blastig yn llawn o glycerine coch, oedd yn arwain i silindr nwy y tu allan i ddrws yr ystafell. Yr hyn oedd i fod i ddigwydd, wrth gwrs, oedd bod y briwgig yn chwalu wrth i mi saethu. Aeth yr olygfa rhagddi, a phan ddaeth amser y saethu cafwyd andros o glec. Daeth y pwys briwgig i'm cyfeiriad i a thros fy wyneb, ond yn waeth na hynny daeth y biben blastig i'r golwg gan droelli'n wyllt fel neidr orffwyll nes oedd llifeiriant o'r glycerine coch yn drwch dros y muriau gwyn a'r cyfarwyddwr yn bloeddio anathema ar ben gŵr y bysedd coll. Bu cryn amser cyn i'r llifeiriant coch beidio, a bu'n rhaid gadael yr ystafell i'r cynllunydd a'i dîm fynd ati i glirio'r llanast.

Mor wahanol oedd y criw drefnodd y ffrwydrad i ddinistrio cuddfan y grŵp Neo-natsïaidd yn y gyfres *Barbarossa*. Yn y ffrwydrad bwriwyd i lawr ddau ddrws enfawr, a ninnau'r cymeriadau'n hollol ddiogel, er yn teimlo'r gwres aruthrol a ddilynodd y ffrwydrad. Un cyfle'n unig sydd i gofnodi golygfa o'r fath.

Yr un dynion roddodd Lleifior – yn y gyfres o'r un enw – ar dân. Wrth ymarfer, roeddwn i (fel Harri Vaughan) yn gorfod fy nhaflu fy hun yn ôl oherwydd grym y gwres. Sicrhawyd fi na fyddai'n rhaid ffugio gwneud hynny pan ddigwyddai'r tân go iawn. Gwir oedd ei eiriau – fe'm taflwyd yn ôl yn llythrennol gan rym gwres y belen dân, a Maureen Rhys (a chwaraeai ran Greta) a minnau'n crafangu'n ffordd i ddiogelwch. Diolch fod popeth dan reolaeth perffaith.

Bu'n rhaid i mi gael hyfforddiant ar drin arfau o bob math hefyd, o ynnau llaw i'r Kalashnikov (AK47) a gynnau aml-fwledi cyffelyb. Rhyfeddais at y gwahanol fathau o arfau oedd yn cael eu cadw gan gwmni arbenigol ym Mangor, a bechgyn y cwmni'n hynod o amyneddgar wrth ddangos dulliau cywir o ddatgymalu ac ailadeiladu'r gwahanol arfau i'w gwneud yn barod i'w defnyddio. Doedd yr hyfforddiant saethu gefais i yn RAF Wilmslow na'r saethu ffesants hefo'r gwn 4.10 yn Llangwyllog erstalwm ddim wedi bod yn hollol ofer!

Blancs oedd y bwledi ddefnyddid ganddon ni, wrth reswm – er i un o'r arbenigwyr ddangos faint o ddifrod y gellid ei wneud â bwledi go iawn pan saethodd at un o'r twyni tywod yng nghoedwig Niwbwrch i gyfleu'r cefndir priodol i ddigwyddiad arswydus ger 'check-point' ar ffin yng Ngwlad Pwyl. Ymddangosai'r olygfa orffenedig yn effeithiol iawn, gyda'r cerbyd yr oeddwn i'n teithio ynddo'n torri trwy glwydi'r ffin ar gyflymder rhyfeddol (a minnau'n saethu hynny fedrwn i!), ond ar derfyn y ffilmio roedd y gyrrwr a minnau wedi'n gorchuddio â channoedd o ddarnau mân o wydr ar ôl i ffenestr flaen y car ffrwydro'n ufflon. Profiad arall oedd yn ddigon i godi gwallt fy mhen oedd saethu fy ffordd o adeilad yn Nant Gwrtheyrn a rhedeg i daflu fy hun i mewn i hofrennydd oedd yn codi, a dal fy ngafael wrth iddi deithio'n isel i gyfeiriad y môr a chodi i'r entrychion, a Nant Gwrtheyrn ymhell oddi tanom.

Dro arall roeddwn yn ceisio rhedeg i guddio i gyfeiriad ffermdy unig yn Nhalmignedd yn Nyffryn Nantlle. Yn y fan honno cafodd y cyfarwyddwr lwc rhyfeddol a gwnaeth yn fawr ohono. Tra oedd y gŵr camera yn tynnu fy llun yn rhedeg, be welodd y cyfarwyddwr ym mhen draw'r dyffryn ond hofrenydd ddu fawr, hyll, filwrol yn ymarfer codi a disgyn o'n golwg. Dywedodd wrth y dyn camera am geisio'i dal pe bai'n dod i'r golwg. Yn rhyfeddol, fel pe bai'r holl beth wedi'i drefnu ymlaen llaw, daeth yr hofrennydd hyll i'r golwg a dod i'n cyfeiriad gan ddod yn isel drosom a ninnau'n sylweddoli pa mor fawr a dieithr yr olwg oedd hi. Honno oedd i'w gweld pan deledwyd y gyfres, er i'r gŵr camera fynd i fyny mewn hofrenydd llai i dynnu llun o'r awyr i gyd-fynd â symudiad y llall, a minnau i'm gweld yn rhedeg i guddio oddi tani. Enghraifft berffaith o gyfarwyddwr yn ddigon hirben i fanteisio ar yr annisgwyl.

Bu'r un cyfarwyddwr yn ffodus iawn hefyd o gael cydweithrediad y 'gendarmes' yn ninas Quimper yn Llydaw. Ataliodd y rheiny drafnidiaeth y ddinas fel y gallai fy nghymeriad i redeg trwy'r strydoedd a saethu at ddihirod oedd yn ceisio fy lladd, a chafwyd yr un cymorth a chydweithrediad gyda golygfeydd tebyg ar strydoedd a chamlesi Amsterdam ac ym maes awyr Schiphol y ddinas honno.

Sôn am yr heddlu, rwyf yn fy nhro wedi gwisgo eu holl lifrai, o gwnstabl distadl trwy'r rhengoedd i gyd hyd at Brif Gwnstabl! Bu un wraig yn flin iawn hefo mi y tu allan i swyddfa'r heddlu ym Mhwllheli flynyddoedd yn ôl. Roeddwn yn disgwyl am arwydd gan gyfarwyddwr i fynd i mewn i'r adeilad yn fy lifrai rhingyll pan fynnodd y wraig fy mod yn ceisio'i helpu gan fod ei chi ar goll. Ni chafodd ei bodloni nes i mi addo y byddwn yn gorchymyn i un o'r cwnstabliaid go iawn ddod allan i gymryd y manylion.

Dro arall, ar leoliad yng Nghaerffili yn gwneud golygfa ar gyfer y gyfres *Glas y Dorlan*, aeth pedwar ohonom mewn car i westy pan ddaeth toriad am ginio. Yn gyrru, mewn gwisg cwnstabl, roedd perchennog y car huriedig, a'i gargo oedd Stewart Jones (y Sarjant), Clive Roberts (yr Arolygydd) a minnau'r Siwper. Wn i ddim beth oedd perchennog y gwesty na'i gwsmeriaid yn feddwl pan ddaeth y pedwar ohonom i mewn. Diddorol oedd sylwi i rai fynd mor bell â phosibl oddi wrth ein bwrdd ni ac i'r perchennog ei hun ddod i weini arnom. Roedd hi'n amlwg bod y creadur yn falch o weld ein cefnau erbyn diwedd y pryd, a ninnau'n rhyfeddu at ddylanwad y gwisgoedd.

Dro arall bu ffrind cywir i mi yn hir cyn maddau imi am ei ddychryn. Wrth wneud pennod o'r gyfres *Jabas* roeddem yn cael toriad am fwyd gyda'r nos o haf ar gampws Ysgol Uwchradd Llangefni.Wrth fwyta, sylwais fod fy ffrind wedi ymddangos ar gae chwarae'r ysgol gyda'i fag golff ac yn mynd ati i drawo peli i ben pella'r cae. Dywedais wrth fy nghyd-actorion fy mod awydd tynnu'i goes. Wedi rhoi 'nghap Arolygydd am fy mhen a'r pig yn isel dros fy aeliau, cerddais yn araf a phwyllog i'w gyfeiriad. Fel roeddwn yn nesáu roedd o'n amlwg wedi rhoi'r gorau i daro peli a dim ond yn cogio ymarfer ei swing. Pan oeddwn o fewn ychydig lathenni iddo, dywedais mewn llais llawn awdurdod, 'Mi wyddoch yn iawn nad ydych chi ddim i fod i chwarae golff ar faes yr ysgol.' Ceisiodd esbonio gyda chryn drafferth mai dim ond ymarfer ei swing yr oedd. Wedi imi ddeud fy mod i wedi'i *weld* o'n taro'r bêl, codais fy mhen a thynnu 'nghap. Bu'r awyr yn las am ychydig funudau wrth i Meirion fy ngalw'n bob enw dan haul!

Mae'n wybyddus i bawb y dylid osgoi perfformio gyda phlant ac anifeiliaid os yw hynny'n bosib. Yn sicr cefais fy siâr o geisio gweithio gyda gwahanol anifeiliaid dros y blynyddoedd. Fy mhrofiad cynta o wneud hynny, i mi ei gofio, oedd wrth recordio telediad stiwdio o *Capeleulo* a Prysor Williams yn chwarae'r prif gymeriad. Roedd angen cath frech fwythlyd i Capeleulo ei hanwesu a'i maldodi yn ystod y chwarae. Ddiwrnod y recordio y gwelwyd y gath am y tro cyntaf, a milfeddyg yn rhoi pigiad i'w thawelu ar ddechrau'r recordiad. Ond ow a gwae! I'r gwrthwyneb yn hollol oedd effaith y pigiad ac aeth y gath yn hollol wyllt, a chan wneud synau fel cath wyllt a blew ei chorff yn sefyll i fyny'n syth, carlamodd o gwmpas y lle fel peth gorffwyll a rhedeg i fyny rhan o'r olygfa i do'r stiwdio – lle'r arhosodd. Wedi iddi dawelu, ac i ninnau gael gafael ar gath frech wedi'i stwffio, gorffennwyd y recordiad.

Bu'n rhaid marchogaeth ceffylau droeon. Heb orfanylu, digon yw sôn am geffyl gwyn enwog Owain Glyndŵr yn y ffilm honno, ac am ras geffylau ar dir Llysun, Llanerfyl, wrth ffilmio *Lleifior*. Hwyrach mai'r un sy wedi aros yn y cof gliriaf yw ceffyl mawr John Elias yn *Merch Gwernhywel*, a hynny yn ardal hyfryd Skenfrith a'r fferm a ddefnyddiwyd fel Gwernhywel mewn powlen o ddyffryn rhyfeddol o dlws.

Awgrymodd George Owen, y cyfarwyddwr, mai doeth fyddai i mi ymgynefino â'r anifail. Roedd George ei hun yn ymhyfrydu yn ei allu ar gefn ceffyl, a sicrhaodd fi fod y ceffyl mawr yn un wedi cael hyfforddiant arbennig. Ar y dechrau, cerddodd y ceffyl yn bwyllog o iard y fferm ac aeth popeth yn rhwydd a ninnau'n dringo i ben ucha'r cae mawr gerllaw. Wedi aros eiliad i werthfawrogi'r olygfa hyfryd oddi tanom, penderfynodd mei lord gychwyn yn ôl ar garlam. Erbyn hyn fo oedd yn rheoli'r sefyllfa: carlamai fel y gwynt a minnau'n dal fy ngafael am fy mywyd. Roeddwn wrthi'n ceisio awgrymu'n gynnil iddo arafu pan sylweddolais fod clawdd yn syth o'm blaen. Gwasgais fy mhen-gliniau'n dynn yn ei ochrau a chododd fel wennol dros y clawdd, a diolch i'r nefoedd mi laniodd yn saff yr ochr draw. A dyna'r agosaf i mi fod at gymryd rhan yn y Grand National.

Mantais fawr i mi oedd 'mod i'n gynefin â'r byd amaethyddol a thrin anifeiliaid fferm ers dyddiau plentyndod yng Nghorsyreira a helpu'r hen Johnnie Robaits yn Nhy'n Llan! Yn *Lleifior*, roedd ymwneud â gyrr o wartheg a lloi sugno a thrin defaid adeg wyna yn brofiad naturiol a phleserus. Bu'n rhaid i mi dynnu un oen oherwydd bod y ddafad mewn trafferth a dim un o weision Llysun yn digwydd bod ar gael ar y pryd. (Yn anffodus roedd y gŵr camera yn rhy hwyr i ddal y digwyddiad a'r ddafad fawr o awydd aros nes iddo gael ei gêr yn barod.) Cefais amser difyr iawn hefyd yn cymysgu gyda'r ffermwyr ym Mart y Trallwng a theimlo'n hynod o gartrefol yn eu mysg yn cael sgwrs dros baned. Rhyfeddem fel criw at safon tir ac anifeiliaid Llysun yn ogystal â'r drefn a'r hwylustod amlwg oedd ym meudái a buarth Tom Tudor. Ni roddodd unrhyw arwydd ein bod yn creu anhwylustod iddo trwy gyfnod y ffilmio.

Roedd llawer o wylwyr y gyfres yn methu deall sut

roedd tŷ Lleifior yn edrych mor wahanol i dŷ fferm modern Llysun. Y gwir oedd mai Henblas, yr hen blasty hynafol yn Llangristiolus ym Môn, oedd tŷ Lleifior y gyfres. Sut oedd modd creu Henblas yn Llysun? Wel, bu arbenigwr yn tynnu lluniau o dŷ Llysun o dri chyfeiriad gwahanol, ac yna gwneud yr un peth yn Henblas. Ei dasg wedyn oedd peintio'r lluniau ar ffrâm wydr a osodid rhyw ddeg troedfedd o flaen camera hollol lonydd, fel bod llun o Henblas yn cuddio tŷ Llysun. Roedd angen i mi gerdded i gyfeiriad y camera i dynnu sylw oddi wrth y darn wedi'i beintio. Prin bod angen arbenigrwydd gŵr o'r fath erbyn hyn a chymaint o wahanol effeithiau'n cael eu creu ar gyfrifiadur. Cyn bo hir, hwyrach na fydd angen perfformwyr o gig a gwaed chwaith.

Cyn gorffen sôn am *Lleifior*, rhaid cofnodi'r antur ges i hefo'r tarw du! I Harri Vaughan – i mi, felly – roedd yr hen darw'n symbol o'r hyn a fu Lleifior ac o'r herwydd yn werth ei gadw. Mewn un rhan o'r stori roedd y tarw'n cael ei ddal gan ddŵr afon oedd wedi codi'n uchel mewn storm o wynt a glaw trwm. Caewyd argau mewn afon nid nepell o fferm Nantcyll Uchaf, Pantglas – cartref y canwr byd-enwog – a chael peiriant i greu'r gwynt a'r glaw. Llwyddwyd i gael gafael ar y tarw du mwya welais i erioed a'r milfeddyg, Huw Geraint, wrth law i roi pigiad iddo i'w lonyddu. Wedi i mi gerdded trwy wynt a glaw melltigedig o giaidd i greu'r argraff fy mod yn chwilio am y tarw, a hwnnw ar fin gwneud ei 'debut', daeth i dywallt y glaw go iawn a bu'n rhaid rhoi'r gorau i bopeth!

Ymhen rhai misoedd wedyn, a hithau'n un o'r gloch y bore ar noson fwyn, crëwyd y storm unwaith yn rhagor.

Y tro hwn cafodd y creadur bigiad, ac wedi rhoi rhaff am ei gyrn fe'i tynnwyd gan 4x4 i ganol yr afon lle disgynnodd yn ddiymadferth. Cyn i mi fynd i ganol yr afon at y bwystfil du, dywedodd Huw Geraint yn ddidaro,

'Gwyliwch 'i gorn o. Er bod o'n farwaidd mae'n bosib iddo godi'i ben yn sydyn. Ffrind i mi, achan, tua canolbarth Lloegar 'na, dipyn yn flêr wrth drin rhyw darw. Er bod o wedi rhoi eitha pigiad iddo mi gododd y tarw 'i ben yn sydyn ac mi aeth 'i gorn o drwy'i arlais o. Mi lladdodd o, achan. Do. Byddwch yn ofalus.'

Dychmygwch sut oeddwn i'n teimlo wrth fynd trwy ddŵr at fy nghanol – gefn drybedd nos – i ganol yr afon at yr horwth mawr du oedd yn lled-orwedd o'm blaen, a'r glaw gwneud a'r gwynt melltigedig yn chwipio 'ngwyneb. Gan fod Harri Vaughan y stori'n sylweddoli mai boddi fyddai tynged y tarw, mae'n cymryd cyllell poced i dorri prif wythïen yn ei wddf ar ôl dweud rhyw eiriau teimladwy o ffarwél wrtho. Gafaelais yn dynn yn ei gorn rhag iddo godi'i ben yn sydyn, ac ro'n i'n falch drybeilig o orffen yr olygfa a chyrraedd glan. Ond tra oeddwn i'n gwneud darn arall i gamera mi ddadebrodd yr hen darw ac wedi cael ei draed, dechrau puo a throi a chychwyn i'n cyfeiriad. Welais i erioed griw yn gwasgaru mor sydyn a'r gêr creu gwynt a glaw yn cael eu gadael ar drugaredd yr elfennau! Fe fu cryn drafferth a dipyn go lew o amser cyn gallu perswadio'r creadur i fynd i mewn i'w gerbyd.

Wedi i'r olygfa gael ei darlledu, doedd geiriau ffrind calon i mi, y cyn-gigydd a'r cyd-olffiwr ym Mhorthllechog, Idwal Owen, o ddim cysur pan ddywedodd: 'Fasa gen ti ddim gobaith caneri o ladd tarw o'r maint yna efo rhyw fymryn o gyllell boced fel oedd gen ti.' Meddyliwch – dim math o gydymdeimlad ganddo am y peryglon enbyd yr oeddwn wedi eu hwynebu.

Ond yn gwbl sicr, y profiad *rhyfeddaf* i mi ei gael ar leoliad oedd yn ystod ffilmio'r gyfres ar deithiau George Borrow. Ym Mhlas Nanteos ger Aberystwyth y ffilmiwyd rhan o'r gyfres. Adeiladwyd gwely 'four poster' yn arbennig yn un o lofftydd y plas ar gyfer golygfa lle'r oedd George Borrow (fi) yn ei wely'n cofnodi mewn llyfr fanylion ei ddiwrnod; yno hefyd roedd gwraig weddw Eidalaidd (Siân Phillips) – a dyn du! Wrth glywed sŵn, roedd George i godi o'i wely a mynd at ddrws y llofft i glustfeinio, cyn dychwelyd i'r gwely. Wedi cael popeth mewn trefn, penderfynwyd torri am baned cyn saethu'r olygfa.

Pan ddychwelais i'r llofft, roeddwn o'r farn bod y gwely wedi symud rywfaint ac er i mi grybwyll y peth doedd neb arall wedi sylwi ar ddim o'i le. Sut bynnag, dechreuais ysgrifennu yn fy llyfr ac ymateb i'r sŵn, a phan oeddwn ar fin camu o'r gwely fe ddymchwelodd hwnnw ac fe'm taflwyd i'r llawr. Ni chefais unrhyw niwed a daeth y saer ataf i ymddiheuro a dweud ei fod yn methu deall y peth gan fod y gwely'n gwbl gadarn. Ailadeiladwyd y gwely a rhoi ail gynnig ar yr olygfa.

Mae'n anodd credu'r peth, mi wn, ond fe ddigwyddodd yr un peth yn union yr eildro. Roedd y saer yn welw pan ddaeth ataf a'm cymell i brofi ei fod wedi rhoi hoelion cryfion ym mhob cornel. Bu bron iddo lewygu pan godwyd y dillad i ddangos ffrâm y gwely. Doedd dim sôn am hoelion, na hyd yn oed ôl yr un hoelen. Mae'n anodd disgrifio'r olwg ar wyneb pawb yn yr ystafell. Adeiladwyd y gwely unwaith eto a'r saer yn mynnu dangos i mi ôl a maint yr hoelion oedd ymhob cornel. Er nad oeddwn wedi cael niwed, rhaid cydnabod i mi fod yn ddigon petrus wrth ddechrau'r trydydd cynnig. Unwaith eto, fel roeddwn yn camu allan o'r gwely, mi ysgydwodd, ond arhosodd yn gyfan a dal felly nes dychwelais iddo. Roedd pob un ohonom yn falch o gael mynd o'r ystafell, oedd yn dal yn oer er gwaetha gwres yr holl lampau.

Wedi cyrraedd gwaelod grisiau'r plas daeth y perchennog ataf a dweud gyda chysgod gwên ar ei hwyneb:

'Rwy'n deall i chi gael tipyn o drafferth yn llofft y Ladi Wen,' meddai. 'Ond chawsoch chi ddim niwed, naddo? *Mae* hi'n dueddol i chwarae triciau o bryd i'w gilydd.'

Rwy'n siŵr fy mod wedi rhythu arni'n geg agored. Aeth ymlaen i ychwanegu:

'Rhyw dair wythnos yn ôl roeddwn ar fin mynd â phentwr o dyweli i'r llofft pan ganodd y ffôn. Mae'n rhaid mod i wedi rhoi'r tyweli i lawr rywle tua gwaelod y grisiau a phan orffennais ar y ffôn, i ffwrdd â fi i fyny'r grisiau wedi llwyr anghofio am y tyweli. Pan oeddwn yn cyrraedd pen y grisiau be laniodd yn bentwr o fy mlaen ond y tyweli!'

Yn wahanol i brofiadau arallfydol Nanteos, profiadau real iawn o ofn a braw gefais i ym Melffast wrth ffilmio *Branwen* i Gwmni Teliesyn. Doedd dim modd peidio bod yn ymwybodol o'r tensiwn amlwg ym mhob man, a cherbydau arfog, hyll, milwrol yn gwibio'n aml ar hyd y strydoedd. Yn ardal Weriniaethol y Falls Road yr oedd y rhan fwyaf o leoliadau'r ffilm. Teimlem drwy'r amser ein bod dan wyliadwraeth y fyddin, yn arbennig pan oeddem yn ffilmio angladd dychmygol ym mynwent enwog Milltown. Yn wir cawsom wybod wedyn bod rhai o uchel-swyddogion yr IRA lleol ymysg yr ecstras yn y gwahanol olygfeydd yn y fynwent. Wrth wneud golygfa arall allan yn y wlad, clywsom lais ac acen unigryw Ian Paisley'n glir yn bloeddio ar uchelseinydd wrth iddo fynd o gwmpas y ddinas yn annog y trigolion i bleidleisio i'w blaid.

Y profiad a gofiaf gliriaf ym Melffast yw ffilmio tair offeren (a minnau mewn coler gron) yn adeilad anferth Eglwys 'Redemptoraidd' Clonard. Y tair offeren yn dilyn ei gilydd – am naw, deg ac un ar ddeg ar fore Sul – ac offeiriad gwahanol i bob offeren; yr eglwys a ddaliai rhyw ddwy fil o bobl yn llawn bob tro, ac ar ddiwedd pob gwasanaeth, pob un ohonom yn ysgwyd llaw â'r un agosaf ato ac yn dymuno 'Peace be with you' i'n gilydd. Gŵr arbennig iawn oedd y Tad Reynolds, y prif offeiriad, a arweiniai'r offeren olaf. Wrth ddiweddu'r gwasanaeth, cyfeiriodd at y Tad a'r Mab a'r Ysbryd Glân fel hyn: 'May the three that never fought always be with you.'

Wrth inni ffarwelio â'n gilydd ar derfyn yr offeren, meddai wrthyf: 'I'm sure you'll be glad to return home safely'. Er na bu i mi ymateb mewn geiriau – dim ond rhyw wenu – roedd ei wyneb yn mynegi ei fod yn gwybod mai felly'n union y teimlwn.

Talcen Caled

Mae'n debyg mai yn ystod wythnos y Pasg, 1999, a minnau gyda chriw golffwyr Porthllechog yn yr Ŵyl Ban-Geltaidd yn Tralee, y daeth yn amlwg fod rhyw anhwylder yn peri i mi fod yn fyr o wynt.

Ar gwrs golff Newcastle West yn ystod gêm ola'r wythnos a ninnau ddim ond hanner ffordd o gwmpas y cwrs trwm hwnnw, roeddwn yn cael trafferth i anadlu. Erbyn y twll olaf roedd ceisio ymlwybro i fyny'r allt serth yn dasg anodd iawn a minnau'n gorfod aros droeon i ymladd am anadl. Yn anarferol iawn roedd cryn bellter o'r llain olaf i dŷ'r clwb, ac o blith y triawd oedd yn cyd-chwarae dim ond Alan Dulyn sylweddolodd mewn cymaint o drafferth oeddwn i. Fe'm hanner cariodd at yr adeilad cyn i mi suddo'n ddiolchgar i gadair esmwyth yn y lolfa, ac Alan chwarae teg iddo yn cymryd gofal o'm hoffer golffio. Roeddwn yn ysu am fynd yn ôl i'r gwesty, sleifio i'm ystafell ac i'r gwely. Teimlwn yn sâl iawn ac yno y bûm tan y bore. Er 'mod i'n teimlo'n well, roeddwn yn hynod o falch ein bod yn dychwelyd adre y diwrnod hwnnw.

Wedi gweld fy meddyg yn syth ar ôl cyrraedd adre, mi drefnodd apwyntiad ym Manceinion gyda Lawrence Cotter, arbenigwr ar anhwylderau'r galon. Cefais nifer o brofion, gan gynnwys *angiogram* oedd yn dangos yn amlwg y byddai angen triniaeth 'by-pass' arnaf. Cefais y driniaeth angenrheidiol ym mis Medi a chael cyfnod o fisoedd i adfer fy nerth yng nghartre Nia a'i gŵr, Geraint, ym Mro Morgannwg. Yn ôl ym Môn ddechrau'r flwyddyn ganlynol, a minnau'n teimlo fel dyn newydd, cefais siom pan ddaeth yn amlwg bod cerrig wedi symud o goden y bustl. Felly i Ysbyty Gwynedd â mi, lle buont yn chwarelu amdanynt am gyfnod hir heb eu darganfod a minnau'n felynach fy ngwedd na'r un gŵr o Tseina! Daeth llwyddiant o'r diwedd. Cefais wared o'r cerrig bondigrybwyll a chael cyfle i ddod ataf fy hun, ond cyn diwedd y flwyddyn roeddwn yn ôl yn Ysbyty Gwynedd iddynt dynnu'r goden fondigrybwyll!

Daeth bywyd yn ddigon normal wedi hynny a minnau'n medru mwynhau chwarae golff unwaith yn rhagor. Cefais wahoddiad i ymuno â'r gyfres *Talcen Caled* gan Alun Ffred Jones, Ffilmiau'r Nant, oedd yn gyfle i fwynhau cwmni nifer o hen ffrindiau wrth weithio yn Ninas Dinlle a Phorthmadog. 'Beudy Mawr' oedd cartre fy nghymeriad – Seimon Jones – a sylweddolais i mi fod yn 'Beudy Mawr' (Fron Olau mewn gwirionedd) bron i chwarter canrif ynghynt yn recordio rhai o ddarnau buddugol Eisteddfod Genedlaethol Porthmadog i Deledu Harlech. Cyd-ddigwyddiad arall oedd bod gwraig garedig y Fron Olau'n aelod o gôr Lleisiau Mignedd, a'u harweinydd cerddgar nhw, Maldwyn Parry, a'r côr wedi bod ymhlith y cwmni hwyliog mewn sawl Gŵyl Ban-Geltaidd dros y blynyddoedd.

Tua'r cyfnod hwn, roedd gan Gôr y Traeth gyngerdd yn Neuadd Pritchard Jones ym Mangor. Yn y cyntedd ar ddiwedd y gyngerdd, wrth siarad â rhai o'r gynulleidfa, gwelais ffrind nad oeddwn wedi'i gweld ers rhai blynyddoedd. Roeddwn wedi gweithio droeon gyda Rachel Thomas pan oedd yn aelod o Adran Ddrama'r BBC yng Nghaerdydd, a Rachel bellach wedi dychwelyd i Lanrug i ofalu am ei mam oedrannus. O'r noson honno mi ddechreuodd y ddau ohonom gyfarfod a mwynhau cwmni'n gilydd, ac erbyn hyn mae'n perthynas wedi tyfu ac yn bwysig iawn i ni'n dau.

Ychydig feddyliais i mor arwyddocaol oedd enw'r gyfres *Talcen Caled* yn mynd i fod yn fy hanes! Wedi mynd i Ysbyty Manceinion am yr archwiliad blynyddol arferol daeth yn amlwg yn fuan nad oedd y galon eto'n bihafio fel y dylai. Gorfod mynd drwy'r un rigmarôl o wahanol brofion (a'r *angiogram* yn fryntach o dipyn y tro hwn) a chael gwybod nad oedd falf aortig fy nghalon yn gweithio'n iawn ac y byddai'n rhaid wynebu triniaeth i gael falf newydd. Rhaid cyfaddef bod y newydd yn siom ond ychydig ddychmygais i fod rhywbeth llawer iawn gwaeth ar fin digwydd.

Roedd Gwynneth, fy chwaer, wedi bod hefo mi ym Manceinion i gael y profion, a hynny ar ddydd Iau. Wedi iddi fod yn teimlo'n sâl am gyfnod eithriadol o fyr, yn gynnar y bore Sadwrn canlynol bu Gwynneth farw. Fe'm syfrdanwyd gan y newydd a chawn hi'n anodd dirnad effaith y fath brofiad ar Glyn, ei gŵr druan.

I mi, bu Gwynneth yn bopeth y gallai chwaer fod ac amhosibl mesur y cymorth fu hi i ni fel teulu dros y blynyddoedd. Bu ei gofal a'i chonsýrn dros Gareth a Nia wedi iddynt golli eu mam yn rhyfeddol. Roedd yn gymeriad annwyl, cymwynasgar a llawn hiwmor. Ac fel y dywedodd ffrind i mi: 'Hi oedd dy ffan mwya di, yn sicr!' Diolch iddi am bopeth fu.

Yn blygeiniol un bore ym mis Mai 2003, llifiwyd asgwrn fy mrest yn agored am yr eildro i agor y galon fel nionyn i dynnu'r hen falf a phwytho'r un newydd i mewn. Wedi cwblhau'r dasg roedd hi'n amlwg bod rhywbeth yn bod (er na chefais i wybod am hynny am fisoedd wedyn) a bu'n rhaid mynd â mi yn ôl i'r theatr eilwaith, ailagor y frest a thynnu'r falf newydd a rhoi un arall yn ei lle. Unwaith yn rhagor, cefais gyfnod ym Mro Morgannwg i ddod dros y driniaeth a chyfle i gryfhau.

Erbyn diwedd yr haf roeddwn yn f'ôl eto ar y maes golff! Roedd cyfres arall o *Talcen Caled* ar y gweill hefyd gyda Siôn Humphreys wrth yr awenau'r tro hwn, gan fod Alun Ffred wedi mynd i Gaerdydd i geisio rhoi trefn ar Rhodri Morgan a'r Cynulliad. Yn y bennod olaf ond un daeth yn amlwg bod dyddiau'r hen Seimon Jones yn dirwyn i ben, a bu llawer o hwyl a thynnu coes wrth i'r paramedics fy nghario o adeilad Beudy Mawr i'r ambiwlans. Freuddwydiais i ddim mor broffwydol, eto fyth, oedd hyn.

Rai wythnosau ar ôl gorffen y gyfres aeth Rachel a minnau am wyliau i Dde Sbaen a chael cwmni Llifon, fy nghefnder, a'i wraig Marian, sy'n byw yn Arroya del Miel (Dyffryn y Mêl) ers rhai blynyddoedd bellach. Bu'r ddau'n ddigon caredig i'n tywys i ardaloedd hyfryd y Sbaen go iawn, o olwg y traethau gor-Seisnig.

Erbyn diwedd yr wythnos roedd Rachel a Marian wedi sylwi nad oeddwn rhyw gant y cant. Wedi cyrraedd yn ôl addewais fynd i weld y meddyg yn syth, ac mi es y Llun canlynol. Heb fynd i fanylion, ro'n i mewn ward yn Ysbyty Gwynedd erbyn gyda'r nos yr un diwrnod, ac yn Ysbyty Manceinion cyn diwedd yr un wythnos! A synnwch chi ddim clywed, dwi'n siŵr, mai un o'r bechgyn ambiwlans a'm cariodd yn yr olygfa yn *Talcen Caled* oedd un o'r ddau aeth â fi i Fanceinion. Bacteria wedi mynd i'r gwaed a chartrefu tu mewn i furiau'r galon – wrth iddynt newid y falf yn y driniaeth flaenorol – oedd wedi achosi'r broblem ddiweddaraf, a buont yn pwmpio nifer o wahanol wrthfeiotigau i mewn i mi i geisio ymladd y taclau. Yn ystod y cyfnod hwn ym Manceinion darllenais rai ugeiniau o lyfrau i ddianc o undonedd patrwm bywyd ysbyty.

Ddechrau Mawrth 2004 roedd Côr y Traeth yn cynnal cyngerdd Gŵyl Dewi ym Manceinion a daeth Annette, ein harweinyddes, a'i gŵr, Gwyn, i'm gweld cyn y cyngerdd. Clywais ganmol mawr wedyn yn yr ysbyty i berfformiad y côr, a minnau wrth fy modd o glywed hynny er mwyn Annette a'r hogia.

Cefais ddychwelyd i Fôn yn Ebrill. Daeth normalrwydd i 'mywyd unwaith yn rhagor, a minnau'n mwynhau piltran yn yr ardd. Wrth gwrs bu'n rhaid cael ambell gêm o golff, er y byddwn yn gofalu defnyddio 'buggy' rhag temtio ffawd. Cafwyd ychydig ddyddiau o wyliau yma ac acw hefyd, a phopeth i'w weld yn iawn.

Ond yn ôl y daeth yr aflwydd, ac yn f'ôl i Fangor a Manceinion â minnau. Bu cryn drafod yno tybed oedd angen newid y falf unwaith yn rhagor, ond doedd hynny ddim o anghenraid yn gwarantu y byddai'r trychfilod wedi eu concro. Wedi rhai wythnosau, daethant i'r penderfyniad y byddai hi'n rhy beryglus i geisio mân bwytho falf arall.

Afraid dweud i'r cyfnod hir y bûm yn yr ysbyty fod yn un pryderus iawn i Gareth, Nia a Rachel, a bu eu teithio aml i Fanceinion a'u gofal ymarferol yn amhrisiadwy. Roedd llawenydd hefyd pan anwyd Cesia i Nia a Geraint, ac anodd iawn mynegi fy malchder pan ddôi fy wyres fach arall, Nel, a'r ddau ŵyr, Gruff ac Ifan, bechgyn Gareth, i weld Taid. Cofiaf yn arbennig adroddiad manwl ges i gan Gruff ac Ifan un tro am y profiad gwefreiddiol o gael eu tywys o gwmpas dirgelion clwb pêl-droed Manchester United! Bu llawer o ffrindiau hefyd y tu hwnt o ffyddlon i mi yn y cyfnod hwnnw, a braf cael tystio hynny.

Maes cyfoethog i actor neu ddramodydd ydi ward ysbyty! Gan i'r pum gwely arall yn y ward chwe-gwely y bûm ynddi trwy'r cyfnod newid perchnogaeth o leia hanner dwsin o weithiau tra bûm yno, bu'n gyfle i ddod i adnabod sawl unigolyn a'u teuluoedd, ac ambell i sgwrs a sefyllfa yn fodd i godi'r galon.

Nodweddion arbennig cŵn hela oedd man cychwyn sgwrs y ward un diwrnod, yn arbennig rhwng gŵr o Ben-y-groes, Arfon, a bridiwr cŵn hela o gyrion dinas Bolton. Wedi cydnabod mai ci i warchod eiddo yn unig oedd gan Pen-y-groes a'i fod yn arddangos 'Beware of the dog' ar giât yr ardd, aeth y drafodaeth ymlaen fel hyn:

'Do you know you are breaking the law?' meddai Bolton.

'Breaking the law? No way!'

'Oh yes you are! The sign on your gate is admitting that your dog is dangerous and you could face a hefty fine.'

'You are pulling my leg.'

'Not at all. But I know how you could get around the problem.'

'How?'

'Change your sign. Instead of "Beware of the dog", just put up "Fido lives here"!'

Er yr holl chwerthin yn y ward yn dilyn honna, roedd hi'n amlwg bod Pen-y-groes wedi cymryd yr awgrym o ddifri achos mi gyfaddefodd yn ddistaw bach wrtha i wedyn, 'Dyna'r peth *cynta* wna i ar ôl mynd adra.' Ysgwn i gadwodd o at ei air?

Pan ddaeth mis Medi a'r profion gwaed yn mynegi bod y gwrthfiotegau'n ennill tir ar y trychfilod i'r graddau eu bod wedi tawelu – beth bynnag am ddiflannu – bodlonodd yr arbenigwr i mi adael carchar yr ysbyty. Rhoddodd amodau wrth gwrs, ond doedd hi ddim yn anodd gaddo cymryd gwrthfiotegau am flwyddyn o leiaf, mynd i gael profion gwaed bob pythefnos a gweld yr arbenigwr bob mis os golygai hynny y cawn fynd adre i Fenllech ac i Fôn.

Diolch am gael cryfhau a chael ymuno yn y gân unwaith eto. Ac os bu'n dalcen caled, bydd y dyddiau'n ymestyn cyn bo hir, a phan ddaw'r gwanwyn siawns na fydd cyfle eto i fentro i gyfeiriad Porthllechog.

Os Duw a'i myn!